本书获得"中南民族大学研究生教育与培养质量提升项目（YJS22037）"资助

旅游发展视野下的多维实证研究

卢世菊　著

WUHAN UNIVERSITY PRESS
武汉大学出版社

图书在版编目(CIP)数据

旅游发展视野下的多维实证研究/卢世菊著.—武汉:武汉大学出版社,2023.12(2024.12 重印)

ISBN 978-7-307-23770-4

Ⅰ.旅…　Ⅱ.卢…　Ⅲ.旅游业发展—研究—中国　Ⅳ.F592.3

中国国家版本馆 CIP 数据核字(2023)第 096310 号

责任编辑:陈　红　　　责任校对:汪欣怡　　　版式设计:马　佳

出版发行:**武汉大学出版社**　　(430072　武昌　珞珈山)

　　　　　(电子邮箱:cbs22@ whu.edu.cn　网址:www.wdp.com.cn)

印刷:武汉邮科印务有限公司

开本:720×1000　1/16　印张:18.25　字数:294 千字　插页:1

版次:2023 年 12 月第 1 版　　2024 年 12 月第 2 次印刷

ISBN 978-7-307-23770-4　　定价:68.00 元

前　言

　　本书在大量考察调研的基础上，聚焦旅游学科领域的研究热点和主题，从乡村旅游、旅游减贫、专题文化旅游、旅游高等教育等方面展开系统论述，期望从多元视角展示旅游理论与实践研究的成果。本书共分文化旅游理论与实践、旅游产业发展与实践、旅游教学改革与实践三编。主要内容如下：

　　文化旅游理论与实践编：重点研究了民族文化旅游和道教文化旅游方面的理论与实践问题。民族文化旅游方面，探讨了在新时代下土家族传统节日文化的价值、创新转化、少数民族竹文化特色旅游发展等问题，并就民族文化旅游创意产品、旅游创意产业的发展等问题进行了理论和实践方面的探讨。道教文化旅游方面，在重点研究道教与中国古代文化关系、道教文化对中国民间习俗影响的基础上，探讨了道教旅游文化的构成及在中国旅游文化中的地位，并对中国道教文化旅游资源的开发进行了深度剖析，继而对长江流域道教旅游资源的开发利用进行了微观尺度的探讨。

　　旅游产业发展与实践编：在实地调研的基础上，重点探讨了我国少数民族地区发展乡村旅游的问题与对策，少数民族地区乡村旅游发展与和谐社会构建，旅游减贫与少数民族非物质文化遗产保护的协调发展，旅游减贫中少数民族贫困人口的相对剥夺和文化权益等问题。

　　旅游教学改革与实践编：在研究了 21 世纪高校旅游管理人才培养目标、培养路径以及如何提升旅游管理专业学生综合素质的基础上，结合"互联网+"背景、利益主体理论等，重点探讨了旅游管理专业课堂教学与实践教学的改革问题。

　　近 40 年来，中国旅游业发展波澜壮阔，国内的旅游研究也从无到有，从小到大，呈现出"百花齐放"的态势。本书虽是沧海一粟，然也在旅游研究探索中尽了一份心力。鉴于作者的认识水平和能力，书中难免会存在不足之处，诚请学界同仁和广大读者提出宝贵意见。

　　本书适合广大旅游研究者和旅游爱好者阅读，可为旅游者和旅游业者提供一定的理论指导，也可作为旅游管理专业研究生的参考教材。

目　录

上编　文化旅游理论与实践

◆　民族文化旅游研究

◆　道教文化旅游研究

中编　旅游产业发展与实践

◆　乡村旅游发展研究

◆　旅游减贫发展研究

下编　旅游教学改革与实践

◆　旅游管理专业课堂教学研究

◆　旅游管理专业实践教学研究

上编　文化旅游理论与实践

乡村振兴战略下土家族传统节日的文化价值

乡村振兴战略自提出以来不断被赋予新的内涵，主要包含产业、人才、文化、组织、生态五个大方向的振兴。乡村振兴战略的目的在于既能让村民享受到现代化的物质文明，又能留住民族文化和乡土特色，促进农业与农村的现代化。土家族有着众多的传统节日(如女儿会、过赶年、牛王节、摆手节等)，这些民族传统节日根植于农村和农业生产活动，散发着独特的地域风格和民族特色气息，是土家族地区的文化瑰宝。土家族地区如何保护利用根植于乡土社会的传统节日文化，以促进乡村振兴，成为学界亟待实证研究的课题。

较早时期学术界就对土家族传统节日文化给予了一定的关注。中华人民共和国成立初期，以潘光旦、严学窘等为代表的民族学家、语言学家基于民族确认对土家族语言、历史和风俗展开调查和研究，为土家族节日文化研究大厦铺垫了坚实地基，随后有关土家族传统节日文化的研究陆续出现。一是关于传统节日文化知识的整理、推广与普及的描述性研究，如陈廷亮对土家族节日的来源和文化内涵进行了系统梳理；① 二是关于传统节日文化的社会价值和传承变迁研究，如蒋永松、李乐为对土家族传统节日文化的社会功能与文化价值利用进行了研究，② 毕曼认为以女儿会为代表的土家族节日的产业转化过程也是土家族节日的传承与弘扬的过程；③ 三是关于传统节日文化和旅游、体育文化等的融合发展研究，覃

---

① 陈廷亮. 土家族节日述论[J]. 吉首大学学报(社会科学版)，1991(4)：121-126.

② 蒋永松，舒茂扬. 土家族节日文化的功能及其利用刍议[J]. 湖北民族学院学报(社会科学版)，1993(3)：52-54；李乐为. 刍议土家族传统节日文化的功能及现代利用[J]. 贵州民族研究，2012，33(6)：63-67.

③ 毕曼. 少数民族文化产业转化的矛盾张力研究——以恩施土家族"女儿会"文化为研究中心[J]. 湖北大学学报(哲学社会科学版)，2018，45(3)：152-158.

章梁对打造土家族传统节日品牌"女儿会"进行了研究,① 张学文等对武陵山片区土家族传统节日体育进行了研究。② 但是,针对如何保护利用新时代土家族传统节日文化助力乡村振兴方面的应用研究还比较欠缺。以摆手节为例,从乡村振兴视阈剖析土家族传统节日文化在传承和发展过程中所迸发出的时代价值,挖掘传统节日文化资源、建立多元资金筹措渠道、培育传统节日文化传承人才、健全乡村公共文化服务体系,是土家族传统节日文化助力乡村振兴的现实路径选择。

一、土家族摆手节的基本概况

土家族摆手节是一种乡村节日,以跳摆手舞而得名,在武陵山区尤为流行。摆手节也称"调年节",是辛勤质朴的土家族人民感恩自然和感恩农业丰收而举行的大型庆祝和祭祀活动。而摆手舞便是土家族人民在例行祭祀和庆祝活动时所跳的舞蹈,土家语称摆手舞为"舍巴",所以摆手节也称"舍巴节"。土家族摆手节活动内容一般分为两种,一种叫"大摆手",多选定在秋收后举行,参与人数众多、规模浩大、活动历时长且内容丰富,往往是各村各寨组队聚会且多在野外场坝进行;另一种则为"小摆手",举行时间多选定在每年农历正月初三至十五日附近,时间较短,规模小且人数较少,往往是一个村寨族群的聚会且多于夜晚在摆手堂及坪坝里举行。摆手节有着丰富的内涵,集土家族伦理思想、美学观念、哲学思想于一体,土家族一切审美表达如舞蹈、音乐、演艺、工艺、饮食、服饰、美术等都能通过摆手节得到精彩展示,凝结了土家族人民历代文化精髓。③

中华人民共和国成立以前,摆手节仅在武陵山恩施地区来凤县极少数偏僻的土家村寨流传和开展。如作为土家族摆手节发祥地之一的来凤县百福司镇舍米湖

---

① 覃章梁,覃潇.关于恩施土家族传统节日"女儿会"品牌建设的思考[J].湖北民族学院学报(哲学社会科学版),2010,28(1):18-20,132.

② 张学文,刘少英,龙佩林,等.武陵山片区土家族传统节日体育之研究[J].辽宁体育科技,2015,37(6):92-95.

③ 杨政银,戴泽仙.发掘打造中国著名节日经济品牌土家族"摆手节"[J].贵州民族学院学报(哲学社会科学版),2009(2):91-93.

村。舍米湖村村民每年都会自发举行摆手节集会活动，在摆手堂前舞蹈。1957年，由来凤当地村民组建的摆手舞队登上湖北剧场舞台表演土家族摆手舞，仅活跃在乡间田野的乡村节庆舞蹈第一次出现在大雅之堂。1983年恩施土家族苗族自治州成立，政府部门牵头举办了大型的万人摆手舞庆祝活动，让更多的人了解了摆手文化。1999年，摆手舞庆祝活动被政府官方命名为摆手节，几个月后，摆手节进一步被政府官方认证为四大民族节日之一。在政府的引领下，"摆手节"节庆活动和摆手运动赛风靡恩施州的各个地区。2001年，由官方主导的来凤县第一届土家族摆手节大型节庆活动成功举办，吸引了各地游客参与，反响热烈，摆手舞的魅力在全国传播开来。2009年"来凤摆手舞文化旅游节"成功举办，将节日文化与旅游二者相结合的新发展模式赢得了广泛关注，摆手节的影响力进一步扩大。① 2014年"湖北省第八届少数民族运动会暨来凤中国摆手舞文化旅游节"将便于全民参与、群众喜闻乐见的体育文化与摆手节融合，依托摆手舞文化旅游节将文化论坛、经济洽谈会和农产品博览会等加入进来，充分挖掘可利用资源，多路径共同发力，助力于当地文化事业、民族体育事业、经济与社会的健康发展。② 在乡村振兴战略内涵和实践不断深化的今天，由政府部门主导、各方积极参与、集文化、旅游、体育、商贸于一体的摆手节庆及其摆手舞，必将搭建起乡村文、旅、商多方发展平台，在促进土家族地区乡村产业兴旺、乡村文明、生态宜居、治理有效、生活富裕等方面发挥应有的作用。

二、乡村振兴战略下摆手节文化价值分析

摆手节是活跃在土家族民族地区的乡土文化，已经充分融入群众的社会生活，与地方整体的乡土文化息息相关。从摆手节的历史发展、文化内涵及价值取向来看，其在很多方面与乡村振兴战略达到了相当高的契合度。

---

① 恩施土家族苗族自治州人民政府. 摆手舞起满眼春一来凤将文化优势转化为经济优势［EB/OL］．［2014-10-28］. http：//www.enshi.gov.cn/2014/1028/148518.shtml.

② 恩施土家族苗族自治州人民政府. 湖北省第八届少数民族传统体育运动会第二届来凤中国土家族摆手舞文化旅游节隆重开幕［EB/OL］．［2014-10-19］. http：//www.enshi.gov.cn/2014/1019/148460.shtml.

(一)摆手节文化有利于当地经济发展，助力产业振兴

纵览摆手节文化旅游发展历程，摆手节文化表现出卓越的经济价值和实用价值，促进了当地经济的发展。

首先，摆手节文化如摆手歌舞等能带给人们集聚震撼的文艺表演，吸引了大量的游客。把握文旅融合发展契机，通过开发传统剧场类、新型广场类、实时演出类等的旅游产品创收，促进当地文化产业发展。

其次，摆手节文化旅游活动期间举办农产品博览会，为武陵山区各乡村的农副产品搭建销售平台，让更多的游客了解农产品和农村，甚至走进农村体验农事活动，提升了农产品的影响力，大大增加了农民的收入，有利于信息流、资金流、人流等涌入农村产业，促进农业发展。

最后，摆手节文化旅游吸引了国内外的广大客商，在旅游业这个综合产业的引领下，政府牵头提供经济洽谈平台并招商引资，涵盖城镇化建设、工业生产、商贸流通、文化旅游等多个领域，有利于当地建筑业、交通运输业、文化旅游等多项产业的融合发展，促进产业振兴。

(二)摆手节文化有利于当地人才集聚，助力人才振兴

人才是文化发展的奠基石，文化是培养人才的驱动力，人才保障是以摆手节为代表的节日文化保持长久旺盛生命力的保证。

首先，因摆手节自身的文化魅力，吸引着一代又一代传承人为之痴迷为之奉献。如来凤县舍米湖村的彭昌松，当地最早的摆手舞队便是由他组织当地村民成立的，多年来在政府的帮扶下，舍米湖村原生态舞蹈队先后参与了大型歌舞演出、电视节目录制、竞赛表演等项目，土家族摆手舞鲜明的民族特色和独特的艺术魅力得到了充分的展示，也吸引了大批热爱艺术的人才前来学习。如来凤县的原生态摆手舞队的李萍，源于对摆手节文化的热爱来到舍米湖村学习，成为其舞队的领头人。当地村民是传承、创新节日文化的主体，村民与摆手节文化相辅相成，有利于培养适应时代变化，具有一定文化素质、创新精神及审美能力的新农民。

其次，摆手节的文化旅游魅力也吸引了许多专家学者的关注。节日期间"龙凤经济发展暨土家文化论坛""来凤长三角地区经贸洽谈会"等吸引各路人才集

聚，为当地经济、文化等的发展把脉诊断，献言献策，提供智力支持。

(三)摆手节文化有利于当地文化永葆生机，助力文化振兴

土家族传统节日是土家族民族文化的集中展示，发展摆手节文化旅游是传承发展土家族民族文化的一种有效路径。摆手节包括特定的活动地点(如摆手堂)，隆重的娱乐活动(如歌舞、曲艺、杂耍)，特色的节庆饮食(如苞谷饭、绿豆粉、砸酒)，多彩的民族服饰和手工技艺等，因而开发摆手节文化旅游是一项复杂且浩大的工程，需要对土家族的节日民俗文化进行全面的收集和整理从而进行保留和创新。首先，通过申报非物质文化遗产等活动积极寻求最佳的传承发展路径，为当地文化注入新活力。如摆手舞、薅草锣鼓、灯戏等成功申报国家级非物质文化遗产，有力地树立了土家族人民的民族自信心和传承发展本民族文化的意识，有效地提升了民族文化影响力。其次，通过开展摆手节文化旅游等活动，全面挖掘当地的民族文化价值，展现土家族民族文化的魅力和文化内涵，实现对摆手节文化的传承发展，促进当地传统文化永葆生命力。

(四)摆手节文化有利于当地组织管理革新，助力组织振兴

土家族民族地区多山地，经济发展相对滞后且农村贫困人口比例大，社会矛盾较为突出。当地政府和基层组织是否具备将经济发展、文化传承、社会治理三者有机结合在一起的管理能力尤为关键。2002 年，来凤县因痛失国家命名的"土家摆手舞之乡"称号，政府决定保护并普及土家摆手舞，使摆手节成为当地发展的一个新契机。首先，来凤县从设立政府专项奖金、建设专业队伍、举办学术研讨、发展文化产业等一系列措施入手，以保护与传承摆手舞为宗旨，以保持摆手舞原汁原味的乡土文化为底线，将摆手舞作为摆手节乃至土家族民族区域重要的文化品牌加以打造。政府和基层组织稳扎稳打为土家族摆手节的发展营造了宽松的乡村文化氛围，为土家族摆手节的进一步拓展及创新发展提供了便利条件。其次，政府与基层组织积极寻求与企业合作，打造了摆手舞文化旅游节等许多优秀的摆手节推广项目，使原先局限于一隅的摆手节走出去，让市场了解、熟知和喜爱，为土家族摆手节的进一步发展造就新机遇。[①] 多年来，政府和基层组织不断

---

① 苏翔. 贵州傩戏文化资源的挖掘利用与美丽乡村建设互动研究——兼论对山西傩戏的启示[J]. 贵州民族研究，2018，39(11)：143-146.

探索摆手节发展新路，拓展摆手节文化旅游成果，积累了丰富的管理能力和扎实的治理能力。总之，稳扎稳打的基层组织管理为传承发展摆手节文化保驾护航，而摆手节所表达的团结、协作、奋进精神更加深刻地动员着全县广大干部群众紧抓机遇，迎接挑战，在更新自身治理能力促进组织振兴的同时，推动当地乡村社会健康有序发展。

(五) 摆手节文化有利于当地环境治理，助力生态振兴

生态振兴战略下，发展摆手节文化旅游自然离不开对当地环境的保护。首先，摆手节节日时间的选择是由早期先民依据自然变化和生产节律而来的。其祭祀活动是一种丰收祭，感恩自然和神灵赐予的丰收年景。这些都是摆手节文化人与自然、人与社会的和谐主题的表达。发展节日文化旅游的原则便是在保证人与自然和谐相处、人与人之间和谐共处的情况下，开展摆手节文化旅游活动。当地村民在参与节日旅游活动开发及运营过程中，保护周边生态环境的主人翁意识会得到极大的激发，游客通过参与节日旅游活动，也可以增强其环保意识，自觉践行保护生态环境理念。其次，政府新建民族文化中心、农家书屋，完成摆手堂、仙佛寺等多处遗址复原工程，改造升级各乡(镇)文化站，使来凤县乡村自然和人文环境得到了极大改善。在政府政策的支持下，自然环境美和人文环境美相得益彰，有利于摆手节文化旅游的环境治理目标的落实，促进生态振兴。

三、乡村振兴战略下土家族传统节日文化保护利用的路径选择

综上所述，土家族传统节日文化价值与乡村振兴战略在内容上息息相关，符合新时代的新农村发展内涵。但就土家族传统节日文化保护利用的历史和现实来看，笔者发现仍存在两大方面的问题：一是从传统节日本身来看，节日内容陈旧老化，只重形式、忽视内容等；二是从传承外部环境来看，各方对传统节日文化重视不够，受外来节日文化冲击严重，本土传统节日文化淡化，传承生态环境遭到破坏，某些传统节日文化甚至有消失的危险。要使土家族传统节日文化更具生机和活力，更好地为美丽乡村建设服务，唯一的出路就是不断挖掘和创新。结合

摆手节与乡村振兴战略的契合关系，本书对土家族传统节日文化的保护利用提出如下建议。

(一)挖掘传统节日文化资源，拓展文化旅游的魅力创造

文化是旅游的灵魂。土家族传统节日文化保护利用的路径选择，关键在于节日自身文化资源的挖掘。首先是全面整理，搞好规划。从土家族传统节日开展的规模来看，大多数以村寨为单位。由此，可以依据乡村自然环境和农业特色进行区域发展规划布局，梳理土家族传统节日文化资源，特别是挖掘节日本身独有的文化内涵和价值，在节日内容和形式上推陈出新，致力于打造节庆文化旅游精品(如女儿会、摆手舞文化旅游节等)，为乡村地区的文化旅游内涵增彩。其次是科学安排，搞好基础建设。统筹运作，精准定位打造特色民俗村(如龙马风情小镇、杨梅古镇等)，突出"一村一景""一村一韵"的特色建设主题，开发"一村一节，一品一节"的特色节庆文化旅游产品，完善土家族乡村地区的交通、生活、旅游等基础设施体系，让游客不仅能够欣赏到秀美的乡村自然风光，体验独特且充满趣味的节庆活动和农家生活，还能全身心地融入轻松欢愉的节日文化氛围，释放内心获得美好和幸福的体验感受。最后要大力宣传，使之得到合理利用。全域旅游背景下，推广更在于重点突出，致力于精准定位的商业推介，唱响传统节日文化魅力，从而提升土家族乡村地区的文化旅游知名度和影响力。

(二)建立多元资金筹措渠道，提升传统节日文化的价值创造

整合土家族传统节日文化资源，塑造传统节日文化品牌，发展乡土文化经济，是一项耗资巨大、难度极高的系统工程。

首先，政府要优化财政投入结构，给予扶持文化事业更切实的政策和资金力度，给予文化保护、人才培养与引进等充足的专用资金，可以建立起民俗博物馆、少儿文化学堂和社区文化中心等非遗文化生态保护区。

其次，政府要支持企业发展，通过引进、当地培育等形成一批骨干企业，同时引导民间资本投资补充到上下游配套环节，建立多渠道的多样化的筹资路径。

最后，健全当地乡村金融服务体系，加大支持乡村文化产业的金融信贷服务力度，帮助村民自主创业，改造古民居、发展采摘产业、开发特色民宿和文化创

意产品等。如恩施市龙凤镇的龙马村，自然旅游资源和文化旅游资源相辅相成，由当地政府对当地村民进行帮扶，引入社会资金，政府与企业合作开发极具特色的风情小镇，与土家族传统节日"女儿会"相融合，吸引了大批游客前来，这种既绿色健康又富有文化情趣的传统节日文化开发无疑是建设美丽乡村的成功探索，在提升当地传统节日文化价值创造效应方面作出了贡献，特别是提升了"女儿会"节日品牌影响力和龙马风情小镇的旅游品牌影响力。

(三)培育传统节日文化传承人才，加强文化队伍建设

乡村振兴离不开气息浓郁的优秀乡土文化建设，同样也离不开优秀传承人才的培养。

首先，政府方面要对熟知土家族传统节日所包含的工具、文化场所、口头传说、礼仪等人才，或掌握表演艺术、民间技艺、手工工艺等特殊人才，给予优待；重点挖掘文化大家、民间艺人等，重视文化骨干队伍建设，发挥先锋模范作用，带动村民学习传统节日文化技艺，搞好帮扶。如恩施土家族苗族自治州在全州开展了多次"寻访命名民间艺术大师"活动，这一创举为非物质文化遗产的抢救、挖掘与保护传承工作提供了新思路、新方法，也大大激发了民间艺术家的创造力。[1] 艺术大师们积极传授技艺并亮相各种民间艺术活动，让掩埋在民间的优秀文化技艺得以被重视。

其次，文化工作组织和科研院校要积极开展非物质文化遗产展演、非遗校园宣传教育活动、非遗社区传习培训活动等，将艺术性与生活性相结合，使文化人才们的作品既能登上大雅之堂，也能被广大人民群众接受和喜欢。特别是高等院校要为乡村振兴规划培养高水准的乡土文化人才，帮助当地完成人才引进，提供人才后备军，从而形成人才流动的良性互动。[2] 最后，作为市场主体的文化企业应积极开发传统节日文化产品，创新推广模式，通过加大市场化的运作力度，如举办"杰出文化新人"等文化会演及评选活动，借助传统媒体、新媒体、自媒体等平台传播，让优秀的乡土文化人才具备自身的号召力和影响力，在实现自我价

---

[1]　恩施土家族苗族自治州文化和旅游局．恩施州政府命名第五批州民间艺术大师[EB/OL]．[2011-08-30]．http：//wtxgj.enshi.gov.cn/2011/0830/155346.shtml.

[2]　王华斌．乡土文化传承：价值、约束因素及提升思路[J]．理论探索，2013(2)：12-14.

值的同时更进一步激发乡土文化人才的创造活力。

(四)健全乡村公共文化服务体系,提升乡村公共服务水平

要使乡土文化发展更加科学化,必须从村民的基本文化权益出发,健全乡村公共文化服务体系。

首先,在乡村公共文化设施建设方面,一方面要整合现有文化设施,全面修复土家族传统节日文化遗址并建设非遗传承场馆,为喜爱土家族传统节日文化的人们搭建便于展演、学习和交流的平台;另一方面要推进乡村文化服务中心建设,逐步形成各乡镇文化馆、书屋、百姓舞台等全覆盖和网络化,提升服务效能。

其次,在乡村文化生活形式方面,要以村民的文化需求为导向,利用传统节日文化资源,创新开发一系列丰富多彩的节庆文化活动(如《龙船调》文化旅游节),丰富非遗文化展演模式(如文体赛事)及场地(如文化广场),推出反映土家族人民乡村生产生活的文艺精品(如土家乡村音乐剧),特别是聚焦乡村振兴实践的文艺创作,唱好文旅大戏,讲好土家故事,将新时代的土家族人民风采精致地展示给外界。

最后,在智慧旅游大数据平台方面,一方面,利用智慧旅游技术建设城乡互通、村村互通,为村民和游客提供快捷、便利的信息服务,提升土家族乡村地区的信息化服务水平;另一方面,要利用大数据平台及时了解村民、游客等对文化和服务的需求,动态掌握公共服务的实施成效,从而找到短板,各个击破,致力于打造体系完备、便利惠民、高效优质的公共服务体系。

五、结　语

乡村振兴,涵盖经济、文化、组织、人才、生态等多个方面,挖掘利用土家族传统节日文化资源对土家族地区乡村振兴具有重要意义。分析土家族摆手节发展史发现,如今的摆手节文化旅游活动内容更加生活化,越来越符合当下人们对美好文化生活的需求,乡村振兴背景下,摆手节不仅没有被淘汰,而且以一种新型文化旅游业态崭露头角,扎根于乡村社会,与旅游、体育、经贸等融合发展,

表现出强大的时代价值，摆手节作为土家族乡土文化的重要体现与乡村振兴形成良性联结。因此，在乡村振兴战略背景下，应不断深入挖掘民族传统节日文化资源，通过传统节日文化保护利用，使其能够在乡村经济发展、乡土文化传承、生态环境保护、农民意识转变、乡村治理成效等方面助力乡村的全面振兴。

新时代下土家族传统节日文化的创新转化

　　2018 年 1 月出台的《中共中央国务院关于实施乡村振兴战略的意见》指出："传承发展提升农村优秀传统文化，立足乡村文明，吸取城市文明及外来文化优秀成果，在保护传承的基础上，创造性转化、创新性发展，不断赋予时代内涵、丰富表现形式。"乡村振兴战略所包含的新思想、新理念，是中国共产党"三农"理论的最新展现，既为新时代少数民族地区经济发展指明了发展道路，也为少数民族地区传统文化的传承发展勾画出宏伟蓝图。少数民族传统文化的传承发展要在保护与传承的基础上，转向创造性转化、创新性发展的新局面。

　　少数民族传统节日文化是综合性文化，凝聚着宗教信仰、民族心理、文化习俗等多种因素，并表现为民族服饰、婚恋、歌舞、饮食、仪式等多种文化形式，是少数民族传统文化的重要组成部分，被喻为"文化的焦聚"。① 在乡村振兴战略背景下，少数民族地区脱贫致富奔小康，人民的生活生产方式以及传统节日文化发生了重要改变。如何将根植于乡土社会的少数民族传统节日文化，在保护和传承的基础上，进行创造性转化、创新性发展，值得学界探讨研究。

　　当前关于我国传统文化创新问题的研究还处于起步阶段，但研究热潮正在掀起。节日文化作为中国传统文化的集中体现，吸引了一些学者的关注，主要涉及以下几个方面：一是传统节日文化创新的基准和原则研究，如王霄冰对传统节日文化创新应遵循的逻辑性进行了研究，② 肖琴、黄永林等对传统节日文化创新应

---

① 陈风波，陈风华，等.乌江流域传统节日文化的保护与开发研究[M].北京：中央民族大学出版社，2017：1.
② 王霄冰.文化记忆、传统创新与节日遗产保护[J].中国人民大学学报，2007(1)：41-48.

13

秉持的原则进行了研究。① 二是从不同的视角来思考传统节日文化的创新研究，如林慧基于全球化视角、② 李银兵从时间性视角转向空间性视角③对传统节日文化创新进行研究。三是基于某个地区或某个民族的传统节日文化创新实践研究，如于凤贵对山东省、④ 黄润柏对壮族⑤的传统节日文化创新实践进行了研究。但是，关于土家族传统节日文化的创新研究还比较少见。纵观新时代土家族传统节日文化，其生存空间正不断被压缩，对其进行保护与传承、创新与转化已迫在眉睫。

一、土家族传统节日概况

（一）土家族传统节日属性及其价值

土家族传统节日是乡土文化的典型代表之一，是湘、鄂、渝、黔交界地带武陵山区的一种极富特色的乡土文化。首先，作为一个历史悠久的民族，土家族有着丰富的乡土文化，尤以情歌、酒歌、摆手舞、跳鼓舞，以及丰富多彩、独特鲜明的节庆享有盛名。其次，在长期的民族发展和融合过程中，土家族也吸收了一些其他民族的节日。随着世代传承，土家族在形成自己民族特定节日的基础上，与其他民族相融后也有同其他民族共同过的节日。同时，由于地形形成的地域划分，不同地区的土家族过的节日也不尽相同。每个地区的乡土文化也充满着独特性，例如湖南龙山县、湖北来凤县、重庆酉阳县、贵州沿河土家族自治县等乡村地区的土家族在自己地域形成的摆手节就不尽相同，都带有本地域文化鲜明的

---

① 肖琴. 论中国传统节日文化的传承与创新[J]. 船山学刊，2009（1）：107-110；黄永林，孙佳. 博弈与坚守：在传承与创新中发展——关于中国传统节日中秋节命运的多维思考[J]. 民俗研究，2018（1）：34-41，153-154.

② 林慧. 论全球化下中国传统节日的创新[J]. 艺术评论，2016（12）：130-134.

③ 李银兵，曹以达. 传统节日文化创新的空间性探析[J]. 湖北民族学院学报（哲学社会科学版），2018，36（3）：44-49，142.

④ 于凤贵. 传统节日文化的传承与创新——以"好客山东贺年会"为个案[J]. 山东社会科学，2012（7）：73-75.

⑤ 黄润柏. 壮族传统节日文化创新的基本路径研究——壮族传统节日文化创新研究之二[J]. 广西民族研究，2019（3）：159-166.

烙印。

绚丽多彩的土家族节日不仅是土家族文化的绝佳载体之一，也是其民族凝聚力和向心力得以加强的重要杠杆。土家族节日文化自古以来就具有加强成员交流的社交功能、提升人民幸福感的娱乐功能、寓教于行和寓教于乐的教育功能；同时在改革开放以来也彰显了其增强民族认同感、传承民族文化、构筑和谐社会生活环境、促进区域经济发展等方面历久弥新的时代价值。在乡村振兴战略背景下，需要更好的保护和利用土家族传统节日文化资源，促进土家族传统节日文化实现创新性转化、创新性发展，从而在乡村经济发展、乡土文化传承、生态环境保护、农民意识转变、乡村治理成效等方面助力乡村的全面振兴。①

(二) 土家族传统节日文化特征

土家族传统节日文化作为乡土文化的典型代表之一，在特征上有着区别于其他乡土文化的特征。

第一，土家族传统节日与发生在该民族历史中的重大事件，与该民族的生产劳动、人际情感及宗教信仰等密切相关。② 首先，土家族人民艰苦创业、忠义果敢、屡建战功，由此祭祖颂功，历代沿袭，便成了重大节日，如"过赶年"。其次，土家族文化根植于农耕自然经济，定居地区多山少地，土地贫瘠的土家族人民对丰收有着强烈的渴望，预祝丰年、庆祝丰收、感恩丰收的节日节庆遂顺应而生，如"摆手节"。再者，土家族定居地多山，居住分散且交通不便，为加强人们的情感交流，与人际情感相关的喜庆娱乐节日便自然而生，如"女儿会"。最后，土家族人民在一段时期认为只有求助自然神灵才能与自然和谐相处，并主动地将与自然界本身密切相关的物象点化为神灵，并在特定的时候祭拜这些神灵，由此形成了祭祀神灵的节日，如"祭土神节"。总而言之，无论哪一类传统节日，都是与他们的生活密切相关的，这充分体现土家族传统节日文化与世俗生活的紧密程度，都是以土家族人民的基本诉求出发，是乡土民俗生活文化的重要体现。

第二，土家族传统节日为其他乡土文化提供了成长的温床。无论在什么样的

---

① 卢世菊，王庆. 乡村振兴战略下土家族传统节日的文化价值[J]. 文化软实力研究，2019(4)：50-56.

② 李乐为. 刍议土家族传统节日文化的功能及现代利用[J]. 贵州民族研究，2012，33(6)：63-67.

土家族传统节日里，都离不开特定的活动场所(如摆手堂)，隆重的娱乐活动(如歌舞、曲艺、杂耍)，节庆饮食，民族服饰和手工技艺等。就拿摆手舞来说，丰富多彩的舞蹈动作、多样的节日活动，鼓乐喧天、色彩绚烂、载歌载舞，除了为节日增添热闹喜庆的氛围，更使人们得到身心的愉悦和情感的释放，深深地吸引着土家族人民，成为土家族节日文化中不可或缺的一部分。此外，土家族传统节日是凸显在民间日常生活之上的特定时间标记，它集中展示着乡土文化的各种特性，人们通过周而复始的传统岁时节日，为其他乡土文化的传承创造了一个宽松有利的环境，不断地复现与传承其他乡土文化。土家族的大多数节日既娱神又娱人。这使得像"毛古斯"这样的原始巫术戏剧也能够在土家族地区相传自今、经久不衰。节日聚会的喜庆与热闹又使"花鼓戏"这些载歌载舞、欢快活泼的小歌舞剧也得以发展和传承下来。① 正是因为传统节日的存在，其他乡土文化得以生存并传承下来。

二、土家族传统节日文化传承与保护的现实困境

(一) 土家族传统节日文化的生态空间

从表面上看，土家族传统节日文化就是土家族乡土文化体系的缩影，但是作为一种文化遗产，其蕴含着各种隐性的传承流变机制，而引发这种机制的最根本原因就是其文化生态环境的改变，文化生态环境实质上是文化与环境相互作用的动态变迁过程，它与特定区域的地理环境和人文环境有着密不可分的因缘关系，既涵盖共时的自然生态差异，亦包括社会历时生态的变迁，当我们透过时空的隧道重新审视其发展流变之时，它就不仅仅是一种节日文化的简单传承，而是与文化空间"与时俱进"的整体文化事项。②

首先，从自然生态空间来看，土家族传统节日文化的自然生态空间是指传统节日生存发展所依托的自然地理环境，由于自然生态条件的空间差异赋予了传统

---

① 向华. 土家族民间小戏与岁时节日习俗[J]. 中南民族大学学报(人文社会科学版)，2006(3)：72-76.

② 王九筛，孙云. 生态环境视域下鼓吹乐的文化空间解读[J]. 忻州师范学院学报，2008，24(6)：51-52.

节日的"地理空间属性"的个性色彩，任何一种节日文化都有其适合生存发展的自然生态环境，这一特定的生态环境蕴含了该种节日文化特征所形成的一切要素，成为节日文化个性形成的生态壁垒。特定的区域生态形成特定的节日，而同一种节日也因生态空间的不同，形成一些不同的节日仪式及活动。因此可以说，土家族传统节日文化的空间分布与其地理环境之间的依存有着鲜明的因缘关系，它一方面形塑了节日的文化个性，另一方面又成为节日文化"传统传承"的保护屏障，成为同一节日过法不完全相同的必然条件。

其次，从社会生态空间来看，自然生态环境的时空差异是土家族传统节日文化流变发展的重要条件，隔绝封闭的环境在一定程度上塑造了节日文化的"个性"，但是当现代化的元素走进村寨、走进大山，自然生态的色彩逐渐浸润了浓浓的"人化"痕迹，社会的政治、经济、文化、人们的娱乐审美、价值取向都不同程度地浓缩在传统节日文化的发展演变中，由礼俗生态向文化旅游、经济品牌的产业生态拓展，传统节日在社会的发展中、在"人为"的选择中实现着自身的调适，传统节日文化所呈现的地理属性逐渐融入了更多的社会属性。

最后，从产业生态空间来看，文化产业是指将文化资源作为一种经营性产品，实现产品的生产、服务的经营性行业。文化搭台、经济唱戏的思维模式几乎成为当下各民族地区实现产业结构调整，推动经济发展的重要措施。土家族传统节日文化作为一种文化资源，已经逐渐成为政府产业结构调整的文化重点，将其融入旅游产业、礼仪庆典、文化品牌的打造中，从文化政策的角度给予有利保护，实现了传统节日经济价值与文化价值的有效链接，拓展了传统节日文化的生存空间。因此可以说合理有效地进行产业化实践，是土家族传统节日文化得以延续传承的重要活态空间。

(二) 土家族传统节日文化的生存困境及影响因素

在当今全球化和现代化背景之下，起源于农耕文明的传统节日面临着愈益严重的困境。虽然在各方的努力下，土家族传统节日文化逐渐成为本地区经济社会发展过程中不断开发和利用的文化资源，但节日文化在内涵和形式方面越来越远离原生形态，其内涵与功能不断被泛化，使原本带有原始宗教意味的祭祀型节日向着娱乐型嬗变，由过去较单纯的节日功能形态转变为多功能、多形态的民俗文化，并且一些具有相对独立社会功能和文化张力的土家族传统节日仍在逐渐淡漠，面临消失和异化的危险。究其原因，既有自身存在的问题，同时也有外部环境的影响。

1. 土家族传统节日文化淡化

土家族传统节日文化受现代化进程的影响，日益淡化，甚至边缘化。从传统农业社会走向现代工业社会的过程中，传统节日存在的经济基础和文化环境也随之发生巨大的转变。土家族传统节日文化基本上是农业时代的产物，生产力的不发达、科学技术的落后、生活环境的封闭和人们外出机会的稀少是许多传统节日文化存在的社会生态条件。[①] 但是，一旦这些情况发生改变，土家族传统节日文化的存在与传承就面临着许多困难。具体影响因素为：一是城市化，乡村变城市，村民变市民，传统节日文化失去了原有的生存空间，传统节日文化依托的地缘先赋性社会关系也受到冲击，传统的历史和记忆彻底被打破。二是科学化，使传统节日自然、神灵崇拜的意味被弱化，虽然部分农村地区仍保留着节日里的祭祀活动，但已不再具有原来那种神秘感和敬畏感，传统节日文化的观念日益淡薄化。三是科技化，使传统节日的文化意义被消解，在"互联网+"对人们生活的影响下，节日仪式和活动不断被简化、碎片化，土家族传统节日面临日益空洞化的趋势。

2. 土家族传统节日文化异化

土家族传统节日文化受外来文化的冲击，不断异化。随着经济全球化发展，多元文化的碰撞也日益加剧，传统民间文化生存环境面临着严峻挑战，土家族传统节日也受到了人们的冷落以及西方节日的冲击。具体影响因素为：一是文化需求的转变，在很大程度上因为"洋节"具有灵活多样、丰富多彩的形式，具有新奇刺激、温馨浪漫的特点，可以更好地满足年轻人追求浪漫时尚、挥洒个性、放松和释放情绪的心理需求，因而传统节日文化被忽视，在艰难生存中不断被消解，甚至异化。二是消费文化的转变，据调查，热衷于过"洋节"的绝大多数人并不了解"洋节"的文化内涵，对"洋节"的接受在一定程度上是作为消费、狂欢

---

① 汪振军. 民间文化的创造性传承与创新性发展[J]. 长江文艺评论，2018(3)：30-35.

和时尚的符号。如平安夜的"平安果"，这种节日衍化为文化消费的商品悄悄改变着节日的文化内涵。传统节日遭遇的不仅仅是来自"洋节"等外来文化的冲击，更是消费主义对其文化和精神内涵的削弱。三是过度的商业化，导致传统节日的美好初衷走向反面，被异化为商家的"促销节"和人们的"吃喝节"，"送节礼"某种程度上成为获得利益的工具，脱离和违背传统节日精神名正言顺的送礼行为，节日又被异化为"送礼节"，破坏了其应有的价值观念，使得传统节日中的情感凝聚力、关于历史和传统的记忆也都被弱化，节日的神圣性被消解。①

3. 土家族传统节日文化传承力量缺失

文化是在传播与传承中发展与创新的，文化的流传是个耳濡目染的过程，需要一定的环境和条件。② 由于土家族传统节日文化传承力量的缺失、断层，一些传统节日文化日益式微，甚至有消失的危险。具体的影响因素为：一是自身传承需求退化。从传统节日文化本身来讲，它是以代际传承为特点的，随着社会的发展变化，这个传承链正在断裂。现在的年轻一代逐渐在剔除繁杂的节日仪式和活动的同时，也不再寄望于学习节日文化里的传统手艺来赚取经济来源。所以，现在一些民间手工艺随着老艺人的不断离去，年轻一代子承父业的越来越少了，一些民间文化遗产正面临着人亡艺绝的危险。二是长期以来政府对土家族传统节日文化的宣传和重视不够。政府没有很好地发挥其宣传和挖掘土家族传统节日所蕴含的民俗文化内涵的主体作用，如果政府不断倡导、继承、创新传统节日文化，传统节日自然会出现新气象。三是文化教育的缺位。学校应该是传承传统文化最好的基地，然而现在的教科书上有关土家族传统节日的起源、发展和其文化内涵的内容少之又少；家庭也是孩子最早最重要的教育组织，但现在的家庭教育注重孩子能力的培养，而忽视传统文化的培育与传承。年轻人之所以对本民族文化不感兴趣，与青年一代没有机会接触传统文化，去体会传统文化的优美也有很大关系。

---

① 黄润柏. 壮族传统节日文化创新的基本路径研究——壮族传统节日文化创新研究之二[J]. 广西民族研究，2019(3)：159-166.
② 曹俏萍，周叮波. 端午节习俗的边缘化和我国传统节庆文化的现代化[J]. 广西师范学院学报，2006(S1)：23-25.

4. 土家族传统节日文化特色减弱

随着文旅融合发展不断深入，土家族传统节日得到一定的开发，很大程度上促进了传统节日文化的传承，但也存在着一些问题，使得传统节日文化特色减弱。具体影响因素为：一是政府过度干预。传统节日的开发多为政府主导，作为节日主体的村民被迫边缘化，传统节日成为一种庆典或商业平台，节日文化的内在特色被忽视。二是功利思想抬头。虽然传统节日每年都在按期举办，但为了迎合旅游者，其节日文化内容挖掘不够，主题基本上以饮食、歌舞表演、娱乐活动、旅游观光为主，一些蕴含丰富文化特色的礼仪和仪式被简化甚至被剔除，这些文化特色日益减弱，甚至面临消失的局面。三是同化现象严重。不同地区的同一节日也会存在不同的地方，或是不同的活动仪式，这些不同的地方正是其特色所在，然而令人惋惜的是，在土家族传统节日文化传承和发展的过程中，为了扩大影响力，传统节日文化的宣传通常会凝结成一种通俗标识或者符号，符号之外的这些文化特色很容易被忽视、被弱化，甚至消失。如摆手节中的摆手舞，一些地方特色的动作已失传。

三、土家族传统节日文化创新转化路径

(一) 对节日文化进行综合性创新

原创、全新的文化创新是稀有的，综合也是创新，而且是最常见、最重要的创新，组合性或综合性创新是文化创新的一般形态，许多文化创新，都是吸取各学各派之长而发生的。① 土家族人民向来具有好客和热情的风尚，在与其他民族文化交流中，创造了独具特色的民族文化。中华人民共和国成立后，特别是改革开放以来，土家族地区经济社会快速发展，人民的生活水平和文化教育水平不断提高，为土家族传统节日文化创新奠定了坚实基础。同时，随着土家族地区交通日益便捷，对外交往不断增多，特别是大众旅游时代到来，土家族人有了更多的

---

① 李乐为. 刍议土家族传统节日文化的功能及现代利用[J]. 贵州民族研究，2012，33(6)：63-67.

机会走出去和其他民族进行交往，外来文化也如潮水般涌入土家族地区，在给传统节日文化带来冲击的同时，为土家族传统节日文化的创新提供了前所未有的机遇，土家族完全有条件、有能力实现传统节日文化的创新和发展。

（二）将节日文化与乡村振兴实践相结合

在乡村振兴战略实施背景下，大力发展传统节日文化，紧扣政策要求，善于利用好战略支持下丰富的资源及力量，必将促进乡村振兴与土家族传统节日的发展。① 以复兴和创新传统节日为平台，挖掘并利用传统节日的文化精华，助力乡村的文化振兴；在整合文化资源的基础上，发掘文化人才，并分配在合适的位置上，助力乡村的人才振兴；政府搭台，以节日活动为契机，招商引资，促进乡村的产业振兴等。土家族在乡村振兴的实践中，积极打造了如女儿会、摆手舞文化节等集文化、经贸、科研、旅游于一体的综合节庆活动，探索了一条可行之路。总之，土家族传统节日文化的发展只有在政府引导、村民发挥主体作用、社区积极参与、文化企业创新发展等各主体形成多元和谐局面下，多力作用助力乡村，才能实现乡村的全面振兴。

（三）赋予节日文化时代内涵和现代表达形式

基于马斯洛的需求层次理论，节日之所以存在，是因为民众需要节日，节日满足了人的需求。生活传统向来是支撑传统节日延续的深厚基础，而人民群众的精神需求则是推动传统节日现代转换的内在动力。首先，唤醒土家族传统节日中优秀文化因子，将其融入日常的生活和生产实践，积极推动移风易俗活动，深入挖掘和阐发土家族传统节日文化的文化内涵和时代价值，激发全民族文化创新创造活力。其次，用土家族传统节日中包含的优秀文化滋养文艺创作，在土家族的民族历史上，有很多值得永远铭记的人物、事件，都是我们进行文艺创作，推动土家族传统节日文化创造性转化、创新性发展的重要资源。最后，将推动土家族传统节日文化创造性转化、创新性发展，与现代文化产业、现代文化科技结合起来。利用现代科技，加强对传统文化资源的保护利用、展示展演和宣传推广，让

---

① 张明月，田玥，李剑成，等．乡村振兴战略下农村传统节日多元主体保护路径思考[J]．天津社会保险，2019（2）：14-15.

收藏在文物馆、博物馆里的文物、陈列在广阔大地上的遗产、书写在古籍里的文字等都得到现代化的活态表达。①

四、结　语

土家族传统节日是土家族民族文化和乡土文化的集中表达，是土家族地区极具特色的文化瑰宝。但随着时代的进步，土家族传统节日文化的生态空间发生了诸多变化，民族传统节日和乡土文化的生存和发展也面临着诸多挑战。然而文化创新是文化生存与发展的不竭动力，民族文化和乡村文化的繁荣进步需要借助于文化创新的魔力。特别是在乡村振兴战略实施的过程中，民族文化和乡村文化的振兴也是重中之重。乡村振兴政策支持下，探索出土家族传统节日文化的创新性转化创新性发展应遵循的原则、一般的运行规律以及可行的路径，定将促进土家族地区乡村振兴和民族传统节日文化的全面发展。

---

① 陈建波. 推动中华优秀传统文化的创造性转化与创新性发展［N］. 中国社会科学报，2019-10-23（6）.

游客与当地居民视角中的
非物质文化遗产旅游化

自联合国教科文组织于 2003 年第 32 届大会通过《保护非物质文化遗产公约》以来，非物质文化遗产的保护问题在世界范围内受到了广泛关注。从目前看来，非物质文化遗产的传承主要有以下几种模式：政府供养(补贴传承人)模式、原生态保护模式(活态传承)、静态保护模式以及旅游化发展模式。作为新消费时代下保护非物质文化遗产的重要环节，旅游为其传承和延续创造了良好的条件，这直接推动了非物质文化遗产旅游的产生。

西方学者对文化旅游的研究起步较早，对非物质文化遗产的旅游化研究多以文化人类学和社会学等相关学科理论为基础，主要从非物质文化遗产旅游的真实性与商品化、① 政治色彩、② 旅游影响、③ 动力机制④等方面开展研究。国内关于非物质文化遗产旅游化的研究主题主要集中在非物质文化遗产旅游化的

---

① Cohen E. The heterogeneization of a tourist art[J]. Annals of Tourism Research, 1993, 20 (1): 138-163; Martin K. Living pasts: contested tourism authenticities [J]. Annals of Tourism Research, 2010, 37(2): 537-554.

② Casey S. Okinawan heritage and its polyvalent appropriations [J]. Annals of Tourism Research, 2013, 42(1): 130-149.

③ Wei X A, Dou Q, Peng D C. On sustainable tourism of China's world-class cultural and natural heritage site[J]. Social Sciences in China, 2003, 32(1): 160-168; Dyer P, Aberdeen L, Schuler S. Tourism impacts on an Australian indigenous community: a djabugay case study[J]. Tourism Management, 2003, 24(1): 83-95.

④ Bentor Y. Tibetan tourist thangkas in the Kathmandu Vally [J]. Annals of Tourism Research, 1993, 20(1): 107-137; Inglis D, Holmes M. Hi ghland and other haunts: ghosts in Scottish tourism[J]. Annals of Tourism Research, 2003, 30(1): 50-63.

模式和路径、① 旅游化中存在的问题或矛盾、② 非物质文化遗产的保护与旅游利用的互动关系③等方面。其中，在旅游化引发的问题和矛盾方面，游客与当地居民的矛盾是主要矛盾之一。④ 然而，目前国内外相关研究大多是以游客或当地居民为独立研究对象，很少从双方对比的视角进行相关研究，这对客观描述非物质文化遗产的旅游化现状以及深入分析游客与居民之间矛盾的成因造成了一定的局限性。对比分析游客与当地居民态度的异同有利于全面客观地体现非物质文化遗产旅游化生存的现状，多层次多角度地找出产生问题的原因，并综合各方面的因素提出有效的对策。

态度是带有赞同或不赞同偏向性评价事物的倾向，通常反映在认知、情感和行为表现中。⑤ 认知和情感、感知相关，行为与期望则密切联系，因此，游客和当地居民旅游态度的影响因素包括感知和期望两个方面。游客感知受目的地形象、⑥情感尺度⑦等因素的控制，居民感知的主要内容包括经济利益、⑧ 主客关系

---

① 王德刚，田芸. 旅游化生存：非物质文化遗产的现代生存模式[J]. 北京第二外国语学院学报，2010，32(1)：16-21；张晓萍，李鑫. 旅游产业开发与旅游化生存——以大理白族绕三灵节日开发为例[J]. 经济问题探索，2009(12)：115-119；孙梦阳，石美玉. 非物质文化遗产游憩者动机及其市场细分研究[J]. 旅游学刊，2012，27(12)：95-102.

② 张瑛，高云. 少数民族非物质文化遗产保护与旅游行政管理研究——以云南民族歌舞为例[J]. 贵州民族研究，2006(4)：79-84；黄继元. 云南省非物质文化遗产旅游开发研究[J]. 旅游研究，2009，1(4)：8-14.

③ 王文章. 非物质文化遗产概论[M]. 北京：文化艺术出版社，2006：152-168；肖曾艳. 非物质文化遗产保护与旅游开发的阶段性互动分析——以湖南虎形山花瑶乡的非物质文化遗产为例[J]. 云南地理环境研究，2008(2)：100-103；李烨，王庆生，李志刚. 非物质文化遗产旅游开发风险评价——以天津市为例[J]. 地域研究与开发，2014，33(5)：88-93.

④ 石美玉. 非物质文化遗产旅游发展战略研究：以北京为例[M]. 北京：中国旅游出版社，2015：31.

⑤ Eagly, A H, Chaiken s L. The psychology of atitudes [M]. Texas：Harcourt Brace Jovanovich, 1993：55-56.

⑥ Gartner C M. The meaning and measurement of destination image[J]. Journal of Tourism Studies, 1991, 2(2)：2-12.

⑦ Fakeye P C, J L Crompton. Image differences between prospective, first-time, and repeat visitors to the Lower Rio Grande Valley[J]. Journal of Travel Research, 1991, 30(2)：10-16.

⑧ Akis S, N Peristianis, J Wamer. Residents attitudes to tourism development：the case of cyprus[J]. Tourism Management, 1996, 17(7)：481-494.

和对资源的开发利用情况。① 期望理论研究的是人的行为，其核心内容是：人的行为受目标价值和期望概率的影响。② 以感知理论为基础，探讨游客和当地居民对非物质文化遗产旅游化生存的认知和情感态度，并基于期望理论提出如何利用旅游化来保护和传承非物质文化遗产的对策和建议，对探究非物质文化遗产旅游发展的出路具有现实意义。

一、问 卷 调 查

(一)问卷设计与样本选取

通过查阅非物质文化遗产旅游的相关资料确定需要了解的问题，并结合恩施土家族苗族自治州(以下简称恩施州)非物质文化遗产旅游发展的现状设计问卷。问卷分为三个部分：个人信息、对非物质文化遗产的认知以及对非物质文化遗产旅游的情感态度。此外，针对游客和当地居民基本特征的差异分别设计问卷。两份问卷的差异性主要表现在第二部分：游客问卷旨在了解游客对非物质文化遗产旅游的兴趣以及知悉程度，居民问卷主要了解当地居民对非物质文化遗产的掌握程度、参与情况以及负面感知。

研究选取恩施市和利川市为调研区域(恩施州包括恩施市、利川市等8个县市)。本次调研以当地游客和景区周边的当地居民为问卷的重点发放对象。主要是因为，近年来，恩施州凭借其保存完好的自然资源、丰富多彩的民族文化资源以及便捷的交通吸引了大批游客。恩施市作为恩施州的政治经济文化中心，是恩施州土家族非物质文化遗产最集中的区域，拥有5项国家级非物质文化遗产，9项省级非物质遗产。恩施市的旅游业也较为发达，拥有多家3A级以上景区，大多数景区呈现较强的民族特色。丰富的非物质文化遗产资源、较为集中的游客和土家族居民，有利于本次调研资料的采集。而利川市是世界优秀民歌《龙船调》

---

① Butler R W. The social implications of tourist developments [J]. Annals of Tourism Research, 1974, 2(2): 100-111.

② 周三多，陈传明，鲁明泓. 管理学——原理与方法[M]. 上海：复旦大学出版社，2014：432.

的故乡，《龙船调》是国家级非物质文化遗产利川灯歌的代表作之一，在政府和当地居民的努力下，《龙船调》不仅在利川的传唱度极高，围绕《龙船调》开展的旅游活动也深得国内外游客的喜爱。由于目前利川市大部分地区仍保留着较为完整的土家族风俗和习惯，很多当地居民积极参与到土家族非物质文化遗产旅游的发展中，保证了本次调研资料的典型性和高质量。表1展现了恩施市和利川市国家级和省级非物质遗产名录。

表1　　　　恩施市和利川市省级以上非物质文化遗产项目一览表

	国家级	省级
恩施市	摆手舞 灯戏 恩施玉露制作技艺 傩戏 恩施扬琴	耍耍 恩施社节 龙舞 恩施三才板 土家女儿会 太阳河民歌 五句子山歌 石工号子 土家族传统婚俗
利川市	肉连响 利川灯歌 坝漆制作技艺	利川小曲 柏杨豆干制作技艺 绕棺 利川木雕 利川竹琴

(二)问卷发放与回收情况

鉴于恩施市土司城、女儿城、龙鳞宫、恩施州博物馆、恩施州民族大剧院以及利川市的腾龙洞等旅游景区游客量较大，且均涉及非物质文化遗产相关旅游项目和活动，因此本次调研选取上述景点作为主要的问卷发放点，调查对象包括当地居民(旅游从业人员和非旅游从业人员)和游客。本次调研共发放问卷350份：其中游客调查问卷200份，回收178份，回收率89%，有效问卷161份，有效率90%；当地居民调查问卷150份，回收138份，回收率92%，有效问卷120份，有效率86%，符合统计分析的需要。

(三)样本的基本分析

游客和当地居民的人口特征统计如表 2。从年龄上看,游客群体中青年居多,10~24 岁的占 44.7%,25~40 岁的占 43.5%;当地居民群体中中年人居多,25~40 岁的占 44.2%。从文化程度上看,两个群体的文化程度均较高,游客中高中及以上学历的占 82.6%,居民中高中及以上学历占 77.5%。良好的受教育程度为游客理解非物质文化遗产奠定了基础。

表 2 　　　　　游客和当地居民的人口特征统计分析

属性	特征	频数		百分比	
		游客($n=161$)	当地居民($n=120$)	游客	当地居民
年龄	10~24 岁	72	31	44.7%	26.0%
	25~40 岁	70	53	43.5%	44.2%
	41~60 岁	17	25	10.5%	20.8%
	61 岁及以上	2	11	1.2%	9.1%
民族	土家族	42	78	26.1%	64.9%
	非土家族	119	42	73.9%	35.1%
文化程度	小学	7	5	4.3%	4.2%
	初中	21	22	13.1%	18.3%
	高中	49	50	30.4%	41.7%
	本科及以上	94	43	52.2%	35.8%
身份		本地游客:50 外地游客:111	旅游经营者:44 景区工作人员:20 政府人员:6 其他:50	本地游客:31.0% 外地游客:69.0%	旅游经营者:36.4% 景区工作人员:16.9% 政府人员:5.2% 其他:41.6%

二、对比分析

(一)游客对非物质文化遗产旅游化的态度分析

问卷中考察了游客对恩施非物质文化遗产旅游化的感知态度,该部分采用里氏评分法，1 = 非常不赞同，2 = 不赞同，3 = 一般，4 = 赞同，5 = 非常赞同。对该部分进行因子分析，用 KMO 检验和 Bartlett 球度检验对变量的相关性进行检验。表 3 显示，KMO 值为 0.808 > 0.6，Bartlett 球度检验的卡方值为 361.416，$P = 0.000 < 0.001$，已达显著水平，因此总体的相关矩阵间有共同因子存在，适合进行因子分析。

表 3　　　　　　　　　　　　**KMO 测度和巴特利球度检验**

取样足够度的 Kasiser-Meyer-Olkin 度量		0.808
Bartlett 的球形度检验	近似卡方	361.416
	df	28
	Sig.	0.000

接下来提取主要因子，采用主成分分析法，并进行方差最大化旋转，保留载荷量大于 0.5 的变量，最终提取出 3 个因子，其累计贡献率为 68.282%，且每个因子的特征值均大于 1，将它们分别命名为情感成分、认知成分和意向成分，见表 4。情感成分的方差贡献率最大，为 46.29%，说明该因子包含的信息比重最大，其次分别是认知成分和意向成分。[①] 因此可以得出结论：从游客对非物质文化遗产旅游化生存的态度来看，游客在情感上的支持高于对非物质文化遗产保护思路的认知和对旅游化这种生存方式的意向选择。

表 4　　　　　　　　　　　　**游客态度的因子分析结果**

公因子	变　　量	载荷量	特征值	方差贡献率（%）
情感成分	愿意了解土家族非物质文化遗产的信息	0.688	3.703	46.289
	参与土家族非物质文化遗产民俗活动	0.872		
	将土家族非物质文化遗产民俗表演推荐给亲戚朋友	0.824		
	对恩施的非物质文化遗产旅游满意	0.562		

① 刘德秀，秦远好．旅游心理学［M］．重庆：西南大学出版社，2011：89-90.

28

续表

公因子	变　　量	载荷量	特征值	方差贡献率(%)
认知成分	制定专门的法律政策保护恩施土家族非物质文化遗产	0.752	1.987	12.342
	对恩施土家族非物质文化遗产申请产权保护	0.831		
	组织专家学者对土家族非物质文化遗产旅游化进行专题研究	0.657		
意向成分	通过发展旅游来保护和传承非物质文化遗产	0.886	1.772	9.561

对游客是否赞同通过发展旅游来保护非物质文化遗产的题项进行进一步分析，该题项的总体均值为4.14(满分是5)，选择非常赞同和赞同选项的游客分别占26.1%和57.7%(见图1)，共计83.8%，这说明游客非常支持非物质文化遗产的旅游化生存方式。

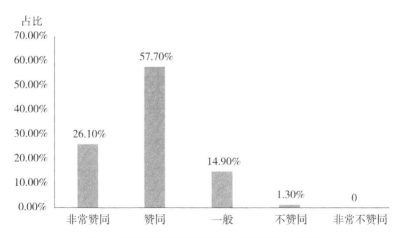

图1　非物质文化遗产旅游化的游客意向分析

(二)当地居民对非物质文化遗产旅游化态度分析

在受访的居民中，高达97.4%的居民认为保护非物质文化遗产重要，但对恩施州非物质文化遗产旅游发展现状持中立态度，认为发展一般的人占51.9%，认为发展良好的人只占44.2%。表明当地居民普遍对非物质文化遗产的价值有了一定的认识，但是对非物质文化遗产的旅游化生存缺乏信心。当地居民对非物质文化遗产旅游开发的主体认知统计见图2。结果显示，73%的当地居民认为应由政府部门主导非物质文化遗产旅游开发，认为应由旅游开发商负责的居民占15%，只有3%的居民认为自身应在其中发挥主导作用。这说明大多数居民还未意识到自身在非物质文化遗产旅游中的主人翁角色，极少主动参与发展规划和决策制定，同时过于依赖政府，缺乏自主权意识，这是目前我国非物质文化遗产保护工作中普遍存在的问题。非物质文化遗产的全权管理和行政保护方式使非物质文化遗产逐渐脱离民间，从当地居民的传统生活中剥离出来，居民从文化主体变成了客体，成为和游客一样的旁观者，因而丧失了对非物质文化遗产的主人翁意识。

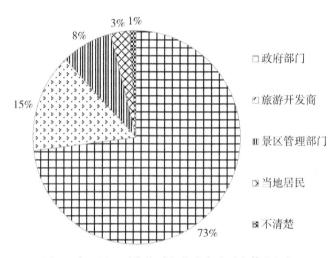

图2 当地居民对非物质文化遗产旅游主体的认知

(三) 游客和当地居民的对比结果及其原因分析

1. 游客和当地居民非常赞同非物质文化遗产的旅游化生存，但当地居民对非物质文化遗产旅游的整体认同度高于游客

表5显示"通过发展旅游来保护非物质文化遗产"题项的游客均值和居民均值

都高于4，说明二者均感受到了旅游化生存给非物质文化遗产带来的积极影响。对游客来说，旅游业使许多濒临消失的非物质文化遗产名声大噪，参与非物质文化遗产旅游满足了游客的猎奇心理和文化需求，所以游客支持非物质文化遗产的旅游化生存。对当地居民来说，丰富的非物质文化遗产往往和经济水平落后紧密相连，[①] 恩施州也是我国的经济不发达地区之一，人们渴望生活得到改善；同时，家乡旅游业的发展减缓了青壮年劳动力的流失，解决了空巢老人和留守儿童的问题，因此当地居民的感知以积极方面为主。

表5　　　　　　　　　　　游客与当地居民的比较分析

变　　量	均值	
	游客	当地居民
保护非物质文化遗产很重要	4.62	4.66
愿意了解(向游客宣传)土家族非物质文化遗产的相关信息	4.19	4.48
和土家族居民(邀请游客)一起参与土家族非物质文化遗产民俗活动	4.25	4.39
推荐亲戚朋友欣赏土家族非物质文化遗产民俗表演	4.22	4.49
通过发展旅游来保护非物质文化遗产	4.08	4.34
有必要组织专家学者对恩施土家族非物质文化遗产旅游化进行专题研究	4.17	4.43
有必要制定专门的法律政策保护恩施土家族非物质文化遗产	4.20	4.26
有必要对恩施土家族非物质文化遗产相关的旅游产品申请产权保护	4.18	4.16
恩施土家族非物质文化遗产旅游的发展前景良好	3.29	3.32

对游客和当地居民关于非物质文化遗产旅游化的态度进行对比分析，如表5所示，各题项统计结果显示居民的均值都高于游客，说明当地居民对非物质文化遗产的旅游化生存方式更加认同。原因在于经济利益是影响居民感知的重要因素

---

① 王德刚，田芸. 旅游化生存：非物质文化遗产的现代生存模式[J]. 北京第二外国语学院学报，2010，32(1)：16-21；Gartner C M. The meaning and measurement of destination image [J]. Journal of Tourism Studies，1991，2(2)：2-12.

之一,① 游客态度具有社会性,即游客态度与过去的经验有关。② 近年来恩施州旅游业综合带动效应明显,许多普通老百姓是旅游业的直接或间接受益者。但对游客而言,恩施州旅游业主要还是依靠自然景观,其人文景观并未彰显地方特色。恩施州非物质文化遗产旅游形式单一,以土司城为例,游客普遍认为土司文化值得探索且存在较大市场,但土司城景区没有联合当地社区发展,只是囿于一个狭小范围,也没有衍生其他旅游产品,经济带动效应较差,因此对游客整体的吸引力不强。除个别节目结合现代科技给人以震撼的视觉体验,其他多为平淡无新意的舞台表演,很难促成游客重游,对旅游经验丰富的游客而言,缺乏足够的吸引力,因此难以形成良好的口碑。

2. 游客和当地居民对非物质文化遗产旅游的未来发展缺乏信心,但当地居民对主客关系的感知满意度较高

在"恩施土家族非物质文化遗产旅游发展前景良好"题项中,游客和当地居民的均值都低于 3.5,分别为 3.29 和 3.32。说明不仅游客不太看好非物质文化遗产旅游开发前景,当地居民自身对非物质文化遗产旅游发展也信心不足。一方面,非物质文化遗产在旅游业中的表现方式较为单一,多为歌舞表演,且票价不菲,全国各地非物质文化遗产表演的同质化也较为严重,这是游客不看好这类旅游的主要原因。另一方面,非物质文化遗产旅游目的地居民大部分从事的是生产、销售和接待性的工作,直接参与表演的只占少数,加之非物质文化遗产传承的渠道非常窄,导致传承人稀缺,许多当地居民在非物质文化遗产的保护问题上心有余而力不足,因此对非物质文化遗产旅游的未来发展信心不足。而从游客和当地居民的互动情况进行分析,二者的互动意愿总体上都比较高,当地居民的均值高于游客,表示当地居民向游客宣传非物质文化遗产、邀请游客一起参与非物质文化遗产民俗活动的意愿,高于游客了解当地非物质文化遗产、与当地居民一起参与非物质文化遗产民俗活动的意愿,同时,当地居民相较于游客,更乐于把具有土家族特色的非物质文化遗产相关表演推荐给自己的亲戚朋友,这说明当地

---

① Akis S, N Peristianis, J Wamer. Residents attitudes to tourism development: the case of cyprus[J]. Tourism Management, 1996, 17(7): 481-494.

② 刘德秀,秦远好. 旅游心理学[M]. 重庆:西南大学出版社,2011:89-90.

居民对营造良好主客关系的态度非常积极，而游客虽然有互动的意愿，但是防备心理较强。尽管当地居民表现出的好客氛围从一定程度上激发了游客参与互动的积极性，但这类互动内容带给游客的旅游体验往往缺乏深度，使游客的推荐意愿不强。

三、结论与建议

(一) 研究结论

1. 游客和当地居民的认知态度有待提升

游客和当地居民均认识到旅游化生存对非物质文化遗产保护和传承的重要性，并认为需要对这一主题进行深入的研究，表明二者对旅游化模式的积极影响和非物质文化遗产的价值有一定的认识。但是，大多游客仅仅是非物质文化遗产旅游产品的享受者，主要从情感上支持非物质文化遗产的旅游化生存，忽略了自身在非物质文化遗产旅游活动中保护和宣传的责任。当地居民对非物质文化遗产旅游化生存的主体角色认知不足，在如何发展、谁主导发展等问题上，大多数当地居民忽视了自身的参与权利和责任义务。因此，游客和当地居民都应加强对非物质文化遗产旅游化生存的责任者角色认知，主动参与到相关宣传、保护和开发等工作中。

2. 游客和当地居民的情感态度较好

从游客角度来看，由于潜在游客的体验经历、文化背景、地理渊源、对目的地的熟悉程度，以及对目的地的期望值不同，因而对目的地的感知也会有所变化。① 大多数游客在旅游的过程中了解了恩施州的非物质文化遗产，并通过这种体验异文化的经历使精神需求得到满足。同时，游客的旅游经历补充和强化了对恩施州目的地形象的认知，与当地居民之间的和谐关系拉近了二者之间的情感距

---

① 黄燕玲. 基于旅游感知的西南少数民族地区农业旅游发展模式研究[D]. 南京：南京师范大学，2008.

离, 因而游客的感知以正面为主。从当地居民角度来看, 感知的形成是经济利益、社会利益、社会成本、文化利益和文化成本五大要素互相博弈的结果。[①] 非物质文化遗产旅游改善了经济状况, 缓解了当地青壮年大量流失和留守儿童问题, 游客数量的增多使当地居民对自己所属的地域和文化更加认同。尽管大批游客的涌入对当地传统文化造成了一定的冲击, 但大多数当地居民对经济利益和社会利益的感知较为直接, 对经济成本、社会成本和文化成本的感知较弱, 因此居民感知同样以正面为主, 在态度上支持非物质文化遗产旅游的发展。

(二) 研究建议

纠正游客和当地居民的感知态度有利于规范二者的行为。期望理论的核心是从目标价值和期望概率两个方面来影响人的行为, 因此, 要改变非物质文化遗产旅游化生存的现状, 不仅要使游客和当地居民认清旅游对保护非物质文化遗产的价值和意义, 还需要采取一些对于游客和当地居民来说操作性较强的措施, 以提升游客和当地居民的信心。

1. 塑造非物质文化遗产文化氛围, 构建旅游活动的"文化空间"

文化空间是指定期举办传统文化活动或集中展现文化表现的场所, 兼具时间性和空间性。[②] 非物质文化遗产由显性的表现形式和隐性的文化内涵构成, 绚丽的表现形式是非物质文化遗产的躯壳, 而深厚的文化积淀才是非物质文化遗产的灵魂。因此, 要维系非物质文化遗产的生存, 延续其文化内涵才是保护和传承的关键。从实地调研情况来看, 恩施州当前的非物质文化遗产旅游产品主要是通过模式化的表演呈现在游客面前, 旅游景区仅仅拓展了文化空间的"空间性", 对"时间性"的遵照则明显不足, 导致大量非物质文化遗产的文化内涵逐渐丧失。构建旅游活动的"文化空间"目的就是要塑造其文化氛围, 在遵照非物质文化遗产文化背景的基础上, 选定与其存在价值相契合的时间和地点开展旅游活动, 使游客与当地居民共同参与其中, 营造友好的主客关系和互动氛围, 真实地展现出

---

① Gursoy D, Rutherford D G. Host attitudes toward tourism: an improved structural model[J]. Annals of Tourism Research, 2004, 31(3): 495-516.

② 参见《关于加强我国非物质文化遗产保护工作的意见》(国发办 2005[8]号).

原汁原味的非物质文化遗产，打造游客期待和令游客满意的文化旅游，从而提升游客与居民双方对非物质文化遗产旅游的期望价值。

2. 创新非物质文化遗产表现方式，开发"互联网+遗产"旅游

调研发现，目前恩施州非物质文化遗产旅游化生存主要表现为两种形式，一是将传统文化经过艺术加工和提炼，搬上舞台，供游客观看体验，这被称为"舞台化生存"，如大峡谷的《龙船调》、民族大剧院的《武陵绝响》、利川腾龙洞的《夷水丽川》等，这种形式不仅使越来越多的外地游客认识了土家族的传统文化，而且使作为文化载体的本地居民对本地文化有了更深入的认识。二是利用非物质文化遗产"生活化"属性，还原或部分还原非物质文化遗产的生活情境，使游客在日常生活的体验中领悟本真的非物质文化遗产，而且能使当地居民成为参与主体，使当地人能从旅游收入中获得更多利益，被称为"生活化生存"。如恩施的女儿城是文化旅游商业古镇，包括旅游、餐饮、住宿、商业、休闲娱乐、文化等各种业态，这里也是土家族传统文化集聚地，土家族非物质文化遗产、恩施土家族最负盛名的特色民俗相亲活动——女儿会，就落户在这里。

时代变迁需要非物质文化遗产在旅游利用中有所调适，需要在不改变非物质文化遗产本质属性前提下创新其表现形式。[①] 在当前"互联网+"、大数据的高科技时代，恩施州应充分发挥互联网、大数据的便捷、高效优势，加大数字化投入，开发"互联网+遗产"旅游。如可以开发数字遗产旅游，数字遗产旅游是借助高科技虚拟技术将可视化的景观呈现在游客面前的旅游方式，它的优点在于既可以达到和实体景观同样的展示效果，又能够最大限度地降低游客对旅游客体和当地居民的干扰，减少游客的群体效应引起的非物质文化遗产的变异和失真。如可以建造一座恩施土家族非物质文化遗产虚拟社区，将土家族非物质文化遗产本身和用于旅游开发的部分分离开来，通过3D技术、体感技术、立体声道等加强游客的视觉、感觉和听觉效果，借助虚拟技术体验恩施玉露茶的制作技艺、女儿会的民俗仪式等，游客足不出户就能游览遗产地，加深对恩施州非物质文化遗产旅游价值的认识，使游客的旅游期望得到实现。

---

① 方旭红，张清清. 论非物质文化遗产在旅游发展中的"生活化"利用[J]. 华侨大学学报(哲学社会科学版)，2014(1)：38-44.

3. 打破利益相关者的传统思维方式，完善非物质文化遗产保护传承机制

旅游业的利益相关者包括旅游企业、政府、当地居民和游客,① 必须改变他们对非物质文化遗产旅游的思维方式，才能完善非物质文化遗产的长效保护机制，也才能提升他们对非物质文化遗产旅游的期望概率。首先，旅游企业应调整开发思路和管理策略。由于文化类的消费品存在"禁止性提升"，即禁止部分活动并向游客解释原因反而会强化游客的文化体验。② 所以，旅游企业不应该一味迎合游客对目的地的旅游期望，而是要纠正和引导游客形成正确的旅游期望，从服务质量和产品本身出发提升游客的满意度，从而弥补游客的实际体验与心理预期之间的差距，使游客对非物质文化遗产旅游化的态度更加积极。其次，政府部门应简政放权。简政放权就是要让政府放手和转移重心，给非物质文化遗产更多的市场自由，既发挥政府在非物质文化遗产旅游产品开发中的特殊作用，又要尊重非物质文化遗产民间传承的自然规律，实行政府干预和民间自然传承结合的保护机制，充分发挥引导和监督的职能，而不是大包大揽地涉足保护和开发工作的各个环节。再者，提高当地居民的参与度与主人翁意识。非物质文化遗产旅游能否可持续发展，归根结底取决于有没有坚实的生活土壤，脱离了当地居民生活的非物质文化遗产将会失去活力。上述调研显示，大部分居民认为促进非物质文化遗产旅游的发展是政府的职责，并且在发展旅游业和非物质文化遗产保护的天平两端明显偏向了旅游业。所以要引导当地居民，加深对非物质文化遗产的认同和热爱，使当地居民乐于参与其中，乐于传承和保护，如是，非物质文化遗产旅游才会长久发展。最后，培养游客的文明旅游意识。应加强游客的教育和文化宣传，培养有素质的成熟游客，有效降低旅游给非物质文化遗产带来的负面影响，保证非物质文化遗产可持续发展。

---

① Elise T S, Brigit L. Managing stakeholders: a tourism planning model [J]. Annals of Tourism Research, 1999, 26(2): 312-328.

② McKercher B, Hilary C. Cultural tourism: the patnership between tourism and cultural heritage management[M]. Tianjin: Nankai University Press, 2005: 114.

生态文明建设视角下民族文化旅游创意产业发展

　　生态文明是一种文明形态，是物质文明、精神文明、政治文明的外在表现形式，生态文明关注人与自然、人与社会、人与人的和谐发展，是人类社会发展的必然结果。① 随着知识经济时代的到来，生态文明观念在全社会牢固树立。为努力建设美丽中国，实现中华民族的永续发展，早在 2012 年中国共产党的十八大报告就已把生态文明建设放在突出地位，提升到经济建设、政治建设、文化建设、社会建设等国家"五位一体"建设的高度。党的二十大报告更提出："必须牢固树立和践行绿水青山就是金山银山的理念，站在人与自然和谐共生的高度谋划发展。"

　　生态文明建设需要落实在区域、产业等具体的空间载体上。我国少数民族地区有着丰富的自然生态资源和民族文化资源，不论是进行生态文明建设还是发展民族文化旅游创意产业都有着良好的基础。以创新为基本特征的民族文化旅游创意产业不仅可以将现有的民族文化创意资源转化为经济成就，提高产业经济的附加值，占据产业价值链的高端，并且还会通过对民族文化资源的保护与再利用以及对于创意资源的整合利用，实现绿色发展、循环发展、低碳发展，从而促进社会的可持续发展。但是，针对少数民族地区如何发挥基础和优势，走具有民族特色的生态文明建设之路，把民族文化旅游创意产业引到良性的生态循环轨道上来，以实现生态与产业的可持续发展，有必要进行理性的探索。

---

① 杨桂芳. 生态文明内涵分析[J]. 生态经济，2010(12)：185-188.

一、生态文明建设与民族文化旅游创意产业的辩证关系

（一）民族文化旅游创意产业

旅游是个人利用其自由时间并以寻求愉悦为目的而在异地获得的一种短暂的休闲体验。① 当全世界都把文化创意产业作为振兴区域经济、调整城市产业结构的时代解药的时候，创意与旅游相结合的理念不得不提到日程上来。② 尤其是在旅游产业集群化发展趋势以及旅游产品越来越呈现出文化创意产业特点的背景下，文化创意产业与旅游业融合产生了文化旅游创意产业。

民族文化旅游创意产业是文化旅游创意产业的一个分支领域，它既不同于少数民族非物质文化遗产的保护，也不同于传统意义上的旅游业，创意概念的引进对其具有更加重要的意义。③ 因此，民族文化旅游创意产业应该是指，以民族文化和自然资源为核心元素，以市场为导向，以创意为手段，以技术为支撑，以多元化的旅游产品为载体的产业集群，并由此形成民族文化旅游的产业链，带动相关产业的共同发展。④ 如广西、云南等地立足于本民族文化和生态山水，结合现代舞台、舞美等创意，开发出了《印象刘三姐》《印象丽江》《丽水金沙》《云南映象》等著名民族文化创意产品，带动了音像、旅游商品等相关产业链的发展，可以说是民族地区发展民族文化旅游创意产业的范本。在消费需求转型、产业融合、技术进步的新时代背景下，民族文化旅游创意产业的出现为民族地区在知识经济、旅游市场竞争中带来了新的发展思路和途径。

（二）生态文明建设与民族文化旅游创意产业之间的关系

旅游业被认为是产业关联度高、资源利用率高、环境污染小的产业，是绿色

① 谢彦君．基础旅游学（第四版）[M]．北京：中国旅游出版社，2015：56.
② 韩宇．美国"冰雪带"现象成因探测[J]．世界历史，2002（5）：17-24.
③ 张海燕，王忠云．基于技术进步的民族文化旅游创意产业发展研究[J]．贵州民族研究，2010，31（6）：85-90.
④ 卢世菊．民族文化旅游创意产业发展研究：湖北省武陵山少数民族经济社会发展试验区的调查[M]．北京：中国社会科学出版社，2014：46.

的环境友好型、资源节约型产业。民族文化旅游创意产业更是在旅游业发展的基础上，运用各种新科技、新方法作为技术支撑再生性地利用自然资源和人文资源，让人们认识到民族文化中歌舞娱乐、民族节庆礼仪、民族美术工艺等多姿多彩的内容，体验到民族文化旅游的新奇和愉悦。因此，民族文化旅游创意产业既可以满足人们追求更高旅游质量的需求，又能与环境保护、生态文明建设有机融入。由此可见，无论从文化角度还是从经济角度来说，民族文化旅游创意产业与生态文明建设的关系都是能动的、和谐的，双方会形成一个互利互惠的良性循环。

当然，民族文化旅游创意产业发展与生态文明建设的和谐能动关系只是一种理论上的诗意愿景。目前，由于对经济增长功利性的过度追求、指导思想与行动的不统一等多种因素的影响，民族地区在发展民族文化旅游创意产业过程中，对自然资源和民族文化资源盲目开发、过度开发以及破坏等不文明行为时有发生，激化了资源与环境之间的矛盾，与生态文明建设产生种种矛盾与冲突，违背了可持续发展原则。所以，在民族文化旅游创意产业发展过程中引入生态文明观念，培养人们的生态文化观，树立旅游发展及民族文化旅游创意产业的可持续发展意识是非常必要的。

二、生态文明建设视角下武陵山区民族文化旅游创意产业发展意义分析

武陵山片区涉及湖北、湖南、重庆、贵州 4 个省市交界地区的 71 个县市区，居住着土家族、苗族、侗族、白族、回族等 30 多个少数民族，由于地理条件较差，受外界干扰较少，自然资源和民族文化得到了较好的保护。然而，这里经济增长总量低，生产力水平比较低，农业比重高，产业间联系松散，其资源优势不能很好地转变为现实的经济优势，严重阻碍了该地区的社会经济发展。作为以民族文化和自然资源为基础、以创意创新为手段的民族文化旅游创意产业，在武陵山片区区域发展建设中具有特殊的意义。在生态文明建设的总体目标指引下，发展民族文化旅游创意产业有利于民族地区经济、文化和社会可持续发展。

(一)经济发展

民族文化旅游创意产业在推进武陵山区区域旅游经济的资源整合、产业集聚和产业链拓展,以及结构优化、实现产业的转型升级等方面有着重要的作用。主要体现在以下三个方面。

(1)民族文化旅游创意整合旅游资源、拓展旅游资源的内涵和外延。民族文化旅游创意产业的发展需要依赖并整合独特的民族文化资源,比如土家族独特的民俗风情、生活习惯、生产方式、居住样式、节庆典礼、宗教信仰、传统服饰、民间艺术、工艺特产、音乐歌舞等,通过融入自然生态资源物质载体,借助现代化技术,聚集从第一产业到第三产业一切具有文化创意环节的企业群进行开发和利用,有力地拓展了旅游资源的内涵和外延。比如武陵山区恩施市,把"土家女儿会"作为文化名片进行开发和利用,将"土家女儿会"作为整个恩施州最具品牌特色的民俗节庆来打造,同时,又将"女儿会"与恩施生态文化旅游项目结合,与恩施大峡谷、恩施玉露茶、土家族摆手舞、土家织锦等自然资源和民族文化资源一起整合开发,为恩施旅游资源增添了丰富的内涵,推动了民族创意旅游资源的拓展。

(2)民族文化旅游创意可以实现产业集聚和产业链拓展。民族文化旅游创意产业的发展对传统产业有着重要的软化作用,即民族文化创意产业运用现代技术和创意思维,它输入的是知识、科技、文化等精神性的、无形的创意资源,经过创意思维,输出的是高附加值的创意产品,它位于产业价值链的高端,拓展现代服务业新型产业范畴,是生态文明建设下资源节约型和环境友好型产业体系的重要组成部分,属于可持续发展的绿色、健康产业。因为所需资金少,占用空间小,绿色环保,走的是利用民族智慧的可持续发展的产业道路,因此,民族文化创意产业链可以带动高附加值的制造业和现代服务业的发展,实现第一、二、三产业相互促进,优势互补。

(3)民族文化旅游创意可以实现产业结构优化。民族文化旅游创意产业依靠创意理念的融入和数字化高科技手段的利用,对传统产业结构进行优化,以形成新产业和新产品的增长点。如武陵山区的现代观光农业,依托于民族地区独特的种植方式,以及与种植相关联的山歌、舞蹈以及节庆农业活动,其农业结构在创意思维的建构下，发生巨大变化，种植功能逐渐淡化，而更注重观光、旅游和生态价值以及依附于其上的巨大创意空间和产值，从而营造更大的市场价值。

(二) 文化创新

创意产业以文化为灵魂，没有文化的创意旅游，是缺少生命力的。民族文化旅游创意产业在消费民族文化的同时，必然保护并创新着民族文化。

(1)促进文化创新。在激烈的市场竞争和旅游者的多样性消费需求面前，今天的文化旅游创意产业面临文化品位的提升和发展模式的转型，这也就要求民族文化旅游创意产业的发展必须注重文化的创新和发展。近年来，武陵山区的历史遗迹、民歌、民间舞蹈、民风民俗等独特的传统文化资源得到深度挖掘和开发，成为重要的文化创意旅游资源。如利川腾龙洞的精彩演出《夷水丽川》，将土家人口口相传的巴人祖先廪君、土家图腾白虎的传奇故事，土家族哭嫁、迎亲、跳丧舞、狩猎等民风民俗，优美的龙船调、六口茶等山民歌，以一种舞台表演的形式让游客如痴如醉，传承创新了土家族文化。同时，武陵山区各地文化建设逐步展开，各种设施逐步完善，兴建了新的创意园区、新兴街区、影视基地、演艺场所、公园、剧院、图书馆、博物馆等文化设施，各种文化活动日益频繁，形成了新的旅游资源，吸引着越来越多的旅游者的目光，如恩施的女儿城、长阳的民俗村等，都是所在地区重要的文化旅游资源。这些文化创意旅游资源在推动旅游经济发展的同时，也给自己注入了生机和活力，在不断的活力源泉和动力机制中实现文化的创新和发展。

(2)利于建设民族旅游文化产业丛。文化丛是在一定地理环境中或一定自然条件下随着人们社会实践的深入和扩大而形成发展起来的。文化丛表现为人与自然的契合，同时表示着人类改造自然利用自然的能力。① 文化产业丛，就是参与文化创意的活动在空间上高度集中，它往往体现为各种形态的文化创意产业聚集区，和网络、数码、电讯、制造、媒介、营销等相互渗透，产业关联度大，涉及部门行业多。② 武陵山区在民族文化旅游创意产业发展过程中通过对区内民族文化和物质符号(如民族文物符号、民族工艺品符号等)的结合，民族文化与生态

---

① 曹诗图.旅游文化与审美[M].武汉：武汉大学出版社，2010：3.

② 李秀金.旅游文化创意：载体与产业转型[J].社会科学家，2008(1)：91-94.

化(比如依托当地自然风光所发展起来的旅游业、休闲产业、环境经济、生态经济等)的结合,民族文化与数字化、信息化的结合,形成民族文化传播的文化产业链,建设起武陵山区民族旅游文化产业丛,永葆民族文化的活力和源泉。

(三)社会和谐

民族文化旅游创意产业的发展,是根据区域资源特色,创意并打造产业、行业投资亮点,吸引外部各种资源要素的流入,因此,民族文化创意产业可以提供大量的就业机会,提升民族文化修养,美化与活化区域环境,改善生态居住环境等,在和谐社会建设中实现各民族共同参与和共同进步。

(1)提供新的就业机会。民族文化旅游创意产业所涉及的行业领域范围广,能容纳大量的就业人口,对居民就业有极大的促进作用。民族文化和民族生态环境的保护有赖于当地社区居民的参与,独特的原始的民风民俗的展现也需要当地居民的参与,创意产品的塑造需要众多创意人才的加盟。如,清江画廊生态文化旅游产业带带动长阳境内近 10 万人直接或间接就业。[①] 因此,武陵山区可以通过发展民族文化旅游创意产业,给当地居民提供就业和增加经济收入的机会,同时实现传统农业劳动力向服务型劳动力、创造型劳动力的转型。

(2)提升居民的民族文化修养。民族文化旅游创意产业在给武陵山区当地居民带来就业机会和经济增长的同时,会因其发展所带来的知识、文化、技术在无形中提升居民的文化素养,促使少数民族群众自觉改变陋习,加强文化知识的学习,还会自觉地保护生态环境,不乱砍滥伐,变荒山、荒地、荒坡为绿地,增强保护家园的意识。另外,随着民族文化旅游创意产业的兴起,当地政府也会投入大量资金对相关人员进行产业培训,从而提高其职业素质。如恩施土家族苗族自治州曾为配合"中国硒补行动,相约健康恩施"冬季旅游促销创意系列活动,举办厨师技能提升免费培训班,学习烹饪理论、土家菜及国内知名菜品的制作技术,提升了餐饮人员的综合素质。

---

① 清江画廊点亮山水. 土家文化圈粉富民[EB/OL]. [2021-10-21]. 三峡宜昌网,http://www.cn3x.com.cn/content/show? newsid=717062.

三、生态文明建设视角下武陵山区民族文化旅游创意产业发展对策分析

(一)树立生态文明理念

前述,民族文化旅游创意产业发展与生态文明建设是一种和谐能动的关系,因此武陵山区在民族文化旅游创意产业发展中,应树立人与自然和谐的生态文明理念,正确处理好人与自然的关系,把生态文明建设始终放在突出地位,将其自觉地融入民族文化旅游创意产业的各方面和全过程,优化旅游空间开发格局,加大自然生态系统和环境保护力度。

目前,"以自然为本"的理念在旅游开发领域比较流行。我们认为,民族文化旅游创意产业也不例外,也应倡导"以自然为本"。武陵山区由于特殊的地理位置,受外界干扰少,自然资源和民族文化都得到了较好的保护。民族文化旅游创意产业不能因为科技的投入、创意的思维,就可以不顾武陵山区自然生态的保护、人与自然的和谐。相反,民族文化旅游创意产业要做环境保护、生态保护、实现资源可持续利用的表率,重视旅游创意的生态效益、社会效益,在生态旅游、低碳旅游、健康旅游和旅游业循环经济上下功夫,推行绿色旅游管理。在景区内的演艺场所、旅游创意园区要注意调节和控制旅游容量,不搞过度开发和超负荷接待,保护好旅游资源和旅游环境。始终坚持把生态文明建设寓于民族文化旅游创意产业发展之中,让二者奏响优美的和弦,为建设美丽的武陵山区贡献力量。

(二)创意开发合乎生态文明建设的旅游产品

以产品为导向的生态化发展战略是产业生态化运营的关键,也是欠发达少数民族地区实现经济结构调整的重要发展战略。① 武陵山区在传统的民族旅游产业发展模式中,对旅游资源大多是粗放型开发利用,造成旅游资源的破坏和消耗,

---

① 李志勇,于萌.旅游发展、生态生产力与欠发达少数民族地区生态文明建设[J].贵州民族研究,2013,34(1):103-106.

其发展的代价是旅游资源的逐渐消失和生态环境的不断恶化。而民族文化旅游创意产业是鼓励个人创造力的无穷释放，冲破传统资源的硬约束，为旅游产业发展打开新的通道和空间。因此，在生态文明建设指导下，民族文化旅游创意产业依托民族文化和自然资源，可以开发和设计出生态旅游、低碳旅游、健康旅游等生态化产品，以产品的生态化促进绿色消费发展观，有效地避免武陵山区资源不断枯竭的现象。

在有利于生态文明建设的基础上，武陵山区结合资源禀赋和市场需求，可以创意开发的民族文化旅游创意产品主要有：一是生态观光创意旅游，它是一种负责任的、环保的、生态的、可持续发展的旅游形式，以当地自然景观为基础，依托现代科技，倡导更具环保意识的旅游。武陵山区自然旅游资源丰富，可开发价值大，如能因地制宜，树立生态先导观，加强生态管理工作，依靠现代科学技术，确定生态旅游景区的生态容量，保护好山水自然景观，可使生态观光创意旅游魅力常在。二是农业创意旅游，武陵山区农业比重高，可以依托传统农业资源，开发出农业创意观光旅游和创意体验旅游等产品，比如开辟"观光果园""观光茶园""观光菜园""观光植物园""土家绿色美食家园"等，在大农业范围内，围绕旅游，依托科技平台开展生产、加工、销售、观赏和娱乐服务等一系列体验活动。三是原生态民族文化创意旅游，武陵山区可以依托民俗风情、节庆文化、手工艺制品、歌舞演艺等原生态民族文化，以现代科技手段开发和重塑具有武陵山区域特色的原生态民族文化旅游创意产品，如武陵山区各民族已经开发出了许多既带有传统民族特色又具有现代审美设计的旅游商品，衍生出土家织绣、民族服饰、特色食品等旅游商品圈层，由此带动了民族文化旅游创意产业与相关行业的联动发展。

(三) 规范旅游创意参与者的生态文明行为

在制度层面，我们已有一套比较完善的生态文明建设的目标体系、奖惩措施以及考核办法，社会的各个层面都有责任自觉遵守生态文明规范。民族文化旅游创意产业是旅游业与民族文化创意产业的横向耦合，共享资源技术，转换创新创意和资源要素为现实的经济效益，其参与各方需要共同努力，分别遵循各自的规范，通过变革生产方式与消费方式，来减少对环境造成的负效应，进而推动武陵山区生态环境的保护和生态文明建设。

旅游景区等旅游企业，依靠创意产业打造名片，提升知名度。既要在市场营销策略和产品开发上突出创新度、地域特色和文化内涵，同时也要履行社会责任，大力倡导并开发能体现生态旅游、负责任旅游、健康旅游理念的民族文化旅游创意产品，教育和培训员工的生态保护意识和服务水平，积极引导旅游消费者的旅游消费方式和旅游消费观。

创意阶层，包括演艺团体、民间手工业者、影视剧组的大导演等，他们出于价值实现的需要全程参与民族文化旅游创意活动，为民族文化旅游创意产业的发展提供了重要的人力资源保障。应对他们进行特别的教育和积极的引导，让他们充分认识到武陵山区山水资源和文化资源的价值，让他们在创意过程中自觉地融入生态文明理念，自觉地参与到旅游开发的环境保护和文化保护之中，自觉自愿地保护起武陵山区的文化和环境。

旅游者，出于旅游需求的变化，旅游偏好从旅游观光型消费转为更倾向于精神消费等更高层次的旅游创意项目，武陵山区具有深厚文化底蕴和民族特色的民族文化旅游创意产品会让他们青睐。但旅游者在转变消费观念的同时，更要在旅游过程中自觉遵守景区的有关规定，将环保意识落实到具体的行动中，做低碳旅游、负责任旅游的践行者。

政府部门，在旅游法规政策导向、旅游产业发展的外部环境改善、旅游产业链的协调、旅游市场开拓等方面发挥着无可替代的作用，很大程度上推动了旅游创意产业以及旅游创意产品的快速发展。但是，政府部门更应充当民族文化旅游创意产业生态化发展的管理者和监督者，制定出完备的符合生态文明建设要求的旅游创意开发的法规制度及相应的管理办法，尤其是对一些生态环境比较脆弱的地区，武陵山区的地方政府部门要以国家确定的生态环境保护目标为政绩考核要则。在各旅游创意项目的具体实施上，政府与企业在生态文明建设方面既要各司其职，又要形成良好的合作关系。如恩施大峡谷女儿寨生态文化旅游综合示范项目、咸丰县坪坝营(燕子坝)旅游文化综合开发项目、利川大水井景区旅游综合开发项目、恩施生态文化旅游节等一些重点旅游项目，政府与企业都应发挥双方在生态文明建设方面的优势和特长，合作共同进行开发建设，为项目的实施创造有利环境。

四、结　　论

生态文明建设，是旅游产业实现可持续发展的重要支撑。民族文化旅游创意产业是一种绿色的、生态的产业，在自身获得发展空间的同时，在经济、文化、社会三个维度全方位推动民族地区生态建设、经济转型、社会文化的全面发展。就武陵山区而言，生态是立区之本，民族文化是旅游之魂，在生态文明建设总目标的指引下发展民族文化创意旅游产业，必须树立生态文明理念，创意开发合乎生态文明建设的旅游产品，规范旅游创意参与者的生态文明行为。只有上下各方共同努力，高举生态文明大旗，正确处理旅游与环境、人与自然、人与社会的关系，武陵山区民族文化旅游创意产业才能进一步持续健康发展。

民族文化旅游创意产品开发

目前，以文化创意和科技创新为知识经济核心的文化创意产业不仅在发达国家风起潮涌，也以前所未有的速度影响着中国各地的经济发展方式，特别是文化创意产业与其他行业的融合发展已被国家相关部门和地区提到了极其重要的位置。我国一些少数民族地区已高擎民族文化创意产业和旅游产业融合的大旗，涌现了很多民族文化创意产业和旅游业关联互动的旅游创意产品典范，如由杨丽萍主演、择取云南各民族最具代表性的文化意象大型原生态歌舞剧《云南映象》，经演艺策划，其经营范围涵盖演出策划、广告发布、代理与配套商品的销售，创意了云南，舞出了精彩。

笔者曾就湖北武陵山区的民族文化旅游创意产品的开发情况进行了部门访谈、发放调查问卷、实地考察等多种形式的调研。湖北武陵山区（包括湖北省恩施土家族苗族自治州的 8 个县市和宜昌市的长阳、五峰 2 个土家族自治县）是土家族苗族等少数民族聚居区，少数民族风情浓郁，喀斯特地形地貌突出，民族文化创意资源丰厚，为民族文化创意产业发展奠定了基础。本区域旅游产业的发展已呈现蓬勃发展之势。在此背景下，促进民族文化创意产业和旅游产业融合，利用民族文化创意资源开发民族文化旅游创意产品，不但能促进本区域旅游经济的进一步发展，而且对促进本地区民族文化旅游资源的保护和民族文化的复兴起着重要作用。

一、湖北武陵山区民族文化旅游创意产品开发

审视文化旅游创意产业在我国的发展态势不难发现，在北京、上海、武汉这样的中东部城市，由于拥有良好的经济基础、成熟的文化消费市场、高度发展的

现代技术以及与国际接轨的大通道，促使这些地区和城市的旅游创意产品沿着动漫影视、数字媒体、时尚与工艺设计、文艺表演等方向向前发展，旅游创意产品业态多样化。湖北武陵山区在创意产业发展的基础上虽然与东部地区无法相提并论，但依托丰富的民族文化创意资源和发展旅游业的激情，依然能开发出具有鲜明地域特色和民族特色的民族文化旅游创意产品，如民族歌舞演艺、民族节庆、民族旅游商品等。这些产品是旅游产业与文化、艺术、生态科技等多个领域的文化创意要素的有机融合。

1. 民族文化演艺产品

民族文化展演是旅游创意产业的重要形式之一，也是旅游目的地的特色文化艺术品，是富有活力的创意展示，它以游客为主要观看群体，演出地点可在某景点景区、城区剧场，也可异地巡演，在保持民族文化原真性的同时，借助时尚现代的科技手段烘托舞台演出效果。综观湖北武陵山区民族文化演艺产品的开发、宣传和推广方式，归纳起来主要采用了"请进来"和"走出去"两种模式。

"请进来"就是立足本土，以湖北武陵山区的某旅游景区或县城剧场为主要演出场地，节目的编排力求忠实于本民族文化的展示与传承，目的是吸引、"请进"外来旅游者前来观赏。恩施州利川市腾龙洞风景区打造的大型土家族情景歌舞剧《夷水丽川》就是"请进来"这一模式的精品。《夷水丽川》以利川灿烂的历史文化和秀丽的自然风光为创作源泉，艺术地再现了巴人祖先廪君带领土家族先民在西迁过程中与大自然搏斗的艰辛历程和勇往直前的奋斗精神，以及土家族浓郁古朴的风土人情。从创意角度看，首先是将演出场地创造性地选择在腾龙洞旱洞内一个天然穹隆型的溶洞大厅内，将音乐舞蹈、灯光自然溶洞融于一体；其次是有机地将民俗、民间音乐舞蹈等民族文化遗产元素融入舞台艺术；最后是聘请艺术专家等高层次创意人才，提升编导档次。《夷水丽川》作为腾龙洞景区的核心旅游产品，深深吸引了游客。

"走出去"是指立足于品牌，又带来品牌价值的延伸与拓展，即把融合了现代审美与原生态元素，经过技术包装后的民族文化演艺产品推出去在本土以外巡演，起到对外宣传推广民族文化品牌的作用。当然，这样的民族文化演艺产品也可成为本土上演的品牌。大型土家风情歌舞诗剧《嗯嘎·女儿会》就是这一模式的代表。"女儿会"是恩施土家族人的传统节日民俗。每年农历七月十二日，土家族女儿们通过原生态歌舞释放、互买互卖的经商活动，以及男女相亲活动寻找意中人，是恩施土家族别具特色的浪漫节日。2020年，恩施市被中国民间文艺家协会评为"中国土家族女儿会文化之乡"。《嗯嘎·女儿会》即是以相传数百年的土家"女儿会"民俗文化为素材，以歌舞剧的形式通过夸张的舞台手段将恩施秀丽的自然风光、独特的民族文化、勤劳的土苗儿女融汇成如诗如梦、如歌如画的文化场景。该剧在武汉市璀璨亮相，如诗的歌舞语汇、如梦的舞美设计把人们带入神秘的"仙居恩施"。该剧代表湖北省在北京参加第四届全国少数民族文艺会演，获得观众的高度评价和赞誉，并荣获本届会演表演金奖、最佳节目奖、最佳舞美奖等多个单项大奖。该剧在对外展示土家族多姿多彩文化、吸引潜在旅游者方面取得了直观有力的效果，对湖北武陵山民族文化品牌和旅游的宣传促销起到了促进作用。

2. 民族旅游商品

民族旅游商品是民族文化旅游创意产业的大众化载体，是区域和民族文化的象征符号，通过旅游者的购买和流动创造巨大的经济效益。民族旅游商品市场的壮大与发展势必会带动自然资源、文化资源、人力资源等多种资源的开发，构建起湖北武陵山区整个民族文化旅游创意产业平台。

据笔者调查，湖北武陵山区民族旅游商品开发呈现如下特征：(1)旅游商品种类多、质量高。湖北武陵山区各民族开发出了许多既带有传统民族特色又具有现代审美设计的旅游商品，衍生出土家织绣、民族服饰、特色食品等旅游商品圈层，由此带动了民族文化旅游创意产业与相关行业的联动发展。据长阳县旅游局统计，全县开发出旅游商品60多种，包括西兰卡普、清江奇石、清江银鱼、根艺盆景等。在宜昌市旅游局组织开展的宜昌三峡旅游收藏品创新设计大赛和特色旅游商品评选活动中，长阳"土家嫂"土家特色食品等6种旅游商品曾被评为"宜昌名优特色旅游商品"。(2)旅游商品开发受到高度重视。湖北省武陵山区各州县市高度重视旅游商品的发展对外来旅游者了解民族文化所起的重要作用，以及对拉动旅游消费、延伸产业链的积极作用，出台了一系列针对旅游商品开发的奖励政策。

3. 影视文化作品

影视文化作品也是民族文化旅游创意产业的重要形式。影视拍摄与观光体验相结合，形成文化旅游和体验休闲的功能区，是文化品牌传播的又一规律。从国内来看，利用影视进行旅游宣传已成为普遍现象。① 湖北武陵山区因浓郁的民族风情、秀美的自然风光备受影视创作者们取景、拍摄的青睐。中央电视台先后来此拍摄了《魅力十二·龙船调》《星光大道》《民歌中国》《中国民族民间歌舞盛典》《远方的家——北纬 30 度中国行》，还出版发行了《武陵土家人》《土家女儿会》《神话恩施》等专题片。这些节目中出现的清江边情歌、号子、锣鼓、茅古斯等元素将土家族形象浓缩成具体符号传递给观众，以此吸引了大批慕名而来的旅游者。特别是电视剧《大水井》的拍摄，从前期洽谈、筹备到拍摄、上映，都体现出了创意和旅游融合的思维。开机前，在全州范围内进行《大水井》演员、歌手的大型选拔活动，意在挖掘、推介恩施州的民族艺术人才，甚至"大水井"的命名、故事情节的展开都是以恩施州利川市的庄园建筑群"大水井"为基点，以具有浓郁特色的"巴楚文化走廊"为背景，力求通过富有吸引力的拍摄、制作和播出掀起一股土家文化旅游热。

4. 旅游节庆

节事活动是旅游中的重要内容，如果一味遵循时间惯例和既定内容难免会失去市场吸引力，而在策划中加入创意元素，通过改变场地、变换活动形式、重组和完善活动内容以及创新宣传等方式更有利于扩大吸引力和品牌影响力。② 湖北武陵山区民族传统节日较多，加上适应新时代催生的现代节庆活动，节日似锦。为满足旅游市场多方面需求，着力提升节庆旅游产品的丰富度和吸引力，该地区在保留节庆原真性、原生态的同时，适当融入了创意元素。

传统民族节日融入创意元素：居住在湖北省武陵山区的土家族、苗族等少数民族，在长期的生产和生活中形成了诸多的民族传统节日，如过年、四月八

---

① 吴金梅，宋子千．产业融合视角下的影视旅游发展研究［J］．旅游学刊，2011，26（6）：29-36.

② 冯学钢，于秋阳．论旅游创意产业的发展前景与对策［J］．旅游学刊，2006（12）：13-16.

（牛王节）、端午节、六月六、七月半、中秋节、女儿会等。这些节日大多是土家族、苗族人民自己庆祝的节日，还未形成旅游节庆，但有些节日在政府主导和市场需求下，已从当地少数民族自己庆祝的节日变成了深受旅游者期待的旅游节庆。这些节日往往随着时代的变迁和旅游市场的需求不断融入创意元素，加以创新和变革。如"女儿会"在主题形式上不断创新，充分注意挖掘"土家女儿会"的文化内涵，除举办集体婚礼、山民歌比赛、民族舞蹈表演、土家风情表演、土特产品展销等系列活动外，还突出"土家女儿会"是以青年女性为主来选择谈婚论嫁对象的原生态内容，开展游园相亲活动。随着"女儿会"活动内容的不断推陈出新和创意元素的不断融入，游客逐年增多，已成为恩施旅游业的一张"名片"。

创新创意交织的现代节庆活动：除了民族传统节日以外，湖北省武陵山区还适应新时代旅游发展和文化传承的需求，不断推出一系列现代节庆活动。这些节庆活动展现了该区域文化和经济产业的成果，增进了外界对该区域的了解，对开展合作、吸引创意产业人才等都具有重要意义。如巴东·中国三峡纤夫国际文化旅游节、利川·中国龙船调艺术节、来凤·中国土家摆手舞文化旅游节、湖北·恩施生态文化旅游节都是该地区现代节庆活动的典型。

5. 民族美食

民以食为天，"食"是旅游六大要素之一。依托美食资源，发展丰富多彩的美食经济，形成具有民族特色的旅游创意产品，对推动湖北省武陵山区民族文化旅游创意产业的发展也起着重要作用。湖北省武陵山区的土家族、苗族等少数民族在历史的长河中创造了源远流长的饮食文化，以其独特的风味让世人青睐。他们利用自己的聪明才智，创制出了多种美食，如土家炕洋芋、土家烧饼、土家糍粑、葛粑、柞广椒、年肉等风味菜肴久盛不衰。为满足旅游者的需求，他们在传承美食传统的基础上，以创意、创新和创造为先导，采取了一系列措施：（1）美食与丰富的节日民俗相结合。一些酒店通过文字、图片、讲解等形式将特定节日的美食内涵加以展示，给旅游者带来别有一番风味的体验。（2）美食与民族歌舞和生活习俗相结合。笔者调研发现，恩施的很多酒店和农家乐都请有专门的唱民族歌、跳民族舞的演员，甚至他们还自己组织员工成立民族文化表演队。（3）美食与美味的创意挖掘相结合。通过建设小吃一条街、评选特色美食、民族文化进酒店等活动的开展，挖掘民族餐饮和地方特色餐饮。(4)美食与菜系品牌创建相结合。当地正在着力开展土家菜系的挖掘和整理工作，以便对外形成统一的品牌。

6. 创意事件

创意事件在旅游市场开拓中的作用已为蓬勃发展的旅游实践所证明，如在我国旅游业中已涌现出诸如张家界定海神针亿元投保、西江苗寨最美局长《非诚勿扰》影视嵌入式营销、丁真理塘旅游形象大使等概念旅游创意产品的经典案例。湖北省武陵山区政府部门和相关企业充分利用创意事件，大手笔、大气魄地策划和营销以下事件：(1)顺应旅游市场需求，制造创意事件。如长阳县近年来高密度地举办了清江画廊极限挑战赛、央视"山歌好比清江水"大型歌会、注册"清江画廊"商标、清江画廊首次生态科学考察活动等一系列特色节赛活动，用独特的文化体育名片吸引世界眼球，极大地提升了长阳旅游产业的市场竞争力。(2)引导和创造旅游消费需求，利用创意事件开拓旅游市场，开发概念旅游创意产品。如初春时节是旅游淡季，恩施市旅游局大胆出奇招，多次推出"恩施旅游春天早"免费游活动周活动，构成湖北省武陵山少数民族地区新春里一道姹紫嫣红的风景。

二、启示与建议

1. 启示

近些年来，随着交通条件的大力改善，湖北省武陵山区旅游产业发展势头迅猛，民族文化旅游创意产品不断被开发，并频繁呈现出在理念、内容、实施方式上的亮点与特色，从中给予我们这样的启示：

(1)民族文化旅游创意开发是提升民族地区旅游品质的重要途径。一般来说，文化旅游产品一旦加入创意元素，就会以一种全新的面貌展现在旅游者面前。文化旅游创意开发与文化旅游传统开发相比，文化旅游创意开发具有明显的创意点和足够的创意含量，有独特性和差异性特征。① 湖北武陵山区在民族文化旅游传统开发阶段，基本上是以门票经济为核心，旅游经济发展的品质没有多大提升。其深层次的原因是缺乏对民族文化的深度开发和对特色旅游创意产品的开发。如今，《夷水丽川》《嗯嘎·女儿会》等旅游演艺产品的上演，《大水井》等影视文化名片的亮相，"恩施旅游春天早"免费游活动周的创意营销等，无不开创了本区域民族文化旅游创意产业发展的先河，有力地提升了旅游产品的文化附加值和区域旅游品质与内涵。

（2）民族文化旅游创意产品的开发应获得外源和内源的双重动力支撑。民族文化旅游创意产品的开发需要一定的前提和支撑点，即特色、底蕴、创意、产业链的完整和市场张力。② 要想在这些方面都有理想的体现，需要获得外源和内源双重动力支撑。所谓内源动力，是指旅游企业、创意阶层旅游者对民族文化旅游创意的追求。所谓外源动力，表现为政府部门和相关景区为旅游创意产业提供外部的支撑。湖北省武陵山区在民族文化旅游创意产品的开发过程中得到了来自企业与个人、政府部门双重动力的支撑。特别是他们在搭建创意平台的过程中分工合作、彼此信任、相互包容，共同将民族文化旅游创意产业推向成熟的轨道。调查显示，区域内各州县市政府部门在旅游规划的制订、旅游发展资金投入、旅游组织实施、旅游法制建设、旅游市场开拓等方面提供了强有力的保障。在项目具体实施上，政府与企业各司其职，形成了良好的合作关系。如"恩施旅游春天早"免费游活动周、"三峡纤夫国际文化旅游节""女儿会"等系列宣传促销活动，都是政府部门和企业通力合作的典范。

（3）重视对区域民族文化品牌的旅游创意整合营销。整合营销指的是改进传统的旅游营销模式，将某区域当作一个整体进行品牌式的营销，包括对该区域的旅游产品、企业、基础设施、服务、氛围、文化等全方位营销。③ 民族文化旅游创意产品作为新兴的旅游产品形式，同样需要引进整合营销理念。湖北省武陵山区地域涵盖恩施州的6县2市以及宜昌市的长阳、五峰2个土家族自治县，彼此相邻，可谓"山同脉，水同源，人同族，食同味，语同音"。虽然这一州两县在

---

① 李平生. 谈文化旅游创意产业及其产品的认定[J]. 商业时代, 2010(8): 118-119.

② 许亦善. "印象大红袍"解读——兼论武夷山旅游创意产业的发展[J]. 武夷学院学报, 2011, 30(1): 7-11.

③ 朱孔山. 旅游地形象整合营销体系构建[J]. 商业经济与管理, 2007(8): 68-73.

旅游创意营销方面我们看到的更多是各自为政，但整合营销的初步尝试已在悄然进行。这种旅游创意整合营销以统一的目标和形象传达一致的旅游信息，最终实现对武陵山整体旅游形象的传播和产品营销的目的。

2. 建议

湖北武陵山少数民族地区得天独厚的自然资源和底蕴深厚的民族文化积淀为民族文化旅游创意产品的开发提供了肥沃的土壤，而日益成熟的旅游产业与日益增长的旅游需求又为民族文化旅游创意产品的发展提供了良好的契机。如何进一步开发湖北武陵山少数民族地区的民族文化旅游创意产品确实是值得思考的问题，本书提出以下对策建议：

（1）完善本地政策环境，为民族文化旅游创意产业的发展提供政策支持。如成立相关的政府管理机构和行业协会组织，完善相关的文化旅游创意产业政策等。

（2）创新文化环境，着力开发具有本民族、本区域特色的民族文化旅游创意产品。如可成立旅游商品研发设计中心，构建高校、商品协会、生产企业密切合作的民族旅游商品研发体系，开发含有本区域民族文化特色的土家织绣、民族服饰、特色食品、茶叶等特色旅游商品，让旅游商品研发和设计、创意和制作达到特色化、系列化、品牌化和规模化。

（3）培育创意生活环境，引导各界对创意元素的重视。如通过在对旅游商品研发设计、旅游产品的销售等方面开展评比活动等方式，树立旅游创意先进、旅游创意精英，引导各界特别是旅游业界对创意理念和设计元素的重视。

（4）完善创意人才环境，实施人才兴业。要在大力引进外部旅游创意人才的基础上，加强本民族、本区域旅游创意人才的培养。

（5）改善商业环境，优化本地旅游创业平台。"创业平台"是创意产业发展的重要环境，① 要进一步完善本区域市场机制，搭建起旅游企业创业服务平台。

（6）营造法律环境，加大知识产权保护力度。政府要督促企业树立自我成果保护意识，同时切实采取措施严厉打击盗版、模仿、仿制、假冒等知识产权侵权行为，创造保护民族文化旅游创意产品发展的良好软环境。

---

① 郭梅君. 创意转型——创意产业发展与中国经济转型的互动研究[M]. 北京：中国经济出版社，2011：262.

旅游演艺产品"女儿会"的开发

文化是旅游的灵魂，旅游是文化的重要载体。当前，文化与旅游的深度结合既是文化产业发展的需要，也是旅游产业转型升级的需求。借助旅游市场促进文化产业发展，以旅游特殊的宣传方式更好地传播中华传统文化，是文化和旅游实现共赢的有效途径。开发旅游演艺产品，就是其中的一种重要形式。目前，旅游演艺在国内有条件的地区正处于大力发展之势。例如，天创国际演艺制作交流有限公司、杭州金海岸文化发展股份有限公司、深圳华侨城集团公司、四川德阳杂技团等单位创作或运营了多台较高水准的旅游演出节目，形成了比较完善的商业模式、运营机制和团队；湖南张家界、四川九寨沟等旅游演出聚集区在文化和旅游部门指导下开展有序竞争与融合互补，每台节目都有较强的艺术特色，各个节目之间又互相呼应，在文化旅游区域性协调发展上进行了有益探索。无疑，旅游演艺相关问题的研究是值得重视的课题。

国外对旅游演艺的学术研究开展较早，主要集中在对娱乐演出市场及其营销管理的探讨，① 艺术、娱乐与旅游的关系关注，② 表演的历史、艺术表现方式的讨论③等方面。近年来，随着国内旅游演艺市场的大发展，与之相关的研究也逐渐受到学者们的重视。他们的研究主要集中在旅游演艺产品的类型、特点、生产模式、市场发展前景等方面，对旅游演艺市场开发较好的云南、桂林、杭州等地

---

① Grabher, G. The project ecology of advertising: tasks, talentsand teams [J]. Regional studies, 2002(3): 245-262.

② Hughes H. Arts, entertainment and tourism [M]. Oxford: Butterworth Heinemamn, 2000: 1-11.

③ 弗朗索瓦·科尔伯特. 文化产业：营销与管理 [M]. 上海：上海人民出版社，2002: 243.

的旅游演艺现状做了分析，提出了相应的开发对策，① 学者们还对民族歌舞演出的"真实性"问题给予了特别关注。② 但从总体上看，由于我国旅游演艺研究时间不长，在对旅游演艺的理论研究、案例研究、借鉴国际研究成果等方面还有待深入。

一、旅游演艺：一种由非物质文化遗产资源
打造而成的具有竞争力的旅游产品

"十里不同风，百里不同俗"，辽阔的中国国土上有多彩的民俗、不同的文化，众多有特色的民俗风情和传统文化已经被列入不同级别的非物质文化遗产。近年来，如何对非物质文化遗产实施保护与开发，一直倍受各方关注。从国内外对非物质文化遗产实施保护与开发的实践来看，将非物质文化遗产作为一种重要的旅游资源开发成旅游产品，不失为传承与发展的路径选择。截至目前，国内外已经探索出将非物质文化遗产转化为旅游产品的几种载体模式，包括民俗文化村、非物质文化遗产博览园、民族手工艺旅游纪念品以及旅游演艺等，其中以展示民族民俗文化特色的旅游演艺产品日渐显出旺盛的生命力，成为引人注目的新景观。如广西桂林从《印象·刘三姐》2004 年正式公演后的旅游演艺发展历程，已充分领略到了依托于民俗民族歌舞基础的非物质文化遗产优质演艺产品带来的市场效应，《印象·刘三姐》已成为旅游者赴桂林欣赏的精神大餐。③ 这种将非物质文化遗产的保护开发落到实处，并提升区域旅游发展竞争力和地区经济双效发展的模式，很值得借鉴。

恩施土家族"女儿会"，是土家人的传统节日民俗，是土家族女儿在华夏大地上独显女性文化特征的一朵艺术奇葩，被喻为"土家情人节"，其深厚的历史、文化及人性内涵悠远凝重。恩施市委、市政府充分认识到"女儿会"这一独特文

---

① 凌俊杰，明庆忠，史鹏飞. 中国旅游演艺研究进展及展望[J]. 忻州师范学院学报，2021(5)：79-84.

② 田美蓉. 游客对歌舞旅游产品真实性评判研究——以西双版纳傣族歌舞为例[J]. 桂林旅游高等专科学校学报，2005(1)：12-19；毕剑. 真实再造：旅游演艺的表演性真实研究[J]. 河南理工大学学报(社会科学版)，2023(3)：15-20.

③ 徐万佳. 过半受访者看好旅游演艺市场[N]. 中国旅游报，2010-09-8(4).

化事象的价值，一直予以高度重视和大力扶持。尤其是从 2007 年开始，市委、市政府正式将"女儿会"列为"三大名片"之一来打造，并以政府名义隆重举行一年一度的"女儿会"盛大节庆。在恩施市委、市政府提出"挖掘民族文化、提升恩施旅游业内涵"的背景下，恩施女儿会已成功申报省级非物质文化遗产。笔者认为，促使恩施"女儿会"非物质文化遗产资源得到提升性开发并被打造成知名旅游品牌，除了以盛大节庆活动示人以外，还很有必要借鉴国内外已经探索出的将非物质文化遗产转化为旅游产品的成功模式，即开发具有显著市场效应和文化传承效果的"女儿会"旅游演艺产品。也就是说既要举办一年一度的"女儿会"民俗节庆活动，同时也要以自然或人造的环境为背景举办经常性的"女儿会"民俗舞台演出。

二、开发恩施土家族"女儿会"旅游演艺产品的优势

一般来说，在少数民族地区利用非物质文化遗产资源创作生产旅游演艺产品，要具备相应的基础条件，包括：本地区民族旅游资源丰富，文化原生态特别是非物质文化资源保存完好，本地区旅游业稳定发展。[①] 有了这些基础条件，再加上政府部门或社会力量的政策和投资来源的支持，在创编中紧扣本土文化民俗，充分突出民族风情的原生态，同时借助主创人员的高知名度，就能在短时间内，打造出一套具有核心竞争力的旅游演艺产品。

1. 恩施"女儿会"非物质文化遗产保存完好，文化底蕴深厚

在恩施市土家族众多的民俗节庆中，"女儿会"无疑是最耀眼的，它反映了土家族人民的生活习俗、文化特色和道德风尚。"女儿会"之所以得名，是因为她的主体是"女儿"们，是以女性占主导地位的历史文化形成的传统民族盛会。"女儿会"作为一种奇特的婚俗，主要通过以赶场贸易为借口的求偶行为，以对歌为媒介的恋情交流和以过月半为由的情人幽会为表现形式，体现的是一个"情"的文化，展现的是土家女儿争取人性的最大解放和以歌舞传情的豁达。

---

① 徐世丕. 旅游演艺对我国传统演出市场的冲击和拓展[J]. 中国戏剧，2008(9)：14-17.

自"女儿会"诞生之日起，就与文化艺术结下不解之缘，早期形态的"女儿会"，是以唱情歌沟通恋情的。中华人民共和国成立后，"女儿会"从单一的情歌对唱发展成有民间歌舞表演等形式多样的文化大餐。特别是1995年"女儿会"被恩施市委、市政府从乡村接进城区以后，茅古斯、傩舞、摆手舞、铜铃舞、耍耍及土家婚俗表演等民族民间艺术一起参与到"女儿会"上演出，"女儿会"的文化价值与艺术层次进一步提升。

独具特色、异彩纷呈的"女儿会"原生态文化，为打造"女儿会"演艺节目奠定了坚实的基础。

2. 恩施市旅游资源丰富深邃，质量高超

恩施市是湖北省历史文化名城、中国优秀旅游城市，是恩施土家族苗族自治州"首府"所在地。这里是"鄂西林海""天然氧吧"，境内河流纵横，素有"山水画廊"之称的清江蜿蜒于危岩绝壁、峡谷溶洞之中，养在深闺的恩施大峡谷惊艳问世，更有全国奥陶纪灰岩戴冠石林之最——梭布垭石林。踏上这块神奇的土地，不仅能从青山绿水中领略到自然风光的秀美，更能从各民族中感受到民族风情的淳厚。各民族浓郁的风情习俗、独特的民居建筑、丰富的节日文化、茶叶文化以及音乐舞蹈、民间工艺等，组成了璀璨多姿的人文旅游资源，构成了恩施一道亮丽的风景。丰富的旅游资源为"女儿会"旅游演艺市场提供了一个巨大的平台。

3. 恩施市旅游业正处于稳定发展阶段，具有很大的潜力和发展空间

目前，在湖北省委、省政府高层抉择、高端发力、高度重视旅游业发展的大好形势下，恩施市利用丰富的资源基础，把"恩施大峡谷""土家女儿会"和"恩施玉露茶"打造成恩施的三张名片，把恩施市塑造成为一个主题鲜明、特色突出、国内一流、国际知名的旅游目的地。可以看出，恩施市旅游业正处于稳定发展的态势，并具有很大的潜力和发展空间。

虽说旅游演艺是旅游业发展的助推器，但是旅游业发展则是旅游演艺市场繁荣的后盾。

4. 有政府部门的大力支持以及良好的市场运作基础

原文化部修订的《营业性演出管理条例实施细则》取消了演出单位主体资格的所有限制，只要是符合国家规定的单位和个人均可依法投资兴办演出单位、举办演出活动，这一举措在宏观上为我国演艺市场的发展提供了有力的政策支持。当然政府部门的支持还体现在演艺项目的制作前后与过程中，从恩施市委、市政府将"女儿会"作为恩施市的三张名片打造来看，彰显政府部门拓展恩施文化品牌、发展旅游的决心。如女儿会剧场，就得到了恩施市委、市政府的大力支持，从策划到选址，从招商到规划，给了他们全新的体制和政策。从女儿会节庆活动的举办情况来看，除政府主导外，还有市场导向的公司化运作，公司有资金等有形资本的投入，也有创意、品牌等无形资本的投入，因此，在恩施发展旅游演艺已有良好的市场运作基础。

三、开发恩施"女儿会"旅游演艺产品需要注意的几个问题

1. 正确处理"女儿会"节庆活动与"女儿会"旅游演艺的关系

民俗活动并不等同于民俗表演。全民参与可以说是所有民间习俗的基本要求。"女儿会"本来就是全民的节日，所以在一年一度的农历七月十二日"女儿会"节庆活动期间，除了专业剧团的舞台演出庆祝之外，更多的是老百姓们、"女儿"们的原生态歌舞释放，通过互买互卖的经商活动以及男女相亲活动寻找意中人，这几天是恩施市民的狂欢节，是恩施市民别具特色的浪漫节日。而"女儿会"旅游演艺是长期性、经常性的演出，参加演出者只有极少数人，演出地点可以是在某景点景区，也可以是在城区剧场，也可以是异地巡演，是以夸张的舞台手段展现女儿会的本真性。

2. 保持文化的原真性，避免过度舞台化

利用民俗等非物质文化遗产资源创编的旅游演艺节目，其目的在于利用舞台向游客展示民俗文化，所以不可避免地涉及"文化舞台化"问题，旅游人类学专

家提出了"舞台真实"的概念，强调在将民俗文化转化成旅游产品的过程中，从内容和形式上要最大限度地保持文化的原真性。"女儿会"舞台演出的原真性可以从两方面来体现：（1）社区居民参与演出。有了社区居民的参与演出，才能带给游客一个真实的文化事象。如广西的《印象·刘三姐》参与演出的很多演员就来自附近村庄的渔民，他们以原始的嗓音歌唱，以朴素的动作舞蹈。有社区居民参与的演出很美很真实。（2）保持"女儿会"非物质文化遗产内核的真实性。"女儿会"的"情"、"女儿会"的"女人选男人"是传统女儿会的内核，丢掉她的内核而去挖掘一些旁门左道，那就彻底失去了"女儿会"的真实性了。

当然，伴随现代经济的发展，将民俗文化原封不动地保存已不可能，只有将古老民俗融入现代社会生活中，才能重新焕发生机。保护民俗的真实性，不是墨守成规，"女儿会"的旅游演艺可以借助时尚的现代的科技手段烘托舞台演出的效果。

3. 突出鲜明的主题特色，避免产品雷同

旅游演艺产品的复制模仿，缺乏创新已经成为全国旅游演艺市场面临的共同问题。近邻利川市腾龙洞已大手笔打造出大型土家族情景歌舞《夷水丽川》，该表演剧以龙船调、撒尔荷、茅古斯等非物质文化遗产资源为核心，涵盖了恩施自治州"民间文学""民俗""传统手工技艺""民间音乐"和"民间舞蹈"5 个非物质文化遗产类别，已经取得了较好的市场效应。[①] 那么同样以土家山水风情为背景的"女儿会"旅游演艺节目应该怎样避免产品的雷同？ 在这方面，同处九寨沟的两台歌舞剧《藏谜》和《藏王宴舞》的成功经验值得我们借鉴。两台歌舞剧都是具有典型藏族特色的表演，但《藏谜》全场一线贯穿的是讴歌和展示藏人生命中最神秘圣洁的朝圣文化，《藏王宴舞》则是以吐蕃藏王松赞干布迎娶唐朝文成公主、藏汉联姻为主题，两台同样展示藏族文化风情的演出，因有自己鲜明而深邃的主题，都取得了成功，都成了具有竞争力的演艺品牌。

由此可知，旅游演艺在作品的创作上都要有一个鲜明的主题，主创者在创作的过程中要紧紧围绕主题而发展故事。笔者认为以"女儿会"为总题的旅游演艺

---

①　汪宇明. 非物质文化遗产转型为旅游产品的路径研究——以大型天然溶洞实景舞台剧《夷水丽川》为例[J]. 旅游科学，2007(4)：31-35.

节目主要应从"女儿会"的起源、"女儿会"的表现形式入手，突出"相亲"这个鲜明的主线，大写意地将恩施土家族的婚俗、歌舞等元素创新组合，不着痕迹地融入恩施的山水。总之，鲜明的主题、新颖的艺术创意才是"女儿会"演艺产品成功的重要因素。

4. 构筑旅游演艺产业体系，加强演出的产业化管理

一般大型的旅游演艺产品经过几年的创作和经营，就具有了较强大的产业辐射带动能力，能够将制作演出等核心产业、演出道具制造等直接关联产业、餐饮酒店等配套服务产业整合，构成一个庞大的旅游演艺产业体系。并且其产品后效应功能强大，可开发出系列衍生产品，如音像制品、旅游纪念品、大型画册，同时可以将旅游演艺产品向外输出，将驻场式表演和异地巡演相结合，扩大旅游表演的生存空间。①

"女儿会"旅游演艺产品从策划开始就要高起点地立足于打造文化产业链的发展格局，树立超前的文化经营理念，实施产业化管理。一方面成立"女儿会"产业发展集团，全方位开发文化产业，业务可以涉及剧场营运、酒店管理、文化产品经营、旅游产品开发等众多领域，形成以艺术生产、经营管理、市场营销、技术保障、产品开发为一体的文化产业链，产业链的建立能够为"女儿会"演艺产品的长效经营提供制胜的法宝。另一方面，全方位实施知识产权保护，对旅游表演及其衍生产品申请商标权、著作权、专利权等，既避免侵权和仿冒，还可以创造新的赢利空间。

四、结　　论

在我国，很多地方肩负着实施"文化立区，旅游兴区"发展战略的大任，作为经营旅游和运营文化的先行者们，通过打造旅游演艺产品，推出一个个人气旺、外地人必游、本地人自豪的震撼性的名片式的文化旅游项目，将是不错的选择。尤其需要注意的是，打造一项能够快速进军市场并能迅速闻名国内外的旅游

---

① 李蕾蕾，等. 旅游表演的文化产业生产模式：深圳华侨城主题公园个案研究[J]. 旅游科学，2005(6)：44-51.

演艺产品，除必须要有先进的经营理念和运营模式外，最重要的是要把握住一个地区或一个民族的"文化魂"，提炼出该地区或民族的"文化魂"，同时又紧紧抓住市场需求和人们对历史文化、城市文化、民族传统文化、现代文化、物质文化与精神文化的感知度，在发掘中提炼，在提炼中升华，在弘扬中融入时代元素。相信，一个地区如果能推出有特色鲜明的文化创意和亮点频现的原真民俗的旅游演艺产品，将成为该地区旅游市场上夺目的风景线，将使该地区的旅游市场锦上添花！

少数民族竹文化特色旅游发展

中国竹文化内涵博大而独特，对中国的文学艺术、绘画音乐、历史文化、工艺美术、园林艺术、宗教民俗等，都有着重要的影响。近年来，学者们对竹文化已从文明发展、哲学、专业、生产、艺术等角度展开了多角度的分析和研究，①涉及对竹文化旅游的研究主要集中在发展中国竹文化旅游的资源优势、② 产生的效益③及对发展竹文化生态旅游的思路和建议④等方面。

综观诸多学者的研究不难发现，尽管专家学者各抒己见，但对少数民族竹文化资源和少数民族竹文化特色旅游的研究仍是我国竹文化研究领域的一个薄弱环节。云南是世界竹类植物的发源地之一，更是中国的"民族竹文化之乡"。竹文化是云南民族文化的重要组成部分，是具有独特魅力的旅游资源，对云南少数民族竹文化特色旅游的发展思路进行探讨，可为其他少数民族地区竹文化特色旅游开发提供借鉴。

一、云南发展少数民族竹文化特色旅游的优势分析

1. 丰富的竹林资源

丰富的竹林资源是形成云南少数民族竹文化的基础。云南是一个高原山区省

---

① 胡冀贞，辉朝茂.中国竹文化及竹文化旅游研究的现状和展望[J].竹子研究汇刊，2002(3)：66-71，75；郑洁. 20 世纪 90 年代以来竹文化研究综述[J].语文学刊，2011(11)：30-31，37.

② 关传友.中国的竹景观资源[J].竹子研究汇刊，2003(2)：73-78.

③ 张乐勤.竹文化与旅游[J].安庆师院社会科学学报，1998(3)：88-91；辉宇.云南少数民族文化的旅游价值与产业化开发[J].世界竹藤通讯，2017(6)：58-61.

④ 沈阳，杨绍中.浙江省安吉县竹子生态旅游发展思考[J].竹子研究汇刊，2003(3)：18-22；魏瑜，吴雪玲，唐辉.浙江安吉践行"两山"理论打造"竹文化+"生态旅游品牌实践分析[J].世界竹藤通讯，2019(1)：47-50.

份，气候类型多样，其得天独厚的自然条件适宜于竹子的生长，竹类资源十分丰富。无论是竹种资源，还是天然竹林面积，均居全国首位。①

根据云南省竹藤产业协会等单位的竹学专家们的最新调查研究证实，云南现有的竹亚科植物已记载了 29 属，约 220 种之多，其属数占世界的 40%，占中国的 75%，种数占世界的 25%，占中国的 50%，特有竹属 10 个以上，特有竹种 100 种以上，特别是大型丛生竹类独具特色和优势，如云南省西南部特产的珍稀竹种巨龙竹，是世界上最大的竹种，其竿高可达 30 米以上，径粗可达 30 厘米以上。云南省天然竹林面积有 25 万平方千米，竹林类型发育齐全，分布广泛，共有 30 多种，包括热性竹林、暖性竹林和寒温性竹林，有丛生、混生、散生和攀缘性状等各种生态类型的竹林，天然竹林类型及面积居全国第一位。

随着天然保护工程和退耕还林工程的实施，云南省各州市县林业局和当地群众种竹的积极性空前高涨，人工竹林迅速增加。根据已故著名竹类学家薛纪如先生的研究来看，云南省是世界竹类的起源地和现代分布中心之一，是世界竹类的故乡。② 已故著名竹类学家温太辉先生也认为，云南省是世界竹类的起源中心，且是唯一的起源中心。③

总之，云南的竹林资源具有珍稀特有竹种多样性、热带竹林景观多样性、天然竹林群落多样性等特征，④ 莽莽竹海成为云南少数民族地区的一大地理景观，为云南省竹文化特色旅游的发展奠定了良好的资源基础。

2. 云南少数民族竹文化源远流长、内涵深厚

云南各民族历来有种竹、护竹、用竹的习惯，竹子与云南各族人民的衣、食、住、行、用以及生产生活习俗、历史文化艺术、宗教等密切相关，形成了许多与我国中原及东部地区截然不同的与竹有关的民风民俗和民族审美意识，竹子渗透到了云南少数民族的物质生产和精神文化领域，形成了内涵丰富的少数民族

---

①　何明，廖国强．竹与云南民族文化[M]．昆明：云南人民出版社，1999：3.

②　吴建波．云南竹子第一人——记著名竹类学家薛纪如教授[J]．竹子研究汇刊，1999（2）：1-6.

③　温太辉．论竹类起源[J]．竹子研究汇刊，1983（1）：1-10.

④　辉朝茂，胡冀贞，杨宇明，等．突出特色　发挥优势　推进大型丛生竹产业化——云南省开发特色竹产业的理论与实践[J]．竹子研究汇刊，2002（1）：18-22，37.

竹文化。

（1）云南少数民族竹文化，保存有与生产生活密切相关的特点，具有物质文化和精神文化紧密结合的性质。云南各少数民族所使用的竹饭盒、竹背篓、竹楼、竹桥等，既是他们生活的必需，又是他们的智慧创造，它们既是竹文化的物质构件，又是精神的产品，体现出云南少数民族人民对生活的理想和创造的精神。例如，可以作为云南少数民族竹文化代表的竹楼，是傣、景颇、德昂、布朗、基诺、佤等民族的主要居室建筑。它是这些民族在长期生产生活实践中，借助于竹的多种实用功能而创造出来的建筑艺术。作为一种文化现象，用竹建成居室，首先是它的物质性的实用价值，但是云南少数民族有关竹楼的传说之生动，造型之优美，风格之独特，又无一不是精神文化的体现。

（2）云南少数民族的竹文化，保留了古朴、原始的特色。当人类还处于穴居野处的时候，就逐渐认识到竹的用处很多，用石刀、石斧刮削竹子制成的弓箭是远距离捕捉禽兽和防身的最好器具。今天看来，云南各少数民族仍在使用的竹制弓箭、竹制渔具，竹编的浮桥、吊桥、溜索桥、竹筏等，无不保存有早期竹文化的特征。另外，诸如芦笙、竹笛、竹笙、竹号、竹口弦等竹制乐器的制作和演奏，都是利用竹发声的自然机理，具有简单质朴、古朴原始的特色。[①]

（3）云南少数民族竹文化，较多地保留了原始先民图腾崇拜和祖先崇拜的痕迹，这与我国汉民族文化中以竹比德的观念截然不同。竹子，挺拔苍翠，质朴清新，俊秀淡雅，中原汉民族历来赋予其高洁、坚贞、谦虚的美好形象，更被作为做人的品格和高尚精神的象征，把竹子人格化、伦理化。而在云南少数民族竹文化中，以竹比德虽然也有，但不那么突出，更多的是把竹视为图腾崇拜、祖先崇拜的神物。在哈尼族、独龙族等的关于人类起源的创世神话中，把人的生育繁衍归因于竹，在彝族、白族等的"洪水神话"中，都有关于借助竹子救活了他们祖先的传说，竹子对其始祖有救命之恩。既然竹与人种诞生有关，竹有恩于始祖，那么竹就应被视为图腾、祖先来加以崇拜，并要定期举行祭祀仪式，以表达感激、谢恩之情。总之，云南少数民族竹文化，具有鲜明的民族特色和深厚的文化蕴涵。正如何明、廖国强在其所著的《竹与云南民族文化》一书中所说的那样："云南少数民族的饮食、生产、生活、居住、交通、人生礼仪、宗教、文学艺术、

---

① 何明，廖国强．竹与云南民族文化[M]．昆明：云南人民出版社，1999：158-161．

记事度量等诸领域，遍布竹文化质点，竹筒饭、竹枷、竹饭盒、干栏式竹楼、竹溜索、竹筷、竹圣树、口弦、刻竹记事等每一种竹文化事象，都洋溢出浓郁的云南少数民族文化气氛。"①云南少数民族竹文化内涵丰富，具有广泛的吸引力，这正是云南少数民族竹文化旅游市场的潜力所在。

3. 云南少数民族竹文化独具魅力、丰富多彩

云南少数民族竹文化瑰丽多姿，在一定程度上说，云南的民族文化就是竹文化。② 云南少数民族竹文化具有竹精神文化多样性、竹民居文化多样性、竹饮食文化多样性、竹用具文化多样性、竹民乐文化多样性、竹生态文化多样性等特点，既是珍贵的民族文化遗产，也是具有巨大开发潜力的旅游资源。

(1)丰富的竹食品文化。由于自然环境的制约，云南少数民族在烹饪饮食中使用竹子特别是竹笋的历史悠久，并逐步形成一套独特的加工和烹饪技术，根据各竹笋的品质将其制成不同的笋制品，如鲜笋、干笋、酸笋、压笋、泡笋、笋花等。他们还利用特殊竹种的自然特性制作民族风味饮食和饮料，如傣族用香糯竹烧制的竹筒饭、竹筒鸡、竹筒鱼，香味浓郁，吃法别致。

(2)典型的竹建筑文化。竹对云南少数民族居住文化产生过深刻影响。云南傣族、景颇族、德昂族、布朗族、基诺族，还有部分哈尼族、拉祜族、佤族、傈僳族、怒族、独龙族都将竹楼作为主要的民居建筑。竹楼是云南最具代表性、最富特色的民居建筑，它还折射出云南许多民族的文化心理和审美情趣。关于竹楼的来源，有各种传说，一说是天神的启示，一说是模仿诸葛亮帽子的造型，无论哪种传说，都寄寓了这些民族的精神文化追求和对居室建筑的审美理想。而以竹为主要建筑材料的竹楼，无疑是这些民族在长期生产生活实践中，借助于竹的多种实用功能而创造出来的建筑艺术，特别是傣家竹楼尤具民族特色。它分上下两层，四面呈坡形的屋顶，形同"孔明帽"，下层呈方形，颇具立体感，其轻盈、灵巧、实用的造型充分体现了傣族人民因地制宜、就地取材的聪明智慧和创造精神。而竹林深处、大青树旁的座座竹楼，高低起伏，富有层次感，有些村寨竹楼

---

① 何明，廖国强. 竹与云南民族文化[M]. 昆明：云南人民出版社，1999：5.
② 胡冀贞，辉朝茂. 中国竹文化及竹文化旅游研究的现状和展望[J]. 竹子研究汇刊，2002(3)：66-71，75.

布局还呈井字形方块，其错落有致的布局，充满着诗情画意，恬静安然，展示着田园诗一般的风情。熊锡元先生曾说道："它不但是傣族在居室建筑方面情趣的反映，而且还可看成是小乘佛教与世无争心理状态的一种折射。"①

（3）独特的竹交通工具文化。竹在云南少数民族交通运输史上起过重要作用，云南少数民族用竹制造了竹（藤）溜索、竹索吊桥、竹桥、竹筏等多种交通运输设施。在云南西北的横断山脉，幽深的峡谷、湍急的河流形成了对外交通的重重阻碍，世代生息繁衍在这里的怒族、傈僳族、独龙族、纳西族及藏族等民族，以惊人的胆识、特有的智慧营造出与环境相适应的独具特色的交通设施——竹（藤）溜索。不过如今竹（藤）溜索已基本退出实用领域，它已衍化成为民族风情的一种标志，成为一种可供游客观赏的桥梁建筑景观。

（4）浓郁的竹园风情文化。竹的巨大实用性及历史上封闭型、自给型的小农经济结构，加上云南少数民族朴素的竹崇拜、竹禁忌观念，使得云南各少数民族形成了久盛不绝的种竹护竹的优良传统。他们深知竹子对维护生态环境的重要性，对竹子精心种植和保护，傣族有谚语说："大象跟着森林走，气候跟着竹子走"，正是这种种竹护竹的传统，塑造了云南许多民族依竹而居的生活环境和特有的浓郁民族风情，许多民族的村寨和民居掩映在幽篁翠绿之中。在这丛丛竹林中，无数动人的爱情故事、优美的民间乐曲、欢乐的节日庆典、神圣的宗教仪式孕育而生。因此在与异文化的强烈比照中，竹林便成为云南民族风情的构成要件和主要标识之一，竹园及其浓郁的民族风情也就成了云南重要的风景资源。

（5）精彩的竹编文化。在云南，竹制竹编用品及工艺品极多，有日用品、装饰品和玩具等类别。其竹编制品是"用美结合"，既满足了实用需求，又让人获得一种审美愉悦。如哈尼族的桐油篾帽，用薄如纸的细篾片和篾丝编织，饰以精美图案，漂亮精致，涂以桐油，既能遮阳挡雨，又是男女定情的信物。其竹制陈设工艺品，如德昂族、佤族、景颇族等族妇女的竹腰圈，怒族妇女的竹编手镯等都只有装饰的审美作用，是深受游客喜爱的旅游商品。

（6）优美的竹乐文化。云南少数民族的音乐舞蹈与竹有不解之缘。遍布云南平坝山区的竹，由于大多中空而粗细不等，成为制作乐器的最为便利的材料，同

---

① 熊锡元. 傣族共同心理素质探微——民族心理研究之五[J]. 思想战线，1990（4）：54-60.

时也成为舞蹈的常用伴奏乐器和道具。如云南苗族、彝族、拉祜族等民族使用的乐器芦笙，历史悠久，"吹之音韵清响"，吹芦笙伴奏所跳的芦笙舞具有很强的表演性。用竹乐器葫芦丝独奏的《月光下的凤尾竹》享誉世界。竹乐器、竹乐舞作为竹文化的一种标识，彰显在云南各少数民族地区，是极具魅力的文化旅游资源。

(7)欢快的竹节日习俗文化。竹在云南少数民族的节日习俗中占有突出的地位。傣族人过泼水节放高升、放竹孔明灯，彝族人在过跳宫节和庆丰节时要进行敬竹活动，基诺族在过年节时举行竹竿赛(顶竹竿、翻竹竿、扭竹竿)等娱乐活动，景颇族在目脑节和新米节举行"爬滑竿"的节庆活动。竹为云南少数民族的节日增添了异彩。

4. 广阔的客源市场

国际旅游业重心的转移以及中国旅游业的蓬勃发展，为云南竹文化旅游开发奠定了光明的市场前景。由于竹类植物对其生长条件有一定要求，世界竹子主要分布在亚洲、美洲和非洲等地区，即使在中国也只在南方各省有所分布。因此，生长在非竹子分布地区或国家的人们往往对青翠欲滴、颀长秀美的竹林充满了好奇和向往，况且云南既是"大型丛生竹之乡""世界竹类的故乡"，更是"民族竹文化之乡"，具有多姿多彩的民族风情，因而，幽幽丛竹环抱着的傣乡佤寨，翠影婆娑装扮着的边疆山水，便具有了无穷的魅力，对省外、境外游客产生极强的吸引力。因此，云南少数民族竹文化旅游具有广阔的客源市场。

二、发展云南少数民族竹文化特色旅游的基本思路

1. 树立对竹文化的认同观，重视云南少数民族竹文化特色旅游的开发

云南少数民族的竹文化瑰丽多彩，源远流长，理应成为云南重要的文化旅游资源。但从目前的情况来看，对如诗画般亮丽的竹林和云南少数民族文化相交融的竹文化旅游资源开发利用的力度还远远不够。而合理开发竹文化旅游资源，发

展竹文化旅游，顺应了云南省委省政府提出的把云南建成"民族文化大省"和"绿色经济强省"的发展思路，有助于弘扬优秀的民族传统文化，有助于消除贫困、发展当地经济，有利于竹子景点和竹子资源的合理利用，有利于云南竹子物种多样性的保护和旅游区环境的保护，便于云南旅游项目的多样性拓展。因此，相关部门应充分认识到竹文化旅游资源在云南开发特色旅游产品过程中的重要性，转变观念，树立对竹文化的认同观，抓住机遇，重视竹文化特色旅游的开发。

(1) 在云南省内普及少数民族竹文化知识和保护开发竹文化资源的观念，培养民众对本省少数民族竹文化的尊重和自豪感，教育民众如何欣赏体验竹文化特色旅游产品，甚至可以结合云南各地竹文化的地域和民族特征将其纳入乡土教育体系。

(2) 抓住机遇，在国内外以多种形式加大力度宣传云南少数民族竹文化及其旅游产品。古老奇妙的竹史传说，优美浪漫的竹林风情，朴实典雅的竹编工艺，荡气回肠的竹乐竹舞，对长期生活在水泥丛林中的都市旅游者会产生极强的吸引力。

(3) 围绕云南省委省政府提出的"十四五"时期把云南建成"生态文明建设排头兵"的发展思路，建立云南"大旅游"的观念，将云南少数民族竹文化旅游资源与省内其他旅游资源统一规划和开发，形成整体优势，让旅游者从各个侧面感受到云南旅游大省的独特魅力。

2. 加强对云南竹文化特色旅游建设的投资和科学研究，构建云南竹文化特色旅游发展的良好环境

由于缺乏对云南竹文化旅游发展的硬件投资建设和强有力的系统理论支撑，珍贵的少数民族竹文化资源正在消失，如在一些村寨，砖混结构的建筑替代了轻盈秀美的竹楼，背水竹筒换成了塑料桶。因此，加强对云南竹文化特色旅游的硬件建设投资和软性科学研究，是当务之急。

(1) 加强硬件建设投资力度。在市场经济条件下，恰当的投入分配是文化性旅游产品实现保护性开发的前提，旅游及相关部门应抓住国家对"乡村振兴"问题的高度关注及新农村建设的机遇，加大政策扶持的力度。旅游及相关部门应通过政府行政能力和财政实力，投入相应的旅游基本建设资金，在相应的开发项目

上给予政策及资金扶持，营造良好的旅游发展环境。如在各个与竹密切相关的村落，在保证竹文化旅游开发的文化品位和竹文化的原真性、完整性，满足居民对居住形式的进化要求的前提下，相关政府部门可投资改造兴建一批既保留竹楼的民族风格，又舒适方便牢固耐久的竹楼，其所用材料虽经现代技术加工处理，但仍为竹楼，游客身临其境，仍可沐浴在浓郁的竹文化氛围中。

（2）加强规划的制定指导和科学研究成果的推广应用。旅游规划是旅游资源合理开发的必要基础，科学研究是文化资源得到保护性开发的基石。因此，旅游管理部门、旅游企业和有关科研院所应通力合作，积极开展竹文化资源和竹文化特色旅游的研究，建立起一套科学系统的理论框架，构建一个既突出重点又顾及全省的多层次的竹文化旅游发展网络格局，提出云南竹文化旅游的规划方案和发展对策，指导竹文化特色旅游的健康有序发展，把竹文化旅游开发真正纳入全省旅游发展的蓝图中。云南省开展竹子研究的专家绘制了云南发展竹产业的蓝图，编制了《云南省竹产业发展总体规划》，科研人员对云南竹类资源及材用竹和笋用竹已分别进行了专题研究，取得了多项成果，对于云南丰富多彩的民族竹文化资源及竹文化旅游的科学研究，也取得重要进展，但尚需采取切实有效的措施进行推广应用和产业指导，以适应云南培植旅游支柱产业和建成旅游大省的形势。

3. 以弘扬云南少数民族竹文化为主题，设计相应的竹文化特色旅游产品

文化旅游产品的开发设计要充分考虑文化旅游地的主题，云南旅游部门及相关从业人员可以弘扬竹文化为主题，推出一系列竹文化特色旅游产品。

（1）结合旅游者对少数民族节庆歌舞等文娱活动的渴求和对少数民族民俗风情的好奇心理，开发竹民俗风情游产品，让旅游者到此看竹园、住竹楼、吃竹筒饭、品竹筒茶、观竹舞、听竹乐、过竹节日、购竹工艺品等，享受一条龙的竹特色文化旅游的服务。通过开发竹民俗风情游产品，也可以带动竹文化旅游沿线景观景点及竹类商品的生产与购买，竹歌舞娱乐、竹楼住宿的兴旺，可为旅游地带来良好的经济效益。

（2）结合环境保护和思想品德教育，开发竹文化教育游产品。该产品可让旅游者体味到云南各少数民族种竹、护竹、爱竹、敬竹的优良传统和优秀品质。竹

在云南各少数民族日常生活中具有非同寻常的地位，他们种竹爱竹，留下了优良的竹文化传统，在开发竹文化教育游产品时，可以有意识地挖掘云南各少数民族竹崇拜、竹禁忌观念等竹文化资源，向旅游者展示云南少数民族可贵的生态环保理念和感恩祖先、敬畏自然的美好情感。

（3）结合旅游者渴望回归自然的需求，开发竹林生态游产品。如前所述，云南有29属220种竹，其中100余种为云南所特有，如巨龙竹、佛肚竹、龟甲竹等奇竿异竹，婆娑秀丽，千姿百态，有很高的观赏价值。在天然竹林、人工竹林基地及竹种园中，都可以开展竹林生态游，以满足人们返归自然之趣。

（4）结合旅游者对竹文化的浓厚兴趣，开辟竹文化博物园，开发竹文化鉴赏游产品。对自然和文化资源的收藏研究和展示是博物园的基本职能，在博物园里陈列出云南少数民族与竹有关的乐器、诗文、书画、生产工具和生活用具、工艺品，游客既可观览，还可研习，如可亲手学做竹制工艺品或画一张竹画，让人们在眼看、耳听、手动之中真切地鉴赏到云南少数民族竹文化的特质。

（5）结合旅游活动中的购物环节，开发竹文化购物旅游产品。云南少数民族的竹食品、竹工艺品、竹日用品、竹乐器、竹药等极富民族特色，它们在一定程度上代表着云南少数民族的文化品格和素质，是异地人了解云南、认识云南的一种生动形式。而销售这些旅游纪念品，既可以成为云南创汇创收的主要手段，又能成为云南树立旅游地形象的重要窗口，使云南旅游业形成效益型增长。

云南少数民族竹文化旅游产品多样，除上述形式之外，还可开展诸如竹保健游、竹节庆游、竹乡寻根游、竹艺表演欣赏游等，各地可根据自身不同的自然人文条件，结合旅游者的需求，选择组合适宜的竹文化旅游产品。例如，青少年旅游者求知欲强，追求刺激，可针对他们推出以竹林生态游和竹文化教育游为主题的竹乡夏令营活动。在活动过程中，让他们观赏竹林的婆娑，体味竹子的内涵，同时请专家学者为他们讲授有关云南少数民族竹文化的知识。

总之，云南少数民族竹文化旅游产品在设计过程中要以目标市场旅游者为中心，不断调整完善旅游产品的内容，将这种特色旅游产品打造成云南旅游的名牌产品。

三、结　　论

目前，不少民族地区不仅拥有完好的竹景观资源，更拥有独具魅力的竹文化资源，这些都是开展竹文化特色旅游的基础。相关部门应深入发掘少数民族竹文化的内涵，合理开发竹文化，重视开发竹文化特色旅游，构建竹文化特色旅游发展的良好环境，拓展思路，不断完善丰富竹文化特色旅游产品。云南少数民族竹文化具有多样化、多元化的特点，因此上述研究云南少数民族竹文化多角度旅游开发的方法和开发思路具有一定的普遍适用性，能为其他少数民族地区的竹文化特色旅游开发提供借鉴。相信，有少数民族竹文化特色旅游的加入，少数民族地区旅游会更加多姿多彩。

农业文化遗产旅游研究进展及趋势

2002 年，联合国粮农组织（FAO）联合一些国际组织和国家政府，发起了全球重要农业文化遗产（GIAHS）保护项目，目的在于保护全球范围内的传统农业系统，农业文化遗产成为一种新型的遗产类型。在中国，从 2005 年浙江青田稻鱼共生系统成为首批全球重要农业文化遗产保护试点以来，保护项目数量不断增加，至今总数达 22 个，位居世界第一。

农业文化遗产作为一种独特的旅游资源已经得到联合国粮农组织的认可，同时农业文化遗产旅游作为动态保护农业文化遗产的途径也被加以推广，通过发展农业文化遗产旅游，可促进农业文化遗产地的经济发展，提高游客对农业文化遗产的认识。① 近年来，涉及农业文化遗产及农业文化遗产旅游的研究已经有了许多成果，对相关研究进行总结归纳十分必要。但面对大量的文献，仅靠主观的归纳总结难免存在疏漏，且缺乏数据支持。② 而通过软件将数据可视化，可以对数据整理分类并形成不同的模块。故此，本书采用可视化分析，针对国内外 2006—2021 年的相关研究文献，从研究机构、研究作者、研究热点、前沿展望方面揭示国内外农业文化遗产旅游研究现状及发展态势。对比借鉴国外研究，希望能为国内后续研究提供一定的思路与方向。

一、研究方法和数据来源

CiteSpace 是一种操作简单、适用数据范围广的可视化分析工具，从使用功能

---

① 李永乐，闵庆文，成升魁，等. 世界农业文化遗产地旅游资源开发研究［J］. 安徽农业科学，2007（16）：4900-4902.
② 陈悦，陈超美，刘则渊，等. CiteSpace 知识图谱的方法论功能［J］. 科学学研究，2015（2）：242-253.

来看，它可以将某领域的知识进行演绎，形成科学知识图谱。知识图谱是一种结合了信息可视化技术与传统计量分析的图形，它利用科学的技术将数据可视化，能够更加清晰地描述研究对象的结构关系。与传统的文献分析法相比，知识图谱分析法能更加直观地反映不同研究机构、研究作者对某一领域研究的现状。

本书关于国外研究的数据来源于 Web of Science 核心集合（WOS）全球引文数据库，引文索引选择"Science Citation Index Expanded"和"Social Sciences Citation Index"，检索主题字段为"agricultural heritage systems tourism"，检索得到文献共119 篇（检索周期为 2006 年 1 月 1 日至 2021 年 12 月 31 日），手动剔除部分已在国内发表的中文文献以及其他不相关数据后，筛选出 97 篇可供参考的文献作为分析对象。

关于国内研究的数据来源于中国知网（CNKI）学术期刊库，在中国知网的"高级检索"模式下，主题选定为"农业文化遗产旅游"，检索得到文献共 515 篇（检索周期为 2006 年 1 月 1 日至 2021 年 12 月 31 日），手动剔除其他不相关条目文献后，筛选出 433 篇可参考的有效文献，作为分析研究的对象。

二、计量结果与可视化分析

（一）发文量统计

发文量能够体现研究者对某领域研究的关注度，是衡量特定时期研究发展态势的重要指标。[①] 本研究数据样本共 530 篇，对研究数据进行文献指标分析，可以得到国内外农业文化遗产旅游研究每年发布的文献数量情况，如图 1 所示。国外对于农业文化遗产旅游的研究始于 2008 年，研究文献总体量较少，呈现波浪式上升的态势。

国内学者对农业文化遗产旅游的研究大致经历了起步探索（2006—2009 年）、逐步增长（2010—2016 年）、波浪式推进（2017—2021 年）三个阶段。2005 年，我国首个全球重要农业文化遗产保护项目——浙江青田"稻鱼共生系统"正式启动，我

---

① 彭伟，赵栩，赵帅，等. 基于文献计量的国内外创业失败比较研究[J]. 研究与发展管理，2019（4）：139-150.

国农业文化遗产研究由此进入起步阶段。2006—2009 年是此研究的起步探索阶段，此阶段研究成果较少，平均每年发文量不到 10 篇。2010—2016 年是此研究的逐步增长阶段，在这一阶段，有众多因素推动研究者们投入研究热情。2012 年，原农业部启动了中国重要农业文化遗产发掘和鉴定工作，加强了组织宣传、政策支持等方面的工作，并于 2014 年 1 月成立了"全球重要农业文化遗产专家委员会"，再加上这几年休闲农业与乡村旅游的迅速发展，发文数量逐年递增，2016 年发文量达到 52 篇，是 2015 年的近 2 倍。2017—2021 年是此研究的波浪式推进阶段，2018 年，学者们的研究热情有所退却，但这一年我国新增了 4 项全球重要农业文化遗产，又吸引了更多学者们开展研究，2019 年研究成果创新高，发文量达 63 篇。

总体上看，国内外农业文化遗产旅游相关文献发表数量皆呈现向前推进的态势。在文献体量上，国内发表的相关文献数相较国外所发表的更胜一筹。而在新型冠状病毒肺炎疫情暴发后，国内对农业文化遗产旅游的研究受到了一定的影响，发表的文献数在 2019 年之后有所下降；而国外的研究几乎没有受到影响，发表的文献数仍呈上升趋势。

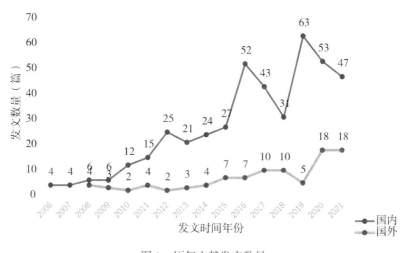

图 1　历年文献发表数量

(二) 研究机构可视化分析

应用 CiteSpace 对国内外农业文化遗产旅游的研究机构进行分析，得到对应的可视化图谱，并整理得到国内外农业文化遗产旅游的研究机构发文量排名前十的机构。在可视化图谱中，节点数表示对农业文化遗产旅游进行研究的机构数量，节点大小与该机构在农业文化遗产旅游研究上的成果正相关，节点间的连线粗细表示研究机构之间的合作强度。

1. 国外研究机构分析

由图2可知，国外农业文化遗产旅游研究机构共形成212个节点，282条连线，整体网络密度为0.0126，结合表1数据，发现国外进行农业文化遗产旅游研究的机构大多为高校，部分机构合作关系紧密，但研究成果产量较低，例如以Univ Cordoba(科尔多瓦大学)、Univ Catania(卡塔尼亚大学)、Estonian Univ Life Sci(爱沙尼亚大学生命科学院)、CSIC(西班牙国家研究委员会)为中心形成的合作网络，这些网络都存在两个以上的连线关系，但合作发表的文献也只有寥寥几篇。其他形成单一连线的机构研究成果数也普遍在2篇及以下。

2. 国内研究机构分析

由图3可知，国内农业文化遗产旅游研究机构共有241个节点，173条连线，整体网络密度为0.006，可以发现，当前关注农业文化遗产旅游研究的机构较

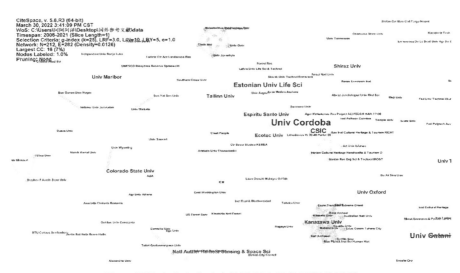

图2　国外农业文化遗产旅游研究机构可视化图谱

表1　　　　　　国外农业文化遗产旅游研究发文量前十的机构

序号	机　　　构	频次
1	Univ Cordoba 科尔多瓦大学(西班牙)	6
2	Univ Catania 卡塔尼亚大学(意大利)	4
3	Univ Copenhagen 哥本哈根大学(丹麦)	3
4	EstonianUniv Life Sci 爱沙尼亚大学生命科学院(爱沙尼亚)	3
5	CSIC 西班牙国家研究委员会(西班牙)	3
6	Agr Univ Krakow 克拉科夫农业大学(波兰)	3
7	Univ Tuscia 图西亚大学(意大利)	2
8	Univ Turin 都灵大学(意大利)	2
9	Univ Perugia 佩鲁贾大学(意大利)	2
10	Univ Oxford 牛津大学(英国)	2

多，研究机构相互间的合作关系较为密切。其中，中国科学院地理科学与资源研究所、中国科学院大学、北京联合大学旅游学院是我国农业文化遗产旅游研究成果产出的核心主力，并且以这些机构为中心组成的合作机构网络最为显著；其次是长沙学院与中南林业科技大学旅游学院、黄山学院旅游学院与黄山学院徽州文化研究所等两两机构形成密切合作关系；第三是独立开展研究的机构，如桂林理工大学旅游学院、福建农林大学金山学院、四川农业大学马克思主义学院等。

　　研究机构的研究水平可以体现其所在地域的研究水平，而地域研究水平往往又与区域经济、文化等发展水平密切相关。① 因此，农业文化遗产旅游研究机构的空间分布，在一定程度上可以反映农业文化遗产旅游的分布地域及其发展程度，农业文化遗产旅游越发达，研究者会相应地给予该遗产地更多的关注。从空间分布来看，这些机构分布在北京、南京、福建、杭州、南昌、桂林、黄山和长沙8个城市，主要集中于华东与华北地区，其中以北京、南京研究力量最为集中。排名前三的是中国科学院地理科学与资源研究所、中国科学院大学、北京联

---

　　① 王永斌. 高校人文社会科学研究学术影响力报告——基于第四届中国高校人文社会科学研究优秀成果奖的实证分析[J]. 中国地质大学学报：社会科学版，2007(6)：60-65.

合大学旅游学院，这些机构均位于北京，统计位于北京的机构发文共计192篇；而总量排名第二的是位于南京的机构，发文共计46篇，说明北京是我国农业文化遗产旅游研究的主导地区，而南京作为我国农业历史研究的重地，对于农业文化遗产旅游领域的研究也很重视。从图3节点连线可以看出，同一地域范围内的研究机构合作联系较为紧密，如南京农业大学中华农业文明研究所、南京农业大学园艺学院与南京农业大学中国农业历史研究中心联系紧密；其次也存在部分跨区域的合作关系，如中国科学院大学、南京农业大学人文与社会发展学院和中国林业科学研究亚热带林业研究所存在合作关系(见表2)。

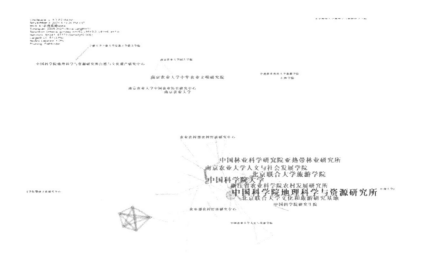

图3　国内农业文化遗产旅游研究机构可视化图谱

表2　　　　　　　　国内农业文化遗产旅游研究发文量较多的机构

序号	机　　　构	频次
1	中国科学院地理科学与资源研究所	79
2	中国科学院大学	41
3	北京联合大学旅游学院	32
4	中国林业科学研究院亚热带林业研究所	23
5	南京林业大学人文与社会发展学院	22

续表

序号	机　　构	频次
6	北京联合大学文化和旅游研究基地	17
7	浙江省农业科学院农村发展研究所	16
8	中国科学院研究生院	8
9	南京农业大学中华农业文明研究院	7
10	福建农林大学金山学院	7
11	南京农业大学人文与社会发展学院	6
12	南京农业大学	6
13	江西农业大学生态科学研究中心	5
14	中国科学院地理科学与资源研究所自然与文化遗产研究中心	5
15	桂林理工大学旅游学院	5
16	农业部农村经济研究中心	5
17	南京农业大学中国农业历史研究中心	5
18	黄山学院旅游学院	4
19	长沙学院	4

整体来看，国外农业文化遗产旅游的研究机构以国家为界限形成的合作网络较多，但成果产量少，缺乏跨国际的合作关系。而国内农业文化遗产旅游的研究力量主要集中于华东、华北地区，研究团队间联系相对紧密，且已有合作集中于同一地域范围内，跨区域上的合作较少。

(三) 研究作者可视化分析

核心作者是推动某领域学术发展的中心力量，其合作网络关系也是研究领域的核心要素。运用 CiteSpace 对研究作者进行分析，得到国内外农业文化遗产旅游作者合作网络分析图，并分别整理得到农业文化遗产旅游研究发文量较多的国外作者和国内作者。

1. 国外作者分析

由图 4 发现，国外研究作者形成了许多团队合作关系，大多是所属同一国家的作者之间进行的合作，少有单一的连线和独立的节点。由表 3 可知，国外农业文化遗产旅游研究的作者发文量普遍较少，发文较多的作者来自意大利和韩国。排名第一的是意大利佛罗伦萨大学 Antonio Santoro 教授，他在该领域的发文量仅 3 篇，其中最具影响力的一篇是以意大利托基安蒂地区的拉莫尔梯田景观为例，对农业文化遗产系统与游客景观感知进行的研究。①

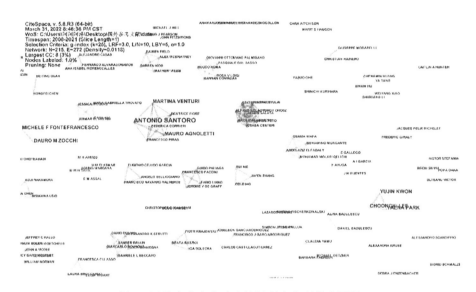

图 4　国外农业文化遗产旅游研究作者分布图谱

表 3　　　　国外农业文化遗产旅游研究发文量前八的作者

序号	作者	发文量
1	Antonio Santoro（意大利）	3
2	Yujin Kwon（韩国）	2

① Santoro A, Venturi M, Agnoletti M. Agricultural heritage systems and landscape perception among tourists—the case of Lamole, Chianti (Italy) [J]. Sustainability, 2020(9): 1-15.

续表

序号	作者	发文量
3	Michelef Fontefranceso（意大利）	2
4	MartianVenturi（意大利）	2
5	Yaena Park（韩国）	2
6	Choongki Lee（韩国）	2
7	Dauro M Zocchi（意大利）	2
8	MauroAgnoletti（意大利）	2

2. 国内作者分析

由图 5 可知，国内在开展农业文化遗产旅游研究的过程中，首先，以闵庆文、孙业红、崔峰、何思源、王斌、刘显洋、王英等研究作者为中心展开的合作研究网络最为紧密，形成了三个以上的节点连线；其次伽红凯与卢勇、朱生东与何玉荣等形成两两连线的合作关系；最后是黄国勤、闫新通等在图中以单一节点存在的研究作者。

从表 4 可以发现，国内进行农业文化遗产旅游研究的作者发文量较多。其中，闵庆文是本次统计范围内发文数量最多的作者，发文共计 79 篇；孙业红是发文量排名第二的作者，发文共计 46 篇，两人合作关系密切，在统计范围内共有 23 篇合作文献发表。早在 2006 年，闵庆文就与孙业红、成升魁等人合作发表了首篇农业文化遗产旅游研究相关的文献，① 该文献以浙江青田稻鱼共生系统为例，探讨了农业文化遗产旅游资源开发与区域社会经济发展的关系，农业文化遗产旅游研究就此进入探索阶段。随后二人又陆续与成升魁、钟林生等作者合作，进行了更深层的研究，研究多以稻作梯田农业文化遗产为例，在旅游资源、② 保

---

① 孙业红，闵庆文，成升魁，等. 农业文化遗产旅游资源开发与区域社会经济关系研究——以浙江青田"稻鱼共生"全球重要农业文化遗产为例[J]. 资源科学，2006(4)：138-144.

② 孙业红，闵庆文，钟林生，等. 少数民族地区农业文化遗产旅游开发探析[J]. 中国人口·资源与环境，2009(1)：120-125.

护机制、① 社区参与②等相关方面展开了研究。2011 年，农业文化遗产旅游研究从起步探索进入逐步增长阶段，研究队伍越来越壮大，浙江青田稻鱼共生系统、云南红河哈尼稻作梯田系统、贵州从江侗乡稻鱼鸭系统等早期入选 GIAHS 项目的农业文化遗产也因此成为学者们研究的重点。

图 5 国内农业文化遗产旅游研究作者分布图谱

表 4 国内农业文化遗产旅游研究发文量前十的作者

序号	作者	发文量
1	闵庆文	79
2	孙业红	46
3	崔峰	23
4	何思源	23
5	王斌	23
6	刘显洋	19

① 闵庆文. 哈尼梯田的农业文化遗产特征及其保护[J]. 学术探索，2009（3）：12-14，23.

② 王英，孙业红，苏莹莹，等. 基于社区参与的农业文化遗产旅游解说资源研究——以浙江青田稻鱼共生系统为例[J]. 旅游学刊，2020（5）：75-86.

序号	作者	发文量
7	王英	18
8	王博杰	15
9	武文杰	14
10	王思明	14

综上所述，国外农业文化遗产旅游研究的作者分布广泛，各国内部形成的合作网络关系紧密，但少有跨国间的合作，作者发文体量较小。国内农业文化遗产旅游研究作者众多，以闵庆文、孙业红等核心作者为中心展开的合作网络联系紧密，也有部分双人关联的小团体和独立研究者存在。整体来说，国内农业文化遗产旅游研究的团队庞大，且研究团队多依赖于核心成员，呈现以某个学者为中心的形态。

(四) 研究热点分析

关键词是一篇文献的核心所在，高频次的关键词能反映该领域的研究热点。通过 CiteSpace 进行关键词分析，得到国内外农业文化遗产旅游研究的关键词共现图谱(见图6、图7)，图谱中的圆形节点代表某个关键词，节点越大，关键词出现频率越高。为进一步分析国内外农业文化遗产旅游的研究热点，对关键词共现图谱中的关键词频次与中心性也进行了统计分析，如表5、表6所示。在分析关键词频次时，一般认为，某一关键词出现的频率越高，表明其所代表的主题热点程度越高。[①] 中心性则能反映关键词的核心程度，节点的相关性越大，中心性就越高，一般认为，中心性大于0.1，则该关键词在这个领域的影响力较大。[②]

1. 国外研究热点分析

由图6可知，国外农业文化遗产旅游研究关键词有 261 个节点，947 条连线，

---

① 王娟，陈世超，王林丽，等. 基于 CiteSpace 的教育大数据研究热点与趋势分析[J]. 现代教育技术，2016(2)：5-13.
② 李想，马蓓蓓，闫萍.《人文地理》1986—2015 年载文分析与研究热点[J]. 人文地理，2018(1)：1-7.

整体网络密度为 0.0279，可以发现图中单独存在的节点较少，各个关键词之间的联系较为紧密。然而从表5可以发现，关键词的频次普遍较低，说明研究者们关注的节点多，且节点之间联系紧密，但关键词研究热点程度不高。国外农业文化遗产旅游研究的关键词频数最高的6个词是 Tourism（旅游）、Conservation（保护）、Management（管理）、Cultural heritage（文化遗产）、Heritage（遗产）、Rural development（乡村发展）。而中心性较高的6个关键词是 Conservation（保护）、Tourism（旅游）、Management（管理）、Agriculture heritage（农业遗产）、Cultural heritage（文化遗产）、Heritage（遗产），其中 Tourism（旅游）、Conservation（保护）、Management（管理）、Cultural heritage（文化遗产）、Heritage（遗产）这5个关键词的频次和中心性都相对较高，以它们引出的其他关联词有 Rural tourism（乡村旅游）、Ecosystem service（生态系统服务）、Creative destruction（创造性破坏）、Climate change（气候变化）、food（食物）等。

图6 国外农业文化遗产旅游研究关键词共现图谱

表5 国外农业文化遗产旅游研究高频关键词及其频次和中心度统计表

高频关键词频次			高频关键词中心性		
序号	频数	关键词	序号	中心性	关键词
1	17	Tourism	1	0.34	Conservation
2	12	Conservation	2	0.27	Tourism
3	12	Management	3	0.25	Management

续表

高频关键词频次			高频关键词中心性		
4	11	Cultural heritage	4	0.24	Heritage
5	10	Heritage	5	0.24	Agriculture heritage
6	10	Rural development	6	0.23	Cultural heritage
7	7	Rural tourism	7	0.19	Rural development
8	7	Agriculture heritage	8	0.19	Ecosystem service
9	7	Ecosystem service	9	0.17	Food
10	7	Area	10	0.15	Creative destruction

2. 国内研究热点分析

由图 7 可知，国内农业文化遗产旅游研究关键词有 374 个节点，727 条连线，整体网络密度为 0.0104。可以发现农业文化遗产、旅游开发、全球重要农业文化遗产、保护、中国重要农业文化遗产这 5 个关键词的频次相对较高；而图中单独存在的节点较少，可以看出各个关键词之间的联系较为紧密。

图 7　国内农业文化遗产旅游研究关键词共现图谱

由表6可知，中心性前5的关键词分别是农业文化遗产、保护、旅游开发、全球重要农业文化遗产、文化遗产保护，其中农业文化遗产、保护、旅游开发、全球重要农业文化遗产的频次与中心性均为最高，说明这4个词是这一研究领域的核心且与其他关键词之间具有一定的关联度。以此引发出的出现频次和中心性较高的关键词分别为：动态保护、可持续发展、文化遗产保护、乡村旅游、休闲农业、时空适宜、稻鱼共生系统、哈尼梯田等。

表6　　国内农业文化遗产旅游研究高频关键词及其频次和中心度统计表

高频关键词频次			高频关键词中心性		
序号	频数	关键词	序号	中心性	关键词
1	282	农业文化遗产	1	0.79	农业文化遗产
2	46	旅游开发	2	0.23	保护
3	35	全球重要农业文化遗产	3	0.14	旅游开发
4	34	保护	4	0.14	全球重要农业文化遗产
5	20	中国重要农业文化遗产	5	0.09	文化遗产保护
6	15	文化遗产保护	6	0.08	保护与发展
7	13	可持续发展	7	0.08	休闲农业
8	13	农业文化遗产地	8	0.07	中国重要农业文化遗产
9	12	乡村旅游	9	0.07	稻鱼共生系统
10	12	保护与发展	10	0.07	动态保护

3. 国内外研究热点对比分析

(1)研究主体。从研究主体来看，国外农业文化遗产旅游研究的主体主要是乡村、农产品、居民、文化。国外所含的全球重要农业文化遗产(47项)中共有29项属于景观型农业文化遗产，国外学者在进行农业文化遗产旅游研究时也多以景观型农业文化遗产为例。景观型全球重要农业文化遗产不仅关注稻田、旱地等农田，而且强调周边环境具有一定程度的生态凝聚力，同时，这些景观是由当地社区及其文化维护的。

国内农业文化遗产旅游研究的切入点主要集中在全球重要农业文化遗产、

中国重要农业文化遗产(China-NIAHS)、乡村、社区居民、旅游者上。我国农业文化遗产资源丰富,位于世界前列,且拥有的全球重要农业文化遗产项目最多,这为国内学者进行农业文化遗产旅游研究奠定了深厚的基础,更利于学者针对不同类型的农业文化遗产,探讨农业文化遗产与居民、旅游者等不同主体间的联系。

国内外的研究主体都包含"人"的存在,因为在这类系统中,人的参与是必不可少的,不论是农民的生产生活活动,还是当地居民的生活方式都是农业文化遗产的要素。

(2)研究内容。从研究内容来看,国外对农业文化遗产的动态保护十分重视,在进行农业文化遗产旅游研究时更关注乡村地区的发展、遗产地产品品牌与旅游联动、食品与生计安全等。原因在于国外一些发达国家,其工业文明的发育程度更为成熟,他们对于工业文明带来的负效应就自然具有切身的感受。因此,对农业文化遗产的认识和理解更为深刻。第一,从乡村发展的角度入手,对农业文化遗产旅游发展进行的研究。Kazem Vafadari 讨论了全球重要农业文化遗产日本国东半岛的振兴行动,认为乡村旅游资源拥有巨大的低碳价值,科学合理地进行开发,不仅能推广传统农耕技术,还可以推进社会的可持续发展。[1] Antonio Santoro 等人认为旅游者不仅仅是在寻找一个好地方或一瓶好酒,他们同时也在寻求能让他们更接近当地人民和传统的一种体验,因此,农业遗产系统和传统农业可以成为农村及其经济发展的一种资源,[2] 这不仅对基安蒂(Chianti)等著名的地方很重要,对经济欠发达但具有强大传统农业实践的农村地区也很重要。[3] 第二,对遗产地产品品牌与旅游联动等方面的研究。遗产地本土的农产品既是一种乡村资源,也是一种农业文化遗产所附带的资源。Shuichiro K 等人认为日韩国家通过建立"认证制度"来树立遗产地生态品牌,一方面激励当地居民利用传统的农业文化遗产系统进行生产,从而带动当地经济;另一方面,出于对品牌的信

① 吴合显,李玮. 借鉴与启示:国外重要农业文化遗产研究再认识[J]. 原生态民族文化学刊,2020(4):121-129.

② Santoro A,Venturi M,Agnoletti M. Agricultural heritage systems and landscape perception among tourists—the case of Lamole, Chianti (Italy)[J]. Sustainability,2020(9):1-15.

③ Fairclough G. Landscape and heritage:ideas from Europe for culturally based solutions in rural environments[J]. Journal of Environmental Planning and Management,2019(7):1149-1165.

赖，游客会更愿意在遗产地购买这些生态品牌，产品口碑建立后又会增强遗产地的旅游吸引力。例如，日本全球重要农业文化遗产米酒和茶叶的产品认证，当地居民通过用讲故事的方式推广清酒，增强了游客对地区认证和景观中生产的各类清酒之间关系的理解，不仅能够更好地吸引游客在该遗产地进行消费，还可以促进居民、游客和其他利益相关者分享整体的饮食文化，包括当地的清酒及其景观。①。

国内学者在农业文化遗产旅游研究中，大多将农业文化遗产当作一种旅游资源，分析其资源特征、旅游价值，在此基础上，将农业文化遗产旅游作为农业文化遗产动态保护的重要手段之一，探讨农业文化遗产旅游开发的模式、可持续发展途径。

王德刚认为，农业文化遗产保护与社区发展之间的冲突是不可避免的，只有找到能同时满足可持续保护与有效利用的双赢之路，农业文化遗产的保护才有现实性，提出"旅游化生存与产业化发展"是实现农业文化遗产保护与发展共赢的最佳途径。② 张建国等以浙江梅源梯田为例，通过分析农业文化遗产保护开发的原则，在未来发展定位与合理分区的基础上，设计出相应的农业文化遗产旅游产品，以期实现可持续旅游发展。③ 常旭等从遗产地生态旅游开发的视角，分析生态旅游是可持续发展的旅游，能够有效解决遗产保护和发展之间的矛盾，是发展农业文化遗产旅游的有效途径之一。④ 何露等人以中国四个全球重要农业文化遗产站点为例，提出旅游发展分析的概念框架，为农业文化遗产旅游的可持续发展提供了建议。⑤

---

① Shuichiro K, Yushi T, Yuta U. Japanese sake and tea as place-based products: a comparison of regional certifications of globally important agricultural heritage systems, geopark, biosphere reserves, and geographical indication at product level certification[J]. Journal of Ethnic Foods, 2017 (2): 80-87.

② 王德刚. 旅游化生存与产业化发展——农业文化遗产保护与利用模式研究[J]. 山东大学学报(哲学社会科学版), 2013(2): 56-64.

③ 张建国, 何方, 肖胜和, 等. 基于农业文化遗产保护的江南梯田旅游发展探索——以浙江梅源梯田为例[J]. 中南林业科技大学学报, 2011(3): 47-53.

④ 常旭, 吴殿廷, 乔妮. 农业文化遗产地生态旅游开发研究[J]. 北京林业大学学报: 社会科学版, 2008(4): 33-38.

⑤ 何露, 闵庆文. 基于农业多功能性的中国全球重要农业文化遗产地旅游可持续发展研究(英文)[J]. Journal of Resources and Ecology, 2013(3): 250-257.

上述研究，尽管各学者研究的角度不同，但是都表现出对保护性旅游开发的关注，基于此，学者们从多方面入手，对农业文化遗产旅游开发模式进行了研究，为探寻农业文化遗产旅游的可持续发展途径提供了有效帮助。闵庆文等在总结农业文化遗产地旅游资源属性基础上，提出基于大中城市近郊、风景名胜周边、名牌旅游线路的3种旅游开发模式，以及农业文化遗产旅游开发的不同时期应注意的问题。① 孙业红等在对少数民族地区农业文化遗产旅游资源分析的基础上，提出了"农业文化遗产+少数民族风情"的旅游开发模式，同时对农业文化遗产旅游开发的前提、原则、关键问题等进行了探讨。② 熊友平认为农业文化遗产应探索保护式旅游开发，提出了博物馆模式、参与体验式、集装组合式等保护式旅游开发模式及相应的开发路径选择。③ 孙业红等对贵州从江稻田养鱼农业文化遗产旅游开发进行了时空适宜性分析，得出从江县最佳旅游开发时间是5—6月、9—10月，其东北部为最佳旅游开发区域，西南部则是适宜度较差的区域。④

(五)国内外研究前沿对比分析

研究前沿能够体现某领域当前的思想状态和研究趋势。基于关键词知识图谱分析，对共被引网络进行聚类，并控制聚类数为5，可以得到国内外排名前5的农业文化遗产旅游研究前沿时间线程图，如图8、图9所示。

由图8可知，国外农业文化遗产旅游研究前沿时间线程分别有 Jeju Batdam Agricultural System（济州岛石墙农业系统）、Rural Development（乡村发展）、Cultural Heritage（文化遗产）、Product（产品）、Asia Pacific（亚太地区）5个聚类。

由图9可知，国内农业文化遗产旅游研究前沿时间线程分别有旅游参与、保护与发展、动态保护、对策、全球重要农业文化遗产5个聚类。

① 闵庆文，孙业红，成升魁，等. 全球重要农业文化遗产的旅游资源特征与开发[J].经济地理，2007(5)：856-859.
② 孙业红，闵庆文，钟林生，等. 少数民族地区农业文化遗产旅游开发探析[J]. 中国人口·资源与环境，2009(1)：120-125.
③ 熊友平. 湖州市农业文化遗产保护式旅游开发路径[J]. 湖北农业科学，2018(18)：141-144.
④ 孙业红，闵庆文，成升魁，等. 农业文化遗产资源旅游开发的时空适宜性评价——以贵州从江"稻田养鱼"为例[J]. 资源科学，2009(6)：942-949.

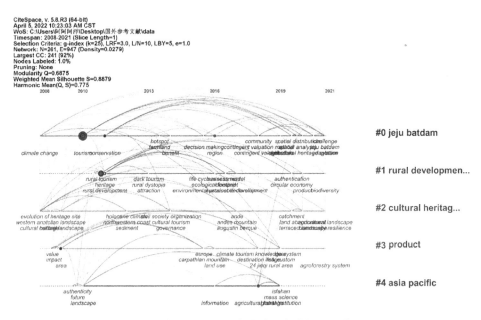

图 8　国外农业文化遗产旅游研究前沿时间线程

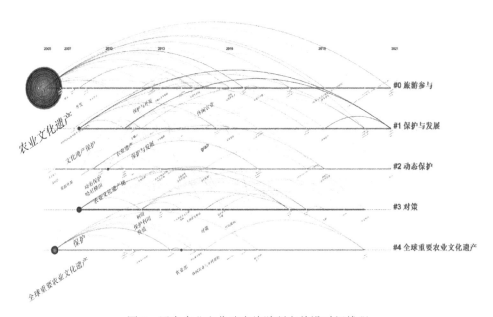

图 9　国内农业文化遗产旅游研究前沿时间线程

结合前文的关键词共现图谱、高频关键词频次和中心性统计表，对当前国内外农业文化遗产旅游的研究前沿分析如下。

（1）国外研究聚焦亚太地区，涉及遗产与品牌建设等前沿问题。截至目前，全球经粮农组织指定入选的全球重要农业文化遗产项目共有 62 项，其中有 40 项位于亚太地区，其余 22 项位于南非、欧洲、中亚、拉丁美洲等其他地区。在亚太地区，中国、日本、韩国三国的农业文化遗产类型相似，三国全球重要农业文化遗产数量已达到全球总数的一半，各自对农业文化遗产研究有一定的成果，积累了丰富的保护与管理经验。日韩两国在政策、资金、分布类型上相比中国皆具有一定的优势，① 特别是韩国，作为三国中政策及资金支持力度最大的国家，对农业文化遗产动态保护、文化传承、品牌塑造方面的研究和措施十分重视。韩国遗产地政府以本地遗产系统的特征为基础进行品牌开发，通过加强建立"农业文化遗产博物馆、体验服务中心"这种硬件建设以及"发扬传统节庆活动和普及农业文化遗产思想"的软件建设，以促进农业文化遗产地旅游产业发展。②

（2）国内农业文化遗产旅游的研究仍然集中在与"保护"相关的传统命题上，例如研究发展模式、遗产地个案发展对策等相关方面，侧重于遗产地的保护与旅游可持续发展的探讨。目前，农业的低效益、生态环境污染等因素使农业文化遗产旅游的发展与保护面临着双重挑战，许多研究都表示在进行农业文化遗产旅游开发时必须遵循科学合理的开发原则，避免过度开发造成资源的破坏与浪费；同时还强调动态保护、保护性开发的重要性，坚持保护与发展并行的原则。另一方面，农业文化遗产是比较典型的社区型遗产，农业文化遗产旅游的发展与保护离不开社区居民的参与，社区参与对于农业文化遗产旅游的可持续发展有着重要作用。③ 而国内对遗产地产品品牌塑造与旅游产业联动的研究并不深入，对遗产地产品宣传的力度也需要向国外学习借鉴。

---

① 刘海涛，徐明. 中日韩全球重要农业文化遗产管理体系比较及对中国的启示[J]. 世界农业，2019(5)：73-79，90.

② 杨伦，闵庆文，刘某承，等. 韩国农业文化遗产的保护与发展经验[J]. 世界农业，2017(2)：4-8，218.

③ 孙庆忠，关瑶. 中国农业文化遗产保护：实践路径与研究进展[J]. 中国农业大学学报(社会科学版)，2012(3)：34-43.

三、结论与展望

(一) 结论

笔者通过检索中国知网和 Web of Science 核心集合在 2006 年 1 月 1 日至 2021 年 12 月 31 日发表的有关农业文化遗产旅游研究的论文，得到国内有效参考文献 433 篇，国外有效参考文献 97 篇，共计 530 篇。利用可视化工具 CiteSpace 对国内外农业文化遗产旅游的发展和研究态势进行了多方面的分析，得出以下结论。

(1) 从文献数量来看，国内学者对农业文化遗产旅游的研究大致经历了起步探索 (2006—2009 年)、逐步增长 (2010—2016 年)、波浪式推进 (2017—2021 年) 三个阶段。总体上看，国外农业文化遗产旅游研究的文献总体量小于国内研究，但整体相关文献发表数量都是呈现向前推进的态势。

(2) 在研究机构方面，国外进行农业文化遗产旅游研究的大多为高校机构，部分机构合作关系紧密，但研究成果产量较低；国内研究机构主要集中在华东地区、华北地区，其中北京、南京所在的科研机构和各大高校发表了大量研究成果。对比分析国内外研究机构合作网络发现，同一国家或地域 (国内) 范围内的机构间合作紧密，跨区域的合作虽然存在但相较同区域的合作略显单薄。

(3) 在研究作者方面，国外研究作者形成了许多团队合作关系，大多是所属同一国家的作者之间进行的合作，作者发文量普遍较少，发文较多的作者来自意大利、韩国。而国内研究作者相较国外更多，其中发文最多的作者闵庆文发文共计 79 篇，居于首位。国内研究作者合作形成的研究团队庞大，且研究团队多依赖于核心成员，呈现以某个学者为中心的形态。

(4) 从研究内容来看，国内外农业文化遗产旅游研究都包含人与系统之间的关系研究，国外农业文化遗产旅游研究主要集中于乡村发展、动态保护、农产品；而国内已有的研究主要集中于农业文化遗产旅游资源价值评价、农业文化遗产保护与旅游发展、农业文化遗产旅游开发等方面，且研究方法多以定性分析方法为主，侧重于对某些遗产地的个案实例研究。

(5) 研究前沿方面，亚太地区的农业文化遗产旅游成为学者们关注的重点，国外更注重对遗产地产品品牌建设与旅游产业联合的研究；国内相关前沿研究集中在农业文化遗产旅游社区参与、发展与动态保护、开发对策等方面，聚焦于与"保护"相关的传统命题，例如研究发展模式、遗产地个案发展对策等方面，遗产地的保护与旅游可持续发展将是持续关注的话题。

(二)展望

对比借鉴国外研究，国内相关研究今后应在研究视野、研究内容以及研究方法等方面进一步加强，具体如下。

(1)进一步拓宽研究视野。国内已有研究在农业文化遗产旅游资源价值评价、遗产保护与旅游发展、遗产旅游开发等方面取得了长足进展，对其热点关键词的研究仍在不断拓展，向交叉学科领域不断探索。但因农业文化遗产旅游的研究本身涉及多学科、跨学科、多层次，农业文化遗产又具有复合性和交叉性，由此决定了农业文化遗产旅游研究在理论构建、资料获取、研究方法等方面必须吸收、综合、借鉴相关学科的研究成果。① 例如，利用经济学、社会学、旅游学相结合的理论和方法，可探究农业文化遗产地的旅游价值、旅游利益相关者的利益机制、农业文化遗产旅游活化利用的途径。总之，应当用更加开阔的视野去开展农业文化遗产旅游的相关研究，灵活吸收借鉴相关学科的研究成果，采用多学科、跨学科的研究思路，才能真正突破领域内的桎梏，走向多学科甚至跨学科的全新探索领域。

(2)进一步拓展研究内容。虽然国内农业文化遗产旅游研究在研究内容上已经呈现综合性研究趋势，研究团队、研究作者投入了极大的研究热情，但整体来看，研究的广度还有待扩展，研究的深度还有待加强。首先，要拓展研究范围。我国虽然在全球重要农业文化遗产种类分布、涵盖范围上不及日韩国家均衡，但凭借少数民族分布广泛、重要农业文化遗产资源丰富的优势，国内能进行研究的范围相较国外更广。然而，在实际研究中，国内对于极具旅游发展优势的少数民族地区的农业文化遗产旅游研究还不足。少数民族地区的农业文化遗产因其分布

---

① 何书金，赵歆. 地理学报 70 年来人文地理学的载文分析[J]. 地理学报，2004(S1)：198-204.

广泛、类型多样、内涵丰富而堪称典型代表，① "遗产"的独特性与少数民族的 "异域风情"相结合，可以在农业文化遗产地的风俗、民俗等社会文化方面拓展更深层次的内涵，形成别具一格的旅游资源，更值得研究者们加以关注。通过梳理以少数民族区域为基础的研究发现，学术界对云南、贵州等乌江流域的民族地区以及广西、② 内蒙古等少数民族地区的农业文化遗产旅游的研究有所涉及；但是，包括湖北恩施、重庆石柱等在内的农业文化遗产丰富的一些少数民族地区，不仅农业文化遗产旅游发展和保护的意识还有待加强，更缺乏相关机构和学者的关注。而且，对于农业文化遗产旅游地的个案研究过于集中在有代表性的遗产地和保护项目上，如稻鱼共生系统、梯田系统、茶文化系统等热点项目受到研究的追捧，而同是全球重要农业遗产项目的内蒙古敖汉旱作农业系统、山东夏津黄河故道古桑树群、河北宣化城市传统葡萄园等遗产系统则少有专门研究机构人员参与研究。其次，要加强研究的深度。目前，国内学术界关于农业文化遗产旅游的研究主要基于旅游资源价值、保护与发展、旅游开发等方面，有关可持续旅游发展的体制机制、动态保护范式等方面的研究略显薄弱，从宏观层面对全国农业文化遗产旅游资源及其旅游发展进行系统梳理和分析还需加强，以期形成系统的研究体系，为我国农业文化遗产旅游可持续发展提供有针对性的对策建议。

（3）加强定量研究和信息技术的应用。如前所述，目前我国关于农业文化遗产旅游的研究，多以定性分析方法为主，对定量分析方法的使用相对较少。而国外研究善于应用多种模型、软件工具，能够更客观清晰地得出研究结论。由于定性研究主要是凭借研究者的直觉、经验，运用主观上的判断来分析，缺乏客观验证，容易导致研究结论的客观性受到限制。③ 所以，在今后的研究过程中应加强定量研究，运用定性与定量相结合的分析方法，将田野调查、访谈、观察等方法与数理统计、数学模型、试验分析等方法综合运用于研究之中，不断推进农业文化遗产旅游的深层次研究。另外，还需加强对现代电子计算工具的使用和信息技

---

① 岳妍，韩锋. 乡村振兴战略下加强农业文化遗产的保护与发展——以乌江流域民族地区为例[J]. 城市发展研究，2018(11)：17-22.

② 贺剑武. 广西少数民族农业文化遗产旅游开发研究——以桂林龙胜龙脊梯田为例[J]. 安徽农业科学，2010(19)：10300-10302.

③ 郑伯铭，明庆忠，刘宏芳. 中国旅游策划研究：回顾与展望(1993—2019)[J]. 四川旅游学院学报，2020(2)：70-76.

术的应用。例如，应用 GIS 技术和遥感技术对农业文化遗产地的旅游资源进行空间分布格局分析；通过矢量图件、大数据观测等对农业文化遗产地的环境进行旅游开发适宜性评价，建立评价指标体系；借助数字博物馆技术实现农业文化遗产全景显示，甚至是"复原"已被破坏的旅游资源；① 利用虚拟技术为农业文化遗产地建立智慧旅游服务平台，运用人工智能帮助研究者处理海量数据，更好地为研究者提供有效信息。这些现代电子计算工具的使用和信息技术的应用既能为农业文化遗产旅游的研究提供便捷辅助，也能使研究深入多个层面，使研究更具科学性和客观性。

---

① 胡最，闵庆文. 构建农业文化遗产数字化保护的概念框架探讨［J］. 地球信息科学学报，2021（9）：1632-1645.

道教文化与中国民间习俗

鲁迅先生曾说："中国根柢全在道教。"道教文化是中国土生土长的宗教文化，已深入中国人的传统文化、传统生活及传统思维方式之中，道教文化已在中国民间习俗的方方面面打下深深的烙印。在传统节日中，在居家行旅的日常生活中，在生老病死的人生驿站中，无不有道教文化的斑斑痕迹。

一、岁时节令的神灵传说

中国民间保存有各种各样流传已久、相沿成俗的传统节日，这些节日及其相关的风俗习惯与道教文化有千丝万缕的联系，很多是源于道教的传说，甚至纯粹是道教节日。现将目前尚存并在民间仍有一定影响的岁时节日中有关道教传说标举如下，从中不难看出道教文化对我们生活的影响。

春节是我国传统节日中最隆重、最热闹，也是最快乐的节日，其间充满了与道教人物诞辰有关的神仙传说和风俗习惯。正月初五，传说是米神娘娘的生日，不能淘米做饭，将米煮熟是大不敬，此说在湖北农村尤为流行。这一天，还是财神玄坛赵公明的生日，商家财源广进，吃好穿好的人们在这一天都要早早起床，以鞭炮、锣鼓和三牲酒席去迎接他的到来。这一天夜里合家要吃汤圆，因为汤圆形似"元宝"，又叫"进元宝"，据说这象征财神爷恩赐的财宝。正月初九，是玉皇大帝的生日。道教经典说他历经三千二百劫，"渐入虚无妙道"，又经过一亿劫，才修成了玉皇大帝；还说他是元始天尊的后代，是太上老君送到人间去的。因此，对这位"总领宇宙主宰之君"的诞辰谁也不敢怠慢。这一天，各地宫观要举行神仙大会，善男信女纷纷到宫观去叩头进香。正月十五日是元宵节，是新年后的第一个月圆之夜，所以又称"上元节"。道教说，天、地、水为三元，又称三官，主管人间的祸福、鬼神的升转，以正月十五日、七月十五日、十月十五日为三官生日，正月十五日就是天官大帝的诞辰。这天，道观常常举行斋会，善男信女也要去三官殿堂进奉香火。

二月来临，春暖花开，二月初二是土地神的圣诞。这土地神与民众最接近，他能保佑五谷丰登、六畜兴旺、家宅平安、添丁进口。因此每逢二月初二，民众莫不烧香供祀，顶礼膜拜。在清顾铁卿《清嘉录》中记录乡民庆贺土地神生日的场面："官府谒祭，吏胥奉香火者，各牲乐以献。村农亦家户壶浆，以祝神厘。"这种场面今天是难以见到了，现在，偏远的农村也还保留有这种祭祀习俗。

三月清明节是中国的又一传统节日。民俗活动主要是扫墓祭祖、踏青戴柳。在浙江农村，清明节除了祭祖、踏青之外，还要祭蚕神。道教称蚕神为"玄名真人"所化，据说，灵宝天尊悯人间苦乐不均，衣无所得，乃命玄名真人化身为蚕蛾，教民养蚕织衣，村民感德，立祠奉祭。

五月初五端午节来临。关于端午节的起源，众说纷纭，就全国习俗而言，认定端午节起源于屈原和纪念屈原者为多。但一些学者考证认为，在《晋书》上未见有关端午节的记载，该节的形成可能与道教祭祀水神或龙神举行的神祭有关，并举例论证说，江西端午划龙舟比赛前有请龙、祭龙仪式。这种说法虽属一家之言，但至少说明端午节与道教仍有一定关联。

七月十五日是中元节，又称"鬼节"。中元节是道教神地官大帝诞辰和"赦罪之辰"。这一天鬼魂都会出来，或到人间看望子孙后代，或捣乱给人带来灾异，这是"鬼"的节日，所以人们要在这一天祭祖、上坟。中元节在民间颇受重视，祭祖、上坟的习俗至今仍在南方各省保留着。

八月十五日是中秋节，有祭月、拜月、吃月饼之俗。道教徒认为，这天是太阴朝元之辰，应守夜焚香，祭拜月神。

九月初九是"重阳节"，有出游登高、赏菊、插茱萸、放风筝、饮菊花酒、吃重阳糕等习俗。这一节日的起源传说也与道教有关。据南朝吴均《续齐谐记》，汝南桓景，随道士费长房游学数年。费对桓说，九月初九你家中有灾难，应赶快回去，令家人各作绛囊，盛茱萸以系臂，登高饮菊花酒，祸乃可消。桓听其言，举家登山，夕还，见鸡犬牛羊暴死。后人沿袭成俗，为避免灾祸，在重阳节登高饮酒，遍插茱萸。

十月十五日是下元节，是水官大帝诞辰，也是水官解厄之日。是日，宫观建醮解厄，民家则多备丰盛菜肴，享祭祖先、神灵，以祈福禄。

十一月的冬至又称"冬节"，家人团聚，备办佳肴，祭天祀祖。民间至今仍重此节，如浙江杭州等地有"冬至大如年"之说。为什么此节如此受到人们重视呢？原来冬至是道教元始天尊的诞辰，元始天尊是道教最高的神灵，是万神之主，是天地万物的创造者，人们当然不敢马虎。

腊月二十三日是祭灶节，习俗是将灶神送往天上的祭祀活动。传说，灶王爷是玉皇大帝派至人间监督善恶之神，一旦发现令他不满的行为，就暗地里记上一笔账，等到腊月二十四日他就回到天上，向玉皇大帝作一次总汇报，然后降灾殃于有罪之人。因此人们在这一天要在灶间摆上猪头和酒肉，烧香上供，祈愿灶神"上天言好事，下地降吉祥"。

以上是受道教传说影响的岁时节日，通过对它们的考察可以发现：一部分岁时节日本身就是道教的节日，只是因为有了民众的参与，增加了世俗的内容，不再局限于某一神祇的诞辰祭祀活动，从而演变为中国的传统节日了；另一部分传统的岁时节日是因为有了道教传说和祭祀仪式的参与，从而变得更加丰富多彩。

二、节庆活动的仙风道迹

岁时节日中的仙风道迹，为节日增添了神奇、欢乐和喜庆。一些道教活动仪式和庆典已经演变成一种深层的心理意识沉淀在民间，如今我们在岁时节日中仍然能够看到的燃放烟花爆竹、悬挂桃符、贴门神春联、踏青戴柳、悬艾挂蒲、张挂印符等风俗习惯，实际上都是道教的禳灾祛邪、驱鬼避瘟等法术的体现。

燃放爆竹是在节庆或喜庆的日子里必不可少的仪式，在现代人的眼里，爆竹能增添喜庆，所以为广大民众所欢迎。但究其原始意义却是从一种驱鬼辟邪术而来的。据《荆楚岁时记》称："正月初一日……鸡鸣而起，先于庭前爆竹，以避山臊、恶鬼。"由于山臊、恶鬼害怕亮光、爆竹声和红色，因此人们利用响声吓退它们，不过这时的爆竹是用竹节放于火中烧裂发出巨响。当临炉炼丹的道士无意中发明了能产生巨大声响的火药之后，就把它应用到驱鬼的法术中，制造出各种各样的爆竹，以代替山竹爆裂而达到驱邪保平安的目的。

挂桃符，贴门神、春联是春节习俗。腊月三十日或正月初一，各家各户清早起来于门前挂桃符，贴上门神，以及写在红纸上的春联，以求避凶趋吉，室宅安宁，增添节日气氛。

桃符是以两块长七八寸、宽一寸余的桃木做成，上书除祸降福的吉利语，春节时钉在大门两侧，桃符起源于《山海经》中的神话，据说有辟邪作用。门神是贴于大门上的可驱鬼辟邪的画像，贴门神的习俗来源已久。《荆楚岁时记》中就载有："正月一日，绘二神贴于左右，左神荼，右郁垒，俗谓之门神。"相传神荼和郁垒是东海渡朔山上，把守桃树的两位神将，能食百鬼，因此民间将神荼、郁垒像画在桃木板或纸上，贴于门上，专门治鬼，他们是我国民间最早描画的门神。尽管唐宋以后，门神为钟馗打鬼的画像和唐太宗的两位大将秦叔宝、尉迟恭持剑执鞭的画像所取代，但新的门神并未完全代替旧的门神，而是新旧同时供奉，这反映出民间信仰的多样性和综合性。

贴春联是由挂桃符演变过来的一种春节习俗。起初，人们在桃符上题诸如"姜太公在此，百无禁忌""有令在此，诸恶远避"等一类压邪话语和符咒。五代时，后蜀主孟昶在桃符上题写联语："新年纳余庆，佳节号长春。"这可算是最早的春联，但民间并未普及。据说明太祖朱元璋定都金陵时，不准在桃木板上题字，而改在红纸上，并传令公卿士家门上须加春联一副。从此，"春联"之名才通行，贴春联之俗才大兴。现在的春联当然不仅是辟邪物，还是表现人们抒发对现实生活感受和对理想生活愿望的一种特有的民间文学形式了。

戴柳插柳是清明节常见的民风。人们祭祖踏青，归来时折上几根柳枝扎成圆圈或帽子形状戴在头上，或将柳枝插于屋檐和门窗上，这是因为传说柳条有避灾驱毒之效。《燕京岁时记》载："至清明戴柳者，乃唐玄宗三月三日祓禊（一种在水边举行的除灾求福的祭祀）于渭水之隅，赐群臣柳圈各一，谓戴之可免蚕毒。"以后，此俗在大江南北迅速传开。如今江苏沙洲一带，仍以柳枝扎帽而戴，或用柳枝做成柳球玩耍，或采集柳芽与面粉调和后摊饼而食，这都是取柳枝能避灾免祸之意。

每到端午，可以看到村村寨寨，大街小巷不少人家的门前挂有菖蒲和艾条，此俗多见于南方，流传久远。《荆楚岁时记》载："五月五日，四民并踏百草，采艾以为人，悬门上，以禳毒气。"以现代科学观点来看，农历五月初五，正当初夏，多雨潮湿，细菌极易繁殖，是各种蛇虫猖獗之时，而菖蒲具有提神、通窍、杀菌之功效，艾叶能驱蚊蝇，所以端午各家门前挂菖艾。但在古人的心里，它们具有禳毒驱邪的魔力。"艾旗召百福，蒲剑斩千邪"，这一民间流传的谚语即是最好的证明。

中国疆域广阔，各地与道教有关的岁时节日和庆典活动的习俗还有很多，难以详述，但从上述的种种节庆民俗活动中的仙风道迹，还是不难看到道教对中国社会生活的渗透和影响。

三、生活习俗的道教印痕

道教对民间生活习俗的影响，首先表现在试图祛病消灾的法术方面。

古人生了病往往请道士，道士用法术驱逐致病的妖孽鬼祟。这种驱妖的法事场面一般较大，《红楼梦》第一零二回就生动地作了描述，说大观园被查抄之后园中接二连三地有人生病，说是贾府有白虎精作怪，"贾赦没法，只得请道士到园作法事驱邪逐妖。"书中具体描述的道士驱妖捉鬼的情节在古代社会有典型意义，由此可见道教法术对古代社会生活习俗的影响之大。

近代的民间仍有请道士办斋醮除病患的习俗。民国时期，长江中上游的一些农村由于山高路远水深，普遍缺医少药，就请巫师或道士作法祈祷，有历时一天一夜的，还有多至三天三夜的。

今天，尤其是在体现高度文明的城市，已很少看到在古代社会中普遍存在的道士作法驱逐妖孽、举办斋醮法事了，但在边远偏僻的农村，这种习俗依然存在，只是与旧时的表现形式有所不同而已。

道教对民间生活的影响，还表现在丧葬习俗方面。古代，人死后家中要请道士或和尚来做道场"超度"亡灵。

在湘西、鄂西和贵州、浙江等地，仍有为亡人"开路""打绕棺"和"接煞"等习俗。

道教对民间生活习俗的影响，还表现在俗人自己充当举行道教仪式的主角，自己施行某些法术。也有用道教的符箓方术，在病人的床上或家门上贴上黄纸，上写："北方真武玄天上帝斩妖治邪""姜太公在此，百无禁忌，诸邪回避"等文字。这些习俗的存在足以说明道教的影响是很大的。但是随着社会文明的发展，如今人们有病还是要找医生来医治的。

综上所述，道教文化对中国民俗文化的影响是非常广泛而深刻的。

道教旅游文化略论

　　旅游文化是一种建立在旅游实践基础上，以满足旅游者求新、求知、求乐、求美愿望而形成的综合型大众文化，它包括观光旅游、会议旅游、探亲旅游、考察旅游、探险旅游、宗教旅游、商务旅游、购物旅游、修学旅游等诸多旅游文化要素。各个要素之间，既在外延上有交叉的现象，也因旅游者出游目的多样性而彼此重合。道教是中国土生土长的民族宗教，其产生至今已有1800多年的历史，与道教有关的旅游文化，我们称为道教旅游文化。它具有观光旅游、宗教旅游等综合性旅游文化的特点，既包含有旅游者观览道教宫观、风景名胜等观光型旅游的内容，又涵盖了游人以朝圣为目的朝觐型旅游的特质。科学开发和利用丰富的道教旅游文化资源，既是适应世界人文旅游资源开发的趋势，也是一项拉动内需，促进经济增长，丰富和提高人们生活文化水平的有益事业。

一、道教观光型旅游文化

　　道教以"道"为理论核心，主张崇尚自然，顺应自然，返璞归真，清静无为，追求境界超脱，羽化成仙，以导引、吐纳、符箓斋醮、烧炼金丹及内丹炼养为主要内容。因此，为了宗教修行的需要，中国古代的道教徒舍喧嚣而取幽谷，舍平原而取崇山，在风景秀丽的名山或隔断尘嚣的僻地建立起了固定的供奉神灵、讲经布道、炼丹修道的场所，即宫观庵堂等建筑。同时，在向众生传教过程中，又广泛运用诸如雕塑、绘画、音乐等多种特定的艺术手段，宣传教义，展现道士的生活和教务活动。这样，在神州大地上，出现了一种以道教宫观建筑、道教雕塑绘画等为主体内容的道教文化艺术，这其中不仅蕴藏着历代道教学者高深的哲理，而且凝聚着我国古代劳动者的智慧。它们的存在，给我们现在旅游文化的发展，拓展了更为广阔的领域，是我国不可多得的、绝佳的、高品位的旅游资源。

　　道教的宫观建筑，或掩映在人迹罕至的青山绿水之间，或静卧于隔断尘嚣的闹市高墙内。但就总体而言，绝大部分还是矗立于名山之上。从道教的发展历程来看，道教建筑与名山有不解之缘。道士们在崇尚自然、返璞归真这一基本思想指导下，纷纷归隐山林，进山修行，并开山伐道，修建了不少道教建筑。到唐宋时，道教名山宫观逐步增加，时有道教学者将这些名山宫观归纳为 10 大洞天、36 小洞天、72 福地，"洞天福地"成为道教名山宫观的代名词。"山不在高，有仙则名"，一座山之所以成为名山，往往是沾了仙气的，道教丰富的建筑遗迹，为名山平添了奇幻的色彩和迷人的魅力。

　　综观我国的道教名山，无一不是深山藏古观，幽径通殿堂。如素有"青城"美誉的四川青城山，有道教创始人张陵的隐居修道处天师洞及祖师殿、上清宫等近 10 座壮丽的宫观。层峦叠嶂、标奇孕秀的湖北武当山也建有号称"万古之奇观"的 8 宫 2 观、36 庵、72 岩庙、39 桥、12 亭，外加一条长达 70 余千米的登山神道，为全国最宏伟的宫观建筑，武当山也因此被誉为"天下第一名山"。其他如陕西的华山，山东的泰山，江西的龙虎山，云南的巍山，江苏的茅山等无一不是奇绝秀美的自然风光和道教建筑珠联璧合的产物。钟天地之毓秀，蒙道教之神奇，名山上的道教宫观和因宫观而闻名的名山，构成了旅游胜地，休憩佳处。游人游览其间，既能欣赏中华大地的大好风光，又能领略到道教文化的丰富内涵。

　　道教宫观建筑在历史文化名城建设中也占有一席之地，为历史文化名城增色不少。道教虽主要以山区野地作为修真炼养之地，但由于历史上统治阶级崇道，通都大邑亦立宫观。因此在我国目前的各大历史文化名城中，几乎每一座城市都有一两处道教建筑物，这些道教建筑虽不如佛教建筑那样能成为一座文化名城的坐标(如一提到白马寺，马上就会使人想到洛阳；一提到大雁塔，马上就能想到西安)，但作为传统文化的结晶，也加重了历史文化名城的历史文化的含金量。如北京的白云观、上海的城隍庙、四川丰都鬼城、苏州的玄妙观、西安的八仙宫、成都的青羊宫、武汉的长春观等，都不愧是人海中的丛林，闹市中的洞天。它们一般都被列为国家级或省市级重点文物保护单位，有的还成为当地道教协会所在地，成为对外开放的重要文物古迹。一座历史文化名城能吸引无数中外游客前来观光游览的因素是多方面的，但与道教建筑等宗教文化旅游资源所产生的强大磁性功能也是分不开的。如丰都鬼城，近几年利用 18 层地狱的"鬼"文化展示及"幽冥地府"的种种建筑和装饰，吸引了无数中外游人。有些城市的道教主体建筑本身，在中国建筑史上就是一朵奇葩，如苏州玄妙观，是苏南一带最古老的大型殿宇建筑，其上檐内槽上昂斗拱的建筑在国内绝无仅有，建筑专家认为，它是我国古代建筑的瑰宝。这些道教建筑，为所在地区、所在城市厚重的历史文化氛围既涂上了浓墨重彩的一笔，又平添了历史沧桑之感，丰富了这些地区和城市的文化旅游资源。

　　道教文化中的雕塑绘画艺术，也为发展宗教旅游文化事业提供了动力条件。几乎在每一座道教宫观建筑内部，都有道教雕塑和绘画艺术出现。进入每一座殿宇，首先映入眼帘的就是供奉的各路神仙塑像，左手虚拈右手虚捧的元始天尊、双手捧阴阳镜的灵宝天尊，手持阴阳扇的太上老君……无不飞金流碧，形象逼真，堪称塑像佳作。为了体现道教宫观的高贵与华丽，为了阐释教义，道教宫观的墙面上还绘满了道教壁画，其内容、其色彩，令人眼花缭乱。在我国还有专以雕塑绘画艺术而闻名于世的道教艺术圣地，如泰山岱庙天贶殿的长 62 米、高 3.3 米的绘满三墙的巨幅北宋壁画《泰山神启跸回銮图》，山西永乐宫的长 90 多米，高 4 米多的绘满各殿的元代巨幅壁画，均以想象丰富、技艺精湛、色彩绚丽而被称为世界级的壁画艺术宝库，它们以其独特的道教艺术魅力，吸引着成千上万的中外游客前来观光瞻仰，驻足流连。

　　道教宫观内的殿堂楼阁建筑、神像雕塑和壁画彩饰等艺术，是在用无声的语言，向人们昭示着道教丰富的内涵。虽然它们的出现主观上是为了供道士们举行道教活动和供道士栖息，并不是供一般世俗尘子去游山玩水，但随着岁月的斗转星移，道教宫观建筑等艺术出现了价值转移，具有了实用和审美的双重功能。宫观别有洞天，道教外的人对宫观的道教内涵永远感到神秘和新奇，因此作为道教艺术的历史遗存，无论是宫观殿宇，还是神像雕塑、壁画彩饰，都为游客提供了一处处可供观光瞻仰的佳景胜迹。同时，随着我国改革开放的不断深入，宗教政策的进一步落实，加之一些非宗教性的基础设施的配套建设，道教宫观会不断敞开山门，延纳四方游客，使游人更能在一种轻松惬意的心理状态下去领略自然山水之美，去感受宗教文化的神秘、静谧和祥和。这种宗教文化和旅游文化的嫁接，在中国旅游文化中犹如一颗璀璨的明珠，焕发出夺目的光彩。

二、道教朝觐型旅游文化

道教是典型的多神教，其神仙体系阵容庞大，它将三清四御等道教尊神、张陵等仙真祖师、泰山神等岳渎镇海神灵及阴间天子等俗神悉数纳入麾下，并毫无例外地为他们建起了宫观庙宇加以供奉。长期以来，这些宫观庙宇以其凝固的文化形式散布于全国各地，似一个个闪光点，向世人昭示着道教文化的丰富内涵。又似一块块磁石，吸引着无数游人前来朝觐瞻仰。在这些游人中，除了那些纯粹的观光客外，一个以朝觐为主要目的的旅游群体渐渐形成。因此，道教宫观与中国旅游文化中宗教朝觐型旅游发生了紧密的联系，形成了一种特定的旅游文化圈。尤其是道教宫观中的仙真祖庭，更以独特的魅力成为道教旅游文化中最具旅游价值的一部分。

道教的仙真祖庭是道教历史上为那些开宗立派的道教领袖或学者建立的宫观。道教历史上宗派繁衍，派别众多，伴随一个个道教宗派的诞生，一个个仙真祖庭也相继出现在神州大地上。如全真龙门派的祖庭是北京的白云观，正一天师道的祖庭是龙虎山天师府，正一茅山宗的祖庭是江苏茅山的九霄万福宫，等等。长期以来，围绕着这些祖庭，流传着各自祖师修道、传教、显圣的种种神话，甚至还保留着部分祖师与仙真的遗迹。这些神话和遗迹凭借着道教宫观这个载体，最能引起后世信徒朝觐拜谒、发思古之幽情。由是朝圣游人纷至沓来，殿堂院落终日香火缭绕。特别是随着国门的不断开放，这种朝觐型旅游文化热渐呈上升趋势。正一天师祖庭龙虎山天师府近些年来出现的朝觐旅游文化热就很能说明这个问题。

龙虎山据说是第一代天师张陵修炼九天神丹之地，是他在天师府为张氏子孙历代天师传教起居之地，其建筑既有王府的华贵，又体现了道教独特的建筑风格，号称"南国无双地，西江第一家"，由于其正一天师道派祖庭的地位，它在道教中的影响非常之大，在我国内地和香港、台湾地区，以及东南亚一带都有众多信徒。

1983 年，国务院颁布"嗣汉天师府"为全国重点宫观，并将其列为全国 21 座重点开放道观之一，龙虎山的旅游业开始发展。1985 年以后，国家和地方不断拨专款对天师府进行全面的修缮，面貌为之一新，国内前去朝拜的香客络绎不绝。1988 年，龙虎山被批准为国家重点风景名胜区后，龙虎山更以"千峰竞秀，万壑争流"桂林似的风光以及正一天师祖庭的崇高地位吸引了众多海内外信士和游客。特别是我国香港、台湾地区，以及东南亚等地的很多信众和游客，把到龙虎山观瞻朝觐，当成了解中国道教、寻源归宗、满足朝拜意愿的重要内容，许多大的道教宫观或团体纷纷组织代表团或进香团前往龙虎山进香朝拜。如 1988 年 8 月，台湾台中市慈圣宫进香团一行 26 人，到龙虎山天师府进香谒祖；1989 年 4 月，台湾道教会组织了台湾高雄道教参访旅游团，到天师府参访。1990 年 12 月 1 日(下元节)，龙虎山道教协会举行以天师府祖天师法像开光盛典为中心的"龙虎山道教文化周"道教文化交流活动，除各地道协和著名宫观代表参加外，我国台湾"中华道教总会"、我国香港"研易学会"和新加坡道教总会也派代表参加了这一开光盛典活动，在海内外道教界引起很大反响。随后，到此朝觐旅游的团队更多，人数更众。1991 年 10 月，龙虎山天师府为新加坡、马来西亚、我国台湾等地区举荐来的弟子，举行了"授箓传度"仪式，这是自清末至中华人民共和国成立前，天师授箓中断以来的第一次授箓活动，此次"授箓传度"既满足了海外道教徒的要求，又扩大了龙虎山天师道在海外的影响与传播，国外道友和游客不远万里来到龙虎山敬香，了却心中的夙愿。由此使龙虎山的朝觐旅游更趋活跃，龙虎山的旅游业也得到了突飞猛进的发展。

最近一些年来，龙虎山为了弘扬道教文化，同海外的友好往来和文化交流又有了进一步加强，先后接待了 60 余个朝觐代表团和无数游人信士，这些代表团和信士除了参访谒拜以外，还纷纷表示助资修建殿宇，恭请天师神像回去朝奉，共为道教的发扬光大作贡献。这从另一个侧面又充分反映了道教文化的旅游价值和文化交流作用。

三、道教旅游文化的开发利用

道教文化作为中国传统文化的重要组成部分，其在旅游文化中的作用自然不能低估。特别是在道教文化日益走出圣殿，与世俗文化结合以适应现代社会的今天，更好地利用道教文化的旅游资源，以满足游客日益提高的文化品位，已成为大势所趋。那么，如何对道教的旅游文化资源进行合理的开发和利用呢？

1. 加强对道教名山、宫观的宣传，不断推出新的旅游胜地

道教的 10 大洞天、36 小洞天、72 福地，合计 118 个洞天福地。这些仙山、名观，自然风景优美，远离尘嚣，宛如世外桃源。但除极少数人们有一定了解外，大部分仍处于"养在深闺人未识"的状态。如道教 10 大洞天系指王屋山、赤城山、委羽山、括苍山、青城山、罗浮山、华山、茅山、西洞庭山和西城山 10 座名山，除青城山、罗浮山、华山、茅山世人多有了解外，余者则知之甚少，建在这些山上的宫观就更无名气可言。在市场经济的今天，利用各种传媒和手段，加强对道教名山、宫观的宣传，不断推出新的旅游胜地，是我们开发道教旅游文化资源必不可少的基础工作。为此，我们应做到：

第一，应把道教名山、宫观的宣传与影视文化相结合。可利用道教自身演绎的迷人传说和历代文人骚客留下的有关诗文名篇大做文章，多拍一些名山、宫观的录像、摄影作品，制作成精美的宣传品，在电视、报刊、电脑网络等宣传媒体上直接进行广告宣传，提高道教名山宫观的知名度。同时还可摄制一些反映有关道教名山宫观文化的影片，利用名片效应吸引客源，佛教曾有一部电影《少林寺》，为河南嵩山带来成千上万人次的宗教旅游者，可见对外宣传的重要性，道教同样亦可效法。

第二，可精心策划一些庆典活动，增加道教名山宫观的吸引力。道教的神仙人物众多，开宗立派的大师也多，可利用他们的诞辰日、忌日开展一些庆典活动，并可策划一些道教的传统节庆和民俗活动，使之能吸引更多的香客、游人。

第三，在市场调研的基础上，针对不同客源市场的特点，精心设计不同的旅游线路宣传推销。既可单独设计道教名山游推向市场，也可与附近其他的旅游资源捆绑起来，联合对外宣传促销，务求促销取得实效。

2. 突出道教特色，营建浓郁的宗教旅游氛围

在旅游行业中流行着这样一句话："特色就是生命"，有特色的旅游产品，才有生命力，才有竞争力，才能吸引更多的旅游者。发展道教文化旅游，可以从

以下几个方面着手：

第一，灵活利用现有的道教旅游资源，突出道教文化的特色，努力营造浓郁的宗教旅游氛围，在良好的宗教旅游环境中，使香客、游人达到朝圣、旅游的目的。让游客到此观的是殿堂楼阁、壁画彩饰、神像雕塑、炉鼎香烛，看的是道士们诵经奏乐、上表化疏、步罡踏斗，食的是素菜斋饭、野菜药膳，住的是宫观式的旅馆，买的是配套的道教旅游商品。

第二，可在上述旅游产品开发的基础上，适当设计一些游客参与性的项目，如在道教重大节日，邀请善男信女、游客，参加祈祷庆祝活动。

第三，还可开展一些综合型的旅游文化项目，让游客研习道教医药、道教音乐、道教美术，习炼道教书法、气功等。这样，可以充分调动游客的积极性，可以使古老的道教文化焕发出时代的气息，洋溢出现代文明的特色。

3. 与生态旅游相合，搞好生态保护

生态旅游是目前国际、国内旅游界的热门话题。生活在都市的人们面临的生态环境日益恶化，加上竞争激烈节奏紧张的城市生活的压力，使他们渴望到那些清新幽静、自然生态未受破坏的大自然中放松身心，调节疲惫的身体。正是在这样的背景下，生态旅游迅速获得旅游界乃至城市居民的强烈认同。道教旅游文化产品的开发，在这一趋势之下，更应借助自身的优势，为中国生态旅游的发展注入一股新的活力。

道教崇尚自然，顺应自然，返璞归真，主张天人合一。所以在开发道教旅游产品时，要参照道教的崇尚自然的文化观念，找到与生态旅游的结合点。具体应做到：

第一，要重视保护周围大环境。在道教旅游产品的开发过程中，绝不能以发展旅游名义，做出开山破石、毁坏林木、破坏环境的事情。

第二，保持道教旅游产品与环境的和谐一致。在道教旅游开发过程中，要遵循道教建筑的选址、布局、结构顺应自然，巧妙地利用自然、灵活布局、就地取材、与周围环境保持和谐的特点，保持道教建筑的原有意境和风格。深山藏古观，曲径通殿堂。切忌在游览区内修建现代化的游乐场以及高大的建筑，以防弄得不伦不类。

第三，要注意保持当地的生态平衡，重视环境容量、客容量以及由此带来的大气、噪音等污染问题，并采取相应的防护措施。特别是在祖庭名山的庆典节日中，更应严格控制客容量。

第四，要不断向游客宣传生态平衡和生态保护的重要性，借助道教的基本思想，教育客人，使他们自觉地投身于环境保护之中，真正使游览区的生态环境幽雅清静。

道教文化旅游资源的深度开发

在道教文化日益走出圣殿、与世俗文化结合以适应现代社会的今天，道教文化这一独具中国特色又极具旅游价值的文化产物已被旅游业开发和利用，取得了良好的效益和影响。许多道教名山和宫观在开展该项活动上取得了成功的经验，在开发其自然风光旅游资源的同时，充分挖掘其内在的道教文化价值，重点开发了山上的著名宫观，从而形成了集人文景观和自然景观于一体的道教文化名胜。

一、深度开发的资源优势

道教以"道"为理论核心，主张崇尚自然，顺应自然，返璞归真，清静无为，追求境界超脱，羽化成仙。道教文化是我国高品位的旅游资源。

1. 与自然资源和谐共存，适宜综合开发旅游产品

道教丰富的建筑遗迹，为名山平添了奇幻的色彩和迷人的魅力，正所谓名山借宫观增色，宫观借名山增辉。综观遍布我国大江南北的道教名山，无一不是深山藏古观，幽径通殿堂。素有"青城"美誉的四川青城山，道教创始人张陵的隐居修道处天师洞、祖师殿、上清宫等10座壮丽的宫观完好无损。层峦叠嶂、标奇孕秀的湖北武当山，有8宫2观、36庵、72岩庙、39桥、12亭，外加一条长达70余千米的登山神道，为全国最宏伟的宫观建筑。名山宫观的这种相互衬托，人文旅游资源与自然旅游资源的相互渗透、互为补充，使道教旅游资源能够进行综合性开发成为可能。

2. 历史遗存多，文化艺术性高，具有深层次的开发价值

道教文化是一种历史文化，其宫观建筑、神像雕塑、绘画等历史遗存文化艺

术性极高。在我国目前的各大历史文化名城中几乎每一个城市都有一两座道教建筑，如北京的白云观、上海的城隍庙、苏州的玄妙观等。它们一般都被列为国家级或省市级重点文物保护单位，有的还成为当地道教协会所在地，成为对外开放的重要文物古迹，加重了历史文化名城的含金量。有些道教主体建筑本身，在中国建筑史上就是一朵奇葩。如苏州玄妙观，是苏南一带最古老的大型殿宇建筑，其上檐内槽上昂斗拱的建筑在国内绝无仅有，建筑专家认为，它是我国古代建筑的瑰宝。几乎在每一座道教宫观建筑内部，都有道教雕塑和绘画艺术的出现，进入每一座殿宇，首先映入眼帘的就是供奉的各路神仙塑像。为了体现道教宫观的高贵与华丽，为了阐释教义，道教宫观的墙面上还绘满了道教壁画，其内容其色彩，令人眼花缭乱。它们以其独特的道教艺术魅力，吸引着成千上万的中外游客前来观光瞻仰，驻足流连。除此之外，道教的音乐、医药、武术、气功、书法等道教文化艺术，都具有深厚的文化内涵，具有极高的旅游观赏和美术欣赏价值，易于开展道教专项旅游活动。

3. 节庆活动多，神秘而新奇，适宜游客参与

道教是典型的多神教，崇拜的天尊、天神、地祇、仙真圣哲很多，这些受崇拜的神仙，各有其诞生日、成道飞升日及降世度人日，如正月初九的玉皇大帝圣诞，二月十五日的太上老君诞辰，每年到这些日子，道教徒都要在宫观中举行隆重的斋醮仪式和盛大香会，表示节日的欢庆与纪念，意在赞扬神仙功德，表达信徒的虔诚信奉。另外，道教的宗派很多，各地区、各宗派、各大宫观又还有各自的宗祖神、主祀神及地方神，也同样有不少表示庆贺的节日。每逢节日仪典，宫观中大多照旧如法如仪进行，这是道教徒宗教生活中带有常规性质的重要内容。重要的节日、宗教仪式等活动，是难得的动态景观旅游资源，游人和信徒可亲身参与其中，亲身感受宗教文化的神秘和新奇。

4. 吸引力强，客源市场稳定

随着现代社会的进步，科学知识的增多，文化素质的普遍提高，人们对文化的追求，特别是对本民族文化的探源寻根之心及对世界异域文明的渴望探求之情日益强烈。道教是中国的本土宗教，是中国传统文化的重要组成部分，其高深玄

奥的教义、丰厚的文化内涵，丰富的历史遗存，可以满足人们追求朴素纯真而博大精深的历史文化的需求，因此市场潜力巨大。道教本身在海内外都有大量的信徒，分布在祖国各地的名山宫观对广大的信徒来说，具有不可思议的吸引力，他们会定时定期前往，回游率高。

二、开发现状与深度开发对策

在道教文化日益走出圣殿，与世俗文化结合以适应现代社会的今天，道教文化这一独具中国特色又极具旅游价值的文化产物已被旅游业开发和利用，取得了良好的效益和影响。目前，道教文化旅游已成为我国宗教旅游的一个重要组成部分，一些著名的旅游城市和旅游风景区甚至以当地的道教文化旅游作为其主导旅游产品和旅游品牌形象来进行设计和开发。如世界文化遗产湖北武当山的旅游开发，就是以武当山宫观建筑群作为其主导产品和形象代表，突出真武大帝（道教北方大神，传说在武当山修道成仙）的内涵，开发了寓道教传说和教义于其中的武当武术。每年举办集道教景观和道教艺术活动为一体的武当文化旅游节，使武当山的道教旅游成为著名的旅游品牌，名扬海内外。又如重庆丰都鬼城，近几年利用十八层地狱的"鬼"文化，展示"幽冥地府"的种种建筑和装饰，吸引了无数中外游人，可以说这些都是旅游风景区利用道教文化优势，开发旅游产品比较成功的例子。我国其他一些拥有道教文化旅游资源的地区也一直在致力于这种宗教和旅游的嫁接，所取得的成绩也是有目共睹的，这为道教文化旅游资源的深度开发奠定了基础，但仍存在一些问题和不足之处，有待于我们对其进行研究和科学地实施深度开发。

1. 挖掘道教的文化内涵，深层次开发道教景观游

道教景观游就是让旅游者参观游览道教宫观及周围的自然山水风光而进行的以观赏性为主的文化旅游活动。[①] 许多道教名山和宫观在开展该项活动上取得了成功的经验，如四川青城山、湖北武当山、江西龙虎山就在开发其自然风光旅游资源的同时，充分挖掘其内在的道教文化价值，重点开发了山上的著名宫观，从

---

① 李江敏，李志飞. 文化旅游开发[M]. 北京：科学出版社，2000：196.

而形成了集人文景观和自然景观于一体的道教文化名胜。但是我国某些道教文化景区虽然对其拥有的道教名山和宫观胜迹做了一定程度的开发，但对道教文化的内涵挖掘不够，偏重孤立的资源形态和静态的表现手段，开发出来的产品多限于走马观花式的景观游，游客在景点的旅游活动基本上是以进香礼神求愿、参观静态陈列式道教景观和道教艺术、观看一些道教法事活动等为主。殊不知很多游客还想亲自体验道教独特的生活氛围、感悟道教的思想真谛。因此，仅停留在低层次开发阶段的道教文化景区，难以全面地挖掘和充分地展示道教旅游资源的文化内涵，难以满足游客更深更高层次的旅游需求。而且现在一些道教文化景区的工作人员或导游人员，专业素养良莠不齐，有道教知识者不怎么了解旅游，导游有旅游知识但又不具备全面系统的道教知识，二者之间的严重脱节，影响了旅游产品的质量。

针对上述种种问题，道教景区在景观的开发上，既要营建浓郁的宗教旅游环境，又要提高导游等有关工作人员的宗教知识修养，还要生产出颇具深层文化内涵的旅游项目。具体应做到以下五点：

第一，景区要灵活利用现有的道教文化旅游资源，努力营造出一种良好的宗教旅游环境。让游客到此观的是殿堂楼阁、壁画彩饰、神像雕塑、炉鼎香烛，看的是道士们诵经奏乐、上表化疏、步罡踏斗，食的是素菜斋饭、野菜药膳，住的是宫观式旅馆，买的是配套的道教旅游商品，使游客在一种肃穆、崇敬的心态中，摒绝杂念，忘却烦恼，达到一种心灵的松弛与净化。

第二，加强对景区导游人员的培训和任用。要求他们不仅能介绍道教景观的一般内容，还要对道教文化的深刻内涵做出生动的解说。同时可以考虑让道教中人充当导游解说员，从广义上讲宗教人员也可以是一道独特的宗教人文景观，他们在宗教圣地的日常生活、日常功课也是游客们感兴趣的焦点，具有很强的吸引力，如果他们能对游客进行基本的景观介绍、道教思想阐述等，对营造庄重的宗教气氛、引领游客去体会道教文化、感受道教真谛将起到不可忽视的作用。

第三，开展道教生活游，让游客亲身体验道教文化。宫观别有洞天，道教外的人们对宫观的道教内涵和道士们的生活永远感到神秘新奇，因此，开发道教生活体验项目，可让游人亲身体验道士们的宫观生活。通过做功课以及丛林清规、道教戒律等，去感受道教独特的生活氛围。这种旅游活动属于较新的范畴，是道教文化旅游的一大创新，其开发有待旅游从业者们进一步努力和探索。建议在游客参观游览名山宫观胜迹时，根据需求适当安排一定的时间，让他们去体味一下道士的生活，以满足他们在心理上更高层次的需求，如可策划当一天"道人"、吃一天斋饭、听道长讲养生之道等活动，以吸引更多的向往中国传统文化的游客。

第四，了解道教修身养性思想，让游客感悟道教真谛。道教是中国的本土宗教，其成仙得道、返璞归真、善恶报应、重生恶死的思想早已渗透到人们的生活中，与中华民族传统文化的许多领域有着密切的联系，将它们作为一种旅游资源进行开发，现还只是一种思路和开发方向。它主要是通过道教教义思想和有关的神话传说故事，让游客从思想上亲身体验道教文化的奥妙和神秘所在，去感悟道教的真谛。由于这是一种全新的旅游开发思路，有待旅游从业者们进一步放开思路去大胆设想和开发，建议可在开发道教景观时将让人深思回味的宗教思想寓于其中，天雾缭绕，泉咽松吟，晨钟暮鼓，深山藏古观，曲径通殿堂。通过这些道教自然景观和建筑景观，让游人从中自然而然地体悟到修身养性、得道成仙的道教思想。

第五，开展一些突出道教文化特色的综合性的旅游文化项目。开发道教文化旅游资源，还可围绕道教文化主题，根据道教景点或在深山或在闹市的不同特点，开展一些综合性的有特色的旅游文化项目，如道教与书法绘画、道教与医药、道教与音乐、道教与武术、道教与气功等，让游客研习道教医药、道教音乐、道教美术，习练道教书法、气功等。这样，既可以充分调动游客的积极性，又可以使古老的道教文化焕发出时代的气息。

2. 利用宫观的祖庭地位，积极拓展道教朝觐游

由于是多神教的缘故，道教的神仙体系阵容庞大，它将"三清四御"等道教尊神、张陵等仙真祖师、泰山神等岳渎镇海神灵及阴间天子等俗神悉数纳入麾下，并毫无例外地为他们建起了宫观庙宇加以供奉。长期以来，这些宫观庙宇吸引着无数游人前来朝觐瞻仰。在这些游人中，除了那些纯粹的观光客外，还有就是以朝觐为主要目的的旅游群体。他们到各地宫观庙宇进香朝拜，寻源归宗。特别是道教宫观中那些仙真祖庭，更以其独特的魅力吸引着他们去朝觐谒拜。这些

仙真祖庭最能引起后世信徒朝觐谒拜，发思古之幽情。朝觐游人纷至沓来，殿堂院落终日香火缭绕。

朝觐的游人信士作为重要的旅游者，其购物、游乐、游景的消费不容忽视，但目前存在的问题是由于大部分信士是邻近各地的村民，文化层次较低，消费水平有限，据调查，武当山的信士主要来自河南农村和周边地区。开展道教朝觐旅游，除了稳定现有的客源市场，引导香客提高消费水平外，还要借助各地宫观的祖庭地位，利用宣传促销等手段，吸引多层次的朝拜者。特别是利用这些祖庭在海外华人中的影响，吸引他们前来朝觐，多少年来华人们远离家乡，孤身奋斗，但仍保持着强烈的道教信仰情感，他们渴望寻根访祖，家乡香火旺盛，有到自己崇拜神的祖庭敬香满足自己宗教信仰的愿望。因此只要稍做宣传，有相应的政策保证，相信会有大批的华人信徒踏上祖国的故土，进香了却心愿。实际上，这方面的市场我们已开发出来，现在是进一步拓展的问题。

首先，地方各级政府及有关部门进一步为道教朝觐游市场的开拓创造一个良好的环境，协调道教与旅游的共赢发展。各级人员应认识到，道教文化是我国的民族文化，是世界文化的重要组成部分，是历史的载体，其文化艺术、建筑艺术至今仍有相当的影响，中华武术、养生、音乐、书画、雕塑等均吸收了道教文化中的许多有益成分。道教旅游资源的开发、道教朝觐游的开展会涉及宗教、旅游、林业、建筑、交通、地方政府等方方面面，政府应有机协调好各方关系，建立起互相尊重、互相了解、互相支持的良好关系，并在资金投入、改造交通环境等基础设施上起到积极的主导作用。

其次，道教宫观祖庭自身要积极创造条件，吸纳海内外进香团和信士参访谒拜。各地宫观祖庭可以利用自身演绎的优势，开展诸如道教文化活动月等道教文化交流活动，举行"授箓传度"等宗教仪式，邀请名地道教高人以及海内外的道教团体参加盛典活动，既可以满足海内外道教徒进香朝拜的心愿，又可以扩大宫观祖庭在海内外的影响和传播，正一天师道祖庭龙虎山在这方面取得了比较成功的经验。龙虎山曾举行了几次天师"授箓传度"仪式，在海内外道教界引起很大反响，我国香港、台湾地区，以及东南亚等地的很多道友和游客不远万里来到龙虎山进香，了却心中的凤愿。这些道友和信士除了参访拜谒以外，还纷纷表示助资修建殿宇，恭请天师神像回去朝奉，共为道教的发扬光大做贡献。这一方面反映了道教文化的旅游价值和文化交流作用，另一方面也说明龙虎山的朝觐旅游日趋活跃，现在龙虎山的旅游业有了突飞猛进的发展，应归功于他们对朝觐游市场的开拓，其他的道教宫观祖庭亦可效法。

3. 假借宫观庆典节日，开展丰富多彩的道教庙会游

大多数游人并非虔诚的宗教信徒，他们旅游的目的是欣赏各种宗教环境艺术，除了静态的寺观建筑石窟建筑、雕塑绘画等艺术之外，还欣赏动态的礼祀活动，香烟缭绕的神秘气氛等。如何扩大这些欢乐祥和的节庆活动的影响，从而吸引更多的游客呢？开展丰富多彩的庙会活动不失为上举。

实际上，在各地宫观开展的庙会活动自古有之，每逢道教庆典节日，各地的信徒便纷纷前往圣地朝觐，届时举办有大型的民间庆典和民间艺术活动，由此衍生出丰富多彩的信仰习俗，形成独具特色的宗教文化景观，对周边地区的文化、经济发展起了重要作用。历史上，围绕著名宫观的庆典节日而形成的庙会规模大、人员广。现在随着宫观庙堂旅游环境的改善，更有条件将传统庙会形式改造更新，使之具备观赏性、参与性、娱乐性、教育性。

第一，在道教重要节日里，各地宫观均可与当地政府、景点联手对口举办活动，邀请善男信女、有兴趣的游客到宫观参加祈祷庆祝，有组织地招引小商小贩围绕宫观开展商品交流活动，组织举办各种地方色彩浓厚的民间传统技艺戏剧表演，体现道教传统节庆和民俗庙会活动的丰富多彩。在当前世界各类经济资源全球流动的情况下，开展这种具有天然垄断性的宗教旅游活动，对国内外游客都会有很强的吸引力。

第二，有针对性地开展一些宣传促销活动。广告宣传是最有效的宣传媒体，可以利用电视、报刊、电脑网络等宣传媒体对即将举行的庙会旅游活动、道教庆典节日的神秘色彩、神仙圣哲们的迷人传说等直接进行广告宣传，扩大道教庙会旅游活动的影响，提高庙会旅游活动的知名度，使之吸引更多的香客和游人。同时加强与国内各旅游部门、各旅行社的联系，联络我国驻外机构，开展多种促销活动。

4. 结合道教的教理教义，开展独具特色的生态旅游

随着旅游业的发展，生态旅游作为一种以自然生态环境为基础，以满足旅游

者对观赏自然景观和地方文化需求为内容，以生态环境保护教育为特征，最大限度地减少对自然环境和社会文化产生负面影响为目的的旅游方式，已经成为国际旅游发展的主流。道教旅游文化产品的开发在这一趋势下，更应借助自身崇尚自然、顺应自然、返璞归真、主张天人合一等教理教义的优势，为中国生态旅游的发展注入一股新的活力。

然而，一些道教文化景区在旅游开发中，对这个问题尚未引起应有的重视，还存在着重旅游、轻生态的倾向。主要表现在：修建索道、公路等旅游设施，不顾生态安危随意开山砍树，破坏了自然资源和自然环境；在景区内滥建宾馆、饭店、商店和游乐场所，污染严重，宗教圣地日益城镇化、商品化；旅游管理失控，入区游人过多、秩序不良，导致区内资源和环境受损；重视开展观景游乐，忽视生态科学的宣传教育，缺少生态旅游应有的科学文化内涵。以上这些做法有悖于发展生态旅游的宗旨，不利于生态环境的保护和生态旅游的持续健康发展，也与道教的崇尚自然、顺应自然的基本思想背道而驰，因此在深度开发道教文化旅游产品时，要参照道教的崇尚自然的文化观念，找到与生态旅游的结合点。具体应做到：

第一，坚持生态优先，重视保护周围大环境。任何类型的旅游都要注重经济效益和旅游资源的可持续利用，而开发道教文化旅游产品更应维护景区资源和环境的可持续发展，因为道教景区现有的资源和环境是道教中人千百年来维护和发展起来的，一定要坚持生态优先，绝不能以发展旅游的名义，做出开山破石、毁坏树木、破坏环境的事情。

第二，坚持适度开发，重视环境容量、客容量以及由此带来的大气、噪音等污染问题。可以聘请专家进行科学考察和论证，提出景区生态环境安全容量，并据此确定旅游发展的规模、调控入区的游客量，特别是在祖庭名山的庆典节日中，更应严格控制客容量。

第三，坚持自然化，保持道教旅游产品与环境的和谐一致。在景区内旅游路线的设置、各项旅游设施建设的规划布局上，要遵循道教建筑的顺应自然、灵活布局、就地取材、与周围环境保持和谐的特点，保持道教景区的原有意境和风格，使游客真正能从旅游中感受到回归自然、返璞归真的妙趣。

第四，坚持旅游与宣传教育相结合，发挥道教旅游景区的宣传教育基地作用。生态旅游不仅仅是游山玩水观赏美景，还要使游客通过旅游更多地了解自然，丰富知识，这是生态旅游应有的科学文化内涵。因而道教旅游景区要重视生态环境教育，要借助道教的基本思想，不断地向游人宣传生态平衡和生态保护的重要性，使他们自觉地投身于环境保护，真正使游览区的生态环境幽雅清静。

我国道教旅游资源的深度开发除了对已有资源个体进行上述的深入发掘之外，还需对资源的整体进行深入发掘，注重资源的科学配置，在开发中注重产品的点、线、面的结合，既要有重点开发，又要有区域的联片开发，为旅游者提供跌宕起伏、起承转合，具有时间和环境韵律的高质量的组合产品。

三、深度开发的保障措施

如何使上述深度开发得以顺利开展？笔者建议采取以下几点保障措施。

1. 强化政府的主导作用

由于我国旅游业是由计划经济下的政府接待型事业发展而来的，这种国情决定了我国旅游业为政府主导型行业，在今后相当长的时间里，政府主导的作用不会减弱，尤其是在对旅游资源的开发利用上，需要政府做出全面规划。目前，针对各地开发旅游资源的热潮，各级地方政府应尽快出台关于旅游资源的深度开发与规划的政策和措施，为旅游资源的深度开发创造有利条件，提供指导与保障。

2. 重视民间团体的促进作用

目前国内外已有不少团体、院校和科研机构研究道教文化，对道教文化的开发进行理论上的探讨，如在对武当山的道教文化研究上，原郧阳师专等单位联合成立了"武当文化研究所"，中国武术界挖掘出许多早已失传的武当武术套路，丹江口人民医院对道医道药进行了研究，还有著名书画家会聚武当，"名人画名山"，这些团体对传播武当道教文化起到了促进作用。[1] 借助民间力量开展道教旅游文化的研究，不仅可以丰富道教旅游的文化内涵，而且可以极大地促进道教旅游文化的传播。

---

[1] 费振家. 武当旅游文化营销研究[J]. 十堰职业技术学院学报，2000(3)：48-53.

3. 开拓有效的筹资渠道

旅游资源的深度开发必须要有资金作保障，如果缺乏必要的资金，再好的设想也难以付诸实施。用于旅游资源开发的资金来源有多种渠道：一是政府投入，由于我国需开发的旅游资源众多，所需资金较多，而国家财力有限，故国家在这方面的投资主要是解决基础设施和样板性开发项目；二是招商引资，根据谁投资谁受益的原则，以优惠条件吸引外商和企业直接投资；三是资本市场的融资，可以通过发行债券、股票上市等筹集资金。应该说社会化的投入和多元化的融资是道教旅游资源深度开发进行筹资的重要途径。

4. 发挥旅游服务企业的基础作用

现有的道教景区的旅游服务企业或多或少地存在着管理落后、设施不足、人员素质低、服务不规范等问题，难以适应深度开发的需要。因此，企业要大胆地突破体制归属上的局限，树立新的管理理念，广罗人才，加强员工培训，提高服务质量，发挥旅游服务企业的基础保障作用。

总之，道教文化作为中国传统文化的重要组成部分，其在旅游文化中的作用不能低估，对丰富的道教文化旅游资源加以深入发掘和利用，既可以发展独具特色的文化旅游产品，促进旅游经济的增长，又能弘扬祖国优秀的传统文化。

道教生态伦理思想与旅游业的可持续发展

当前，旅游业的发展与维护生态环境之间矛盾尖锐，严重威胁旅游业的可持续发展，在实施政府行为和法律手段等强制性的解救生态环境的办法之外，人类能否寻求到一种自觉的、内在的解救之路呢？道教是我国的本土宗教，其思想信仰早已渗透进中国人的传统社会生活中，其"天人合一""道法自然"等生态伦理思想具有约束、教育和规范作用，对实现旅游业的可持续发展具有重大意义。

一、问题的提出

旅游业是一项对生态环境依存程度很高的产业。世界旅游发展的历程表明，丰富多彩的旅游资源和良好的环境、自然的生态，是旅游业生存和发展的基础，是实现旅游业可持续发展的基本条件。然而，从世界旅游业不过100多年的发展历史来看，虽然旅游的产业化发展日益迅猛，但是旅游对环境和社会产生的各种各样的影响也不容忽视，因旅游而产生的旅游垃圾，游客对旅游区造成的侵蚀，对野生动植物的干扰和破坏等问题日益突出。欧洲地中海沿岸的大部分地区已失去了原来的大海、阳光、沙滩构成的自然景色，取而代之的是拥挤的建筑和人群；大西洋、太平洋中的一些小岛由于游人大量涌入导致生态破坏而不得不宣布关闭……在我国，旅游业发展虽然才短短几十年左右的时间，但由于人口众多，缺乏规划和管理，加之国民的生态意识薄弱，旅游业对环境的影响也是巨大的。在众多的旅游景区我们可以看到，开放过度，游人太多，垃圾乱丢，管理薄弱，乱建服务设施，出现了"旅游摧毁旅游"的现象。这些问题正使景区旅游资源价值日益降低，严重威胁着旅游业的可持续发展。

怎样克服发展旅游业与维护旅游生态环境的矛盾？怎样解决发展旅游经济与

旅游业健康发展的矛盾？国际社会从法制和科学技术的角度将可持续发展思想引进旅游领域，提出了可持续旅游发展理论。早在 20 世纪 90 年代中期，国际旅游组织就通过了《可持续旅游发展宪章》和《可持续旅游发展行为计划》两个纲领性文件，明确指出，"旅游加剧了环境的损耗和地方特色的消失，旅游业赖以发展的旅游资源是有限的"，认为旅游发展必须建立在生态环境的承受能力之上，提出"可持续旅游发展的实质，就是要求旅游与自然、文化和人类生存环境成为一个整体。"1994 年 3 月，我国国务院批准的《中国 21 世纪议程》也把可持续发展原则贯穿到各个领域，对旅游做了明确的要求，规定要"加强旅游资源的保护，发展不污染、不破坏的绿色的旅游……解决旅游景区污水排放处理及垃圾收集、运输、处理、处置问题，解决好旅游景区有危害的污染的治理与控制。"1998 年 10 月在桂林闭幕的亚太地区"环境与发展"大会第六届年会上，各国代表团签署的关于环境和资源保护及旅游业可持续发展的《桂林宣言》也强调指出，旅游业发展与环保是可以相互促进的，健全的法律是合理利用自然资源、有效保护环境、推动旅游业可持续发展的重要保证。

总之，可持续旅游发展理论提出了一种关于人类长期发展旅游业的战略和模式，其核心就是要保证当代人在从事旅游活动的同时不损害后代为满足其旅游需求而进行旅游开发的可能性。从其性质来看，实际上这是一种外在的、强制性的解救环境和资源、发展旅游业的思路。如何在实施这些强制性的、外在的办法的同时，人类能寻求到一种内在的自觉的解救之路来解决人类的心灵问题，能使人类从心灵深处、从心理情感上培养起对大自然的亲情和友情、对环境的尊重和关爱呢？一些有识之士将探究的目光投向东方，投向中国，特别是把眼光凝聚在以老子为代表的道家、道教身上，希冀从古老的东方文明中去寻找智慧与灵感。人文主义物理学家卡普拉就曾指出："在伟大的诸传统中，据我看，道家提供了最深刻并且最完美的生态智慧，它强调在自然的循环过程中，个人和社会的一切现象和潜在两者基本一致。"①确实，道家、道教关于人类与自然保持和谐一致的信仰，以极其深刻的直觉思维体现了人类最高的生态智慧，与我们通过政府行为和法律手段倡导的现代可持续旅游发展理论不谋而合。

---

① 葛荣晋．道家文化与现代文明[M]．北京：中国人民大学出版社，1991：22.

二、道教的生态伦理思想

道教是中国的本土宗教，千百年来，道教创造了浩繁的经典、神秘的宗教生活，开拓了不少风景秀美的道教名山、恢宏壮丽的道教宫观，造就了仙情雅趣的道教音乐、逼真完美的雕塑绘画作品，这些都为我们今天开展传统的大众旅游提供了底蕴深厚的资源基础。我们知道，宗教是一个有机的整体，它既包括有形的文化遗产或文化设施，又蕴涵无形的哲学思想及信仰的核心。除了有形的载体和形式之外，道教还创造了独特的教理教义体系，其中所包含的很多有价值的生态伦理观念，无论是在理论上还是在实践中，都对净化人心、保护生态环境、促进旅游业的可持续发展，起着积极的引导作用。这突出表现在以下几个方面。

1. "道法自然"：对人与自然关系的深刻理解

在人与自然的关系上，道教认为，人及人类社会既然来自自然，人类的活动理应遵循自然规律，与大自然融合共存，这是道家、道教"天人合一"思想的核心。老子说："人法地，地法天，天法道，道法自然。"[1]就是说人以地为法则，地以天为法则，天则以道为法则，而道只有以自然为法则，别无所法。老子又说："道之尊，德之贵，夫莫之命，而常自然。"[2]强调道其实就是遵循自然的规律，突出道的顺乎自然的本性。在道家、道教的眼里，如何理解人和自然的关系，并非一个纯粹抽象的哲学命题，而是一种提高生命质量的生存之道。因此，人与大自然的融合共存，不仅是后天的必要，更是先天的决定。正是这种道法自然的思想定势，唤起了道教中人热爱自然、尊重客观规律的美好情操。

2. "齐同万物"：对人与万物关系的清醒思考

道教认为，"道"是天地万物的本原，万物归根结底是由"道"产生的，"道生一，一生二，二生三，三生万物。"[3]人出于"道"，出于万物，人只是天地万物的

---

[1]　老子［M］. 孙雍长，注译. 广州：花城出版社，1998：48.

[2]　老子［M］. 孙雍长，注译. 广州：花城出版社，1998：101.

[3]　老子［M］. 孙雍长，注译. 广州：花城出版社，1998：85.

一部分，"道大、天大、人最大，域中有四大，而人居其一焉。"①庄子也站在宇宙观的高度，从总体上揭示了天、地、万物与人类的统一性、相互依存性，他说："天地者，万物之父母。"②他还总结出了"天地与我并生，而万物与我为一"③的至理，人之所以应该而且能够"齐物"，也是因为人本是一物，本与物齐。既然人与万物同构而互动，同为宇宙这个整体的有机部分，人类又有什么理由去暴殄万物，破坏人天共有的环境呢？由老子肇始、庄子所构建、道教所承袭的这种天人并生、物我为一的生态观念，与现代的人与自然协同发展，保护生态的思想有异曲同工之处。

3. "天道无为"：对自然规律的无限尊崇

道教认为人道应遵从天道，顺应自然，方能"无为而无不为"。道教还认为，万物各有其性，应当顺应物性，因材而用，率性而行。《太平经》说："天地之性，万物各有其宜。当任其所长，所能为，所不能为者，而不可强求。"④在道教看来，"万物之性"就是指客观世界的自然规律，所谓顺应自然之性，就是以自然无为的态度遵循自然万物生长、发展的规律，采取符合生态规律的行为，人不应该因自己的需要而人为地干预，随意违反自然之本性。如果人类能自觉地"辅万物之自然，而弗敢为"，⑤ 就能保持良好的生态环境，获得持久发展的生存空间，体现生命的真正价值。显然，道教是通过提倡自然无为，顺应万物之性来体现对自然的尊重，其科学价值已为近现代因片面追求征服自然所造成的前所未有的生态危机所证实。

4. 仙道贵生：对所有生命的至诚热爱

"生"指生命，道教的宗教理想是修道成仙，长生不死，因此非常重视"生"的问题。从《老子》所强调"摄生""贵生""自爱"和"长生久视"，《庄子》所说的"保生""全生""尊生"，《吕氏春秋》所说的"贵生重己"，到《太平经》主张的"乐

---

① 老子[M]. 孙雍长，注译. 广州：花城出版社，1998：48.
② 庄子[M]. 孙雍长，注译. 广州：花城出版社，1998：235.
③ 庄子[M]. 孙雍长，注译. 广州：花城出版社 1998：14.
④ 王明. 太平经合校[M]. 北京：中华书局，1998.
⑤ 老子[M]. 孙雍长，注译. 广州：花城出版社，1998：128.

生""重生"，以及其他的道家书籍如《抱朴子内篇》《度人经》等，始终贯穿着仙道贵生的思想传统，形成了一个系统的有生态伦理学意义的生命观。认为生命既然来源于自然，并与自然构成有机整体，人对待生命的正确态度就应是"贵生"，人应该使各种生物各尽天年。在道教看来，人类财富的多寡，并不是以拥有多少金银珠宝为标准，而是以自然界的生命兴旺与物种多少为评判。《太平经》中的《分别贫富法》里明确指出，所谓"富"，是指万物备足，生命各尽其年，物种延续发展而不绝。这种尊重生命、强调保护物种的思想，早在1800多年前就被提出，不能不说是道教对于维护生态平衡、保护环境的一大思想贡献。正是基于这种认识，道教要求人们爱及昆虫草木鸟兽，爱及山川河流，爱及日月天地，不要无辜伤害任何生命，"举步常看虫蚁，禁火莫烧山林……勿登山而网禽鸟，勿临水而毒鱼虾"，规劝人们改变自己的不良行为，多一些爱心，使万物得以生存，使生命得以保护，使人类生存的环境更加美好。①

总之，道教的"天人合一""道法自然"等生态伦理思想的理论和实践，体现了道教对自然环境的深刻理解，对山川大地的无限崇拜，对人类作用的清醒思考，对所有生命的至诚热爱，对万物共生共荣的神圣憧憬。这些玄妙而深邃的生态伦理思想，给现代人开发旅游，保护生态环境，促进旅游的可持续发展提供了一些有价值的借鉴和有益的启示。

三、道教生态伦理思想对实现旅游业可持续发展的作用

当前，随着世界范围内环境保护运动的蓬勃发展，随着人们对旅游业环境依存认识的提高，越来越多的人日益关注旅游业的可持续发展。在这个发展和认识过程中，中国道教所拥有的那些具有远见的生态伦理思想理应放出它本身的光芒，为未来旅游业的发展作出贡献。

1. 约束和批判作用

道教是中国土生土长的宗教，其"天人合一""道法自然"等生态伦理思想早已渗透到中国人的传统文化、传统生活及传统思维之中，这些生态伦理思想无疑

---

① 张继禹. 道法自然与环境保护[M]. 北京：华夏出版社，1998：29.

对于保护旅游生态环境、净化人心具有十分重要的作用。然而，近现代以来，伴随中国现代化的进程，传统的"天人合一"观念逐渐被西欧历史上一直盛行的"人类中心主义"取代。"人类中心主义"在人与自然的关系问题上认为，人类自身利益是首位的，人类可以根据自己的需要来任意对待大自然。加之中国人口众多及经济发展水平不高，为了生存，人们往往顾不上生态环境的恶化。用这种思想和行为来指导旅游业，则往往造成对旅游资源的掠夺性开发。大量的事实已经证明，传统旅游项目带来了生态环境的破坏及其他的负面影响。人们一度将厚望寄托于注重保护生态环境的旅游发展模式——生态旅游上，但无情的事实证实生态旅游并没有真正保护生态环境的动力或缺乏有效的保护生态环境的动力。国内外一些旅游学家和环保学家试图通过旅游产业与环保产业的对接，实现"以旅游养环保，以环保促旅游"的新型旅游发展模式，但时至今日仍收效甚微。① 无论何种旅游发展模式，最根本的还是要解决旅游发展中的人与自然的和谐关系问题。为此，拾起被我们丢失的珍贵的民族传统，让道教倡导的人与自然和谐发展的生态观，作为道德的力量来约束人们的行为，可以让人们从心灵深处认识到旅游业可持续发展的重大意义，从而推动新时代旅游业的发展。

2. 教育和激励作用

旅游资源是旅游业发展的基础，保证旅游资源的永续利用是实现旅游业可持续发展的根本，那种不顾环境承载力和资源的恢复能力而过度开发，引起资源破坏和环境恶化，是与旅游可持续发展原则相违背的。如何使人们从心理上、情感上认识到保护旅游生态环境的重要性，自觉地投入到珍爱自然、关爱自然中去呢？通过挖掘道教生态伦理观，既可以让人们感受宗教的真正底蕴，感受宗教所包含的天人合一、和睦祥瑞的精神内涵，也可以让人们受到正确认识人类自身、完善自身的教育，受到保护环境的教育，从而自觉地培养起崇尚大自然、回归大自然的心态，从内心树立起善待大自然、保护大自然的坚强信念，把热爱自然、保护自然、建设自然的观念自觉地融入世纪新人的素质中去。只有这样，人们才会善待自己的家园，善待自然资源和环境，也只有这样，旅游可持续发展的要求才能渗透到公众的经济行为、社会生活中去。

---

① 卞显红，王国聘，黄震方，等. 评生态环境伦理学[J]. 生态经济，2002(2)：38-45.

3. 调节和规范作用

为了有效地防止生态环境的污染和破坏，国家采取法律和政策手段是必需的，也是切实可行的，但是我们必须看到，我国现有的法律和政策无论是从内容上，还是从针对性和可操作性方面，都不能完全适应我国环境保护和旅游开发的需要。特别是一些为吸引投资、不顾成本的优惠政策，随意性很大，容忍了片面追求经济效益、急功近利糟蹋旅游资源的行为发生，对生态环境的破坏很大。为此，我们必须寻找一种人类自我调节和规范的办法。道教将尊重生命、善待万物视为做人的根本与修道的必须，这是利用责任和义务的力量，来调节和规范人们的行为。因此利用道教生态伦理的理论和实践，可以在旅游实践中调节和规范旅游者、旅游开发经营者、旅游主管部门、旅游区居民等的行为，协调人与自然生态环境的矛盾，帮助人类摆脱生态环境危机，重构人与自然的和谐美景，实现旅游业的可持续发展。

道教与名山的开发

道教是中国土地上生长起来的古老的民族宗教，它与儒学、佛教三足鼎立，是中国传统文化的重要组成部分，对中国古代的思想文化以及社会生活产生了巨大的影响。它以"道"为最高信仰，尊老子为教主，以《道德经》为主要经典，以原始宗教巫术和鬼神崇拜为基础，以导引吐纳、符箓斋醮、烧炼金丹以及内丹炼养为主要宗教实践，并相信人经过一定修炼后，可长生不死，成为神仙。为宗教修行的需要，在深山荒岭修栈建观，开拓了不少名山，使之成为可供观瞻朝觐的道教胜境，也为后人留下了许多风景佳丽的旅游胜地资源。

一、道士修行名山之缘由

道教从创立时起，就以山区野地作为道士的修真炼养之地，后来由于统治阶级的崇奉道教，通都大邑亦立宫观，道士的修真地扩展到了城市，但纵观1800多年道教活动的胜迹，各地名山仍为道士修行的主要场所。

道士修行于名山，与其神仙信仰密不可分。道教认为，神仙不同于凡人，其所居之地不与世人相杂，或在海中，或在天上，或在山中。早在战国时期一些专门向帝王兜售"不死之药"的方士就宣称，海中有蓬莱、方丈、瀛洲三神山，神仙居住在那里。道教成为一派后，道士们接过方士们的遗产，继续信仰海上神山说，并将三神山传说加以扩展，引出"十洲三岛"的仙境，具体见载于六朝人托名东方朔写的《海内十洲记》中，称海中有瀛洲、玄洲等十洲和昆仑、方丈、蓬丘等三岛，皆为神仙栖息之地。但十洲三岛在茫茫大海中，世人难渡，道士们要到那里去求仙、修仙，正可谓："海客谈瀛洲，烟涛微茫信难求。"道教认为神仙所居的最佳境界是在"上天"，他们吸取佛教三界（欲界、色界、无色界）思想，逐步阐释出"三十六天"说，认为三十六重天才是天上仙境的最完整图画。可是三十六重天虚无缥缈，可思而不可即。道教还认为神仙也居人迹罕至的名山，即"洞天福地"之中。所谓"洞天"，是认为这些山中都有山洞，是神仙的府第，洞府里深不可测，另有一副日月悬照天空。"福地"，指地灵人杰，有福气居住者都能成仙。洞天福地的景致，美丽至极，按照等次，又有 10 大洞天、36 小洞天、72 福地之别。这 118 洞天福地俱见于唐五代杜光庭的《洞天福地岳渎名山记》中，除极少数未有详细指名地址外，皆有实处，且都被赋予了浓郁的仙境内涵，每一处洞天福地都有瑰丽的神仙传说和丰富的仙真遗迹。因此，既然去海中、天上的求仙路渺茫，道士们的修仙活动只好以大陆上有名有址的洞天福地诸名山为依托，认为那里同样能得到神灵的佑护和仙人的指点，能得道成仙。

道士修行于名山，还与道教的崇尚自然，提倡清静无为、遁世隐修有关。老子在《道德经》中明确指出："地法天，天法道，道法自然。"崇尚自然，顺应自然，返璞归真是道教的特点，而远离尘嚣的深山正是他们理想的世外桃源。而且，名山之中有着丰富的矿物质和药用植物，这些丹砂铅汞、灵芝仙草为修道者们采药炼丹、制作"不死之药"提供了必要的条件。

于是，道教对于山，便有了特殊的感情，道士们寻找风景秀丽的名山传道修行，采药炼丹便成为势所必然了。如东汉末张陵创立道教时，先后到过几座名山，他曾炼丹于江西龙虎山，后来受道书于四川鹤鸣山，最后传道于四川青城山，相传老子命他设 24 治传道，这 24 治也大多设在川西北和陕南诸县的名山之上。可以说，道教从产生那天起，便与山结下了不解之缘。此后的千百年中，众道士遁迹于名山大川之中，"得山川之灵气，受日月之精华"，潜心修道，期望成仙。

二、道教对名山的开发

道士们醉心于洞天福地的仙境，也不断开发着各座仙山，为名山的形成和开发做出了重要贡献。他们在险峻的山岩上开出通幽曲径，在高耸入云的顶峰上建宫筑观，使沉睡千年的大山变得声名远扬，许多所居之山还成了名闻海内外的旅游胜地。

近年来，陆续有黄山、泰山、武当山等被联合国确定为人类自然文化遗产，它们的出名，便与道教对它们的开发大有关系。

黄山在秦代称为黝山，当时知道此山的人并不多。到了唐代，一本名叫《周书异记》的书记载了这样一个神话故事，说是远古轩辕黄帝及其左右丞相容成子、浮丘公曾在黝山采药和修身炼丹。崇尚道教的唐玄宗看了此书后，下令将黝山改名为黄山，从此，黄山才逐渐为世人所知。诗仙李白就曾慕名前往。当然，黄山的闻名中外，主要还是因为它那雄伟壮丽和巧夺天工的自然景观，道教对它的开发只存在名义上的影响。但泰山、武当山的开发，则道教居大半的功劳。

泰山，又称为岱宗，被誉为五岳独尊、"名山之祖"。唐宋以来，人们就将登临泰山视为游览盛事。不过泰山就其自然条件来说，并不是中国最高、最奇特、最峻美的山，它的绝对高度仅 1524 米，位列五岳中之第三位。因此它的名望并不是靠自然的高度，而是靠人文的装饰，这其中儒家曾出过一些力，但主要是道教的一些活动推动了它的开发。

孔子曾登泰山，并极口称赞其崇高，战国时儒既为显学，孔子的言行事迹传播甚广，山也因人传扬，泰山自然很沾些光。不过它的"五岳独尊，名山之祖"地位的最终确立，还要归结于历代帝王盛大的封禅祭祀活动。所谓"封"，是在泰山顶上筑土为坛以祭天，报答上天的佑护；所谓"禅"，是在泰山南面的一座名梁父的小山上，清理出一块整洁的地面来祭地，报答土地的恩德。封禅之说实际于古无据，是齐地方士们的编造和道教的阐扬。齐地方士们将泰山描绘成能够兴云布雨、普佑天下的仙山，将位处东方的泰山尊为东岳，说这里是阴阳交替、万物更生之地，是生命、希望和吉祥的象征，这一切都被后来的道教继承发扬。因此，开国之君或盛世之主应该到泰山封禅以答谢上天好意，同时也向天下臣民表明自己是奉天承运的真命天子，而且封禅泰山又能达到寻神访仙、祈求长寿的目的。秦始皇是上泰山封禅的第一位皇帝，此后汉武帝曾 8 次封禅泰山，这两人是养方士、求神仙、寻"不死之药"带头人，他们的封禅，实际是求仙术的一部分。以后唐高宗、唐玄宗、宋真宗等都曾大张旗鼓地举行封禅大典，而他们在历史上都是出了名的崇道皇帝，更可证实其封禅求仙的目的。总而言之，历代帝王盛大的封禅祭祀活动，加强了泰山的神圣色彩，泰山之名，盛于全国，冠于五岳，是由于方士们、道士们及帝王们认为它是致仙之途。

泰山的出名，还在于道教信奉的泰山神的威力。道教认为，泰山的统治神为东岳大帝。道教产生后，东岳泰山神位列仙班第七层，地位并不高，但在人间的名声却很显赫，因为他有其他神所不及的职能，他能更替王朝、稳定江山、掌管人的福禄厚薄、寿命长短。尤其他还是管生死之籍的幽冥总管。因此，无论是人间帝王还是升斗百姓，都要朝拜泰山。

泰山作为道教文化名山，东汉时期便有道士活动。历代帝王封禅、斋醮与祭祀活动的进行和对泰山自然崇拜的不断升级，都推动着泰山的开发和发展。

泰山的人文胜迹以道教的宫观、神祠最多，主要分布在山南坡的封禅大道两侧，完全是围绕着朝天与升仙这一主题展开的。山下的泰安城为宋真宗封禅时驻跸所建，它的中心建有规模宏大的岱庙，岱庙是东岳大帝的下庙，也是古代帝王封禅祭祀泰山时，居住和举行大典的地方。入岱庙拜祭山神是登山的前奏，拜完泰山神，出岱庙，迤逦而上，中溪一路有自然形成的三大台阶式地貌，这与道教的三清天相暗合，三清天——玉清、上清、太清，是道教最高神——三清神的住处。智慧的泰山人便把三大台阶依次称呼为一天门、二天门、三天门（南天门），赋予这独特的自然景观以仙境的魅力。

从一天门到玉皇顶，沿途宫、观、坊、轩散布其间，这些建筑都是直接为登封服务的，都在有意无意地将游人步步引入仙境。其中规模较大的道教建筑依次有：王母池，祀王母娘娘；红门宫，原祀王母娘娘，后成尼庵；斗母阁，祀道教的众星之母——北斗七星君之母；碧霞元君祠，祀泰山神之女碧霞元君；玉皇观，位于山巅，是古代帝王祭天之处，至今仍留有古登封台的遗迹。

自然，孔子登临处、佛寺和经石峪的金刚经刻石也是古迹，但与道教巨大的朝天升仙序列相比，就不足论道了。所以，泰山之成为人类文化遗产，究其历史，主要是人文因素，是来自道教对它的开发。

武当山，原名太和山，在湖北省丹江口市（原均县）境内，方圆400余千米，有72峰、36岩、24涧、10池、9井、3潭，绵延起伏于长江、汉水之间，层峦险壑，标奇孕秀，主峰天柱峰海拔1612米，如宝柱直刺苍天。其自然景致美不胜收，然它的出名，仍离不开道教对它的开发。

武当山道教历史十分悠久，相传历代有许多仙真隐士来武当山修炼，如周代的尹喜、汉代的阴长生、唐代的吕洞宾等；宋代的著名道士陈抟在五龙宫、南岩宫修炼，还写下了五尺见方的"寿"字；明代的名道张三丰在武当山开创了道教武当派，创下驰名中外的武当内家拳。唐代起，武当山被列为72福地之一，被誉为"亘古无双胜境，天下第一仙山"。

唐贞观年间（627—649），均州太守姚简在武当山建五龙祠，揭开了营建武当山宫观建筑的序幕。宋朝，由于帝王崇奉武当真武之神，武当山道观规模渐趋扩大，先后建起了紫霄宫、五龙观等一批道观，为武当增色不少。到了明代，明成祖朱棣自谓登基有赖真武神佑护，遂封真武为"北极真武玄天上帝"，封真武神的发祥之地武当山为"大岳太和山"，位居五岳之上，并三下圣旨于武当大兴土木，从永乐十年（1412）起，命工部侍郎郭进等人督役30多万民工，耗费钱粮无数，至永乐二十二年（1424）才告初捷。整个建筑布局是：用一色青石铺就的一条从原均州城净乐宫到武当山天柱峰金顶的长70余千米的登山神道——"故道"，故道旁，依傍峰、岩、坡、崖、涧，营建主祀真武大帝的宫观庵庙近300处，共约160余平方米，世称有8宫（净乐宫、近恩宫、遇真宫、玉虚宫、紫霄宫、五龙宫、南岩宫、太和宫）、2观（复真观、元和观）、36庵堂、72岩庙、12亭和39桥，形成了一座依山傍势、结构紧巧、布局庄严、宏伟壮丽的道教建筑群，"成旷世之极盛，万古之奇观"，时有诗人洪翼描绘称："五里一庵十里宫，丹墙翠瓦望玲珑。楼台隐映金银气，林山回环画境中。"（《大岳太和山记略》）

历经500多年的风霜雨雪之后，现在武当山宫观建筑仍然有太和宫、金殿、紫霄宫、南岩宫、玉虚宫、遇真宫以及磨针井、玄武门等。其中太和宫和紫霄宫被列为道教的全国重点宫观。

武当山的宫观建筑群由于真武信仰的主题突出，统一完整的整体布局，依山就势、尊重自然的建设宗旨，成为我国名山规划与开发的顶峰之作。同时，由于历代道教徒和周围群众的尽心保护，紫霄宫以上的自然植被保护良好，因此才被联合国批准为世界文化遗产。

事实上，因道教出名的洞天胜景，不仅是上面所举的两个例子，而是遍布于神州大地。如江西的龙虎山、四川的青城山、湖北的木兰山、辽宁的千山、陕西的华山、广东的罗浮山、云南的巍宝山、江苏的茅山等，都可看成是道教开发名山的杰作。"山不在高，有仙则名"，这些并不十分巍峨高大的群山，由于有了道教的参与，从而变成了一座座富有神奇色彩、缀满琼阁的仙山，为我们当今开发利用旅游资源铺垫了坚实基础，它们也由此成为海内外游客寻幽访胜的热门去处。

道教与长江流域古代文化的关系

道教是中国土生土长的民族宗教，它的根深植于中国古代文化土壤中。它最早的产生地，一是长江流域的巴蜀，时被称为五斗米道，由张陵在东汉末创造；二是中原大地，时被称为太平道，亦创立于东汉末年，太平道因东汉末黄巾大起义的失败很快湮灭，而五斗米道则在长江流域不断发展壮大，最终形成规模宏大的道教。浩瀚的长江流域，历史上盛开着三朵古区域文化之花，自西向东为巴蜀文化、楚文化、吴越文化。为什么道教与长江流域古文化结下不解之缘？笔者拟就道教与长江流域古代文化的内在联系作一初步探讨。

一、道教的理论基础源于长江流域楚文化圈内
两位哲人——老子和庄子的思想

道教的思想渊源杂而多端，其理论基础之一乃是道家哲学。道家哲学是以老子、庄子为代表的哲学派别。道教创立的时候，奉老子为教主，老子的《道德经》为主要经典。

老子是春秋时期楚国苦县赖乡曲仁里（今河南鹿邑）人，此地本属陈国，公元前 479 年，楚灭陈，后楚灵王、平王大力经营陈、蔡一带，事见《左传》公十一、十二年，陈被灭，其政治、经济、文化各层面都已属楚，而老子正是生活在这一时期。他曾为周朝守藏室之吏。见周朝走向衰败，遂隐居楚地，足不出户，玄想着宇宙起源图式，思索出一种名叫"道"的东西来解释宇宙、社会、人类的起源与本质。这种关于"道"的理论成为《道德经》的基本思想，老子成为楚文化圈内的一位哲学家，《老子》一书成为一部不朽的哲理诗集。老子把"道"视为超时空的天地万物的根源，是宇宙万物的创始者，说："有物混成，先天地生，寂

分窦分，独立而不改，周行而不殆，可以为天下母。吾不知其名，字之曰道，强为之名曰大"。① 老子提出了这样一种宇宙起源图式："道生一，一生二。二生三，三生万物，万物负阴而抱阳、冲气以为和。"②因此，在老子看来，"道"是超越时空宇宙的最高法则，是天地万物之母。而"道"又是通过"阴阳"这一中介，由阴、阳二气化合而生出万物的。

老子后百年而有庄子。庄子，楚人，虽生于宋而钓于濮水，濮水亦楚地。战国时楚威王欲聘庄子为国相，但遭拒绝。庄子宁愿"曳尾涂中"，过着"逍遥游"的生活。他继承和发展了老子关于"道"的哲学思想和"阴阳"理论，其《庄子》一书代表着楚哲学的最高阶段。他说，"先天地生者"不是具体的物，而是抽象的"道"："夫道，有情有形，无为无形，可传而不可受，可得而不可见；自本自根，未有天地，自古以固存；神鬼神帝，生天生地；在太极之先而不为高，在六极之下而不为深，先天地生而不为久，长于上古而不为老。"③同时，庄子还进一步融合阴阳思想和"道生万物"的宇宙起源图式，说，阴阳普遍存在于宇宙天地之间。而"阴阳相照相盖相治"便有了万物，"受气于阴阳"，便蕃衍出了人类。④

老子、庄子的这种宇宙起源图式与人们的直观经验完全吻合，一男一女交合，产生了新的人，蕃衍出人类芸芸众生；天与地交合，孕育出了山川草木，构成了纷繁的自然。这种宇宙起源图式能扩展到所有领域，为人们解释了种种解释不了的现象，它征服了很多人，统治了当时人们的头脑，包括南方最伟大的诗人屈原："阴阳参合，何本何化?"⑤"一阴兮一阳，众莫知兮余所为。"⑥道教的基本信仰也是道。道教在吸取老庄道论的时候，完全是从宇宙起源论的方面入手的，不过，道教进一步从宗教角度把"道"说成是神异之物，灵而有信，"为一切之祖首，万物之父母"，⑦ 认为道是"虚无之系，造化之根，神明之本，天地之源"，

---

① 老子[M]．孙雍长，注译．广州：花城出版社，1998：48，85，358．
② 老子[M]．孙雍长，注译．广州：花城出版社，1998：85．
③ 老子[M]．孙雍长，注译．广州：花城出版社，1998：85．
④ 老子[M]．孙雍长，注译．广州：花城出版社，1998：358．
⑤ 庄子[M]．孙雍长，注译．广州：花城出版社，1998：86．
⑥ 庄子[M]．孙雍长，注译．广州：花城出版社，1998：66．
⑦ 张愚山．楚辞译注[M]．济南：山东教育出版社，1986：674．

它无形无名，有清有浊，有动有静，"万象以之生，五音以之成"，① 宇宙，阴阳、万物都是由它化生的。道教还把老子与道等同起来，把老子看作道的化身。早期道教五斗米道所宗的秘典《老子想尔注》（传为张陵所作）说："一者，道也""一散形为气，聚形为太上老君"。太上老君即老子，道是天地万物之源，因而作为道化身的"太上老君"也就成为天地之父母，阴阳之主宰，万神之帝君了。由此可见，哲学家老子和哲学范畴的"道"在道教中已被神化为天上的神灵，因此，信道也就变成了信神，崇奉老子亦即崇奉天神。

总之，"道"成了道教的基本信仰和核心、道教的教理教义和各种修炼方术，都是围绕着这个信仰和核心而展开的，甚至道教的命名，也与它的基本信仰有着密切的关系。因此，我们有充分的理由说，长江流域楚文化圈内两位哲人——老子、庄子的关于"道"的哲学思想是道教最为重要的思想渊源之一，是道教的理论基础之一。

二、道教的创教方式和斋醮仪式承继了巴蜀、楚越盛行的巫鬼文化

巫和巫术的流行，是古代巴蜀、楚越等地的一种文化现象。这也是道教的主要源头之一。

1. 道教的创教、传教方式，源于巴蜀祭神祀鬼的巫术仪式

巴蜀鬼魂信仰的丰富多彩和巫占之术的驳杂多样是中国其他地方不可比拟的，其特点就是有发达的巫师占卜和面具卜。在四川成都平原上，有一处中国目前发现最早、最大的古蜀都城遗址广汉三星堆遗址。考古学者和有关研究者们通过对它的发掘、研究，给我们展示出了古代巴蜀人信鬼重巫的风俗。在三星堆遗址里，出土了金器、铜器、玉器、石器、骨器、陶器 1000 多件，以及堆积如山的带有烟熏火燎痕迹的象牙、骨渣。其中最引人注目的是若干纵目人青铜面具、假面、青铜立人像和青铜树。有关研究表明，纵目人青铜面具是古蜀国先王的形

---

① 张愚山. 楚辞译注[M]. 济南：山东教育出版社，1986：271.

象，是已故祖先灵魂的象征，用于隆重盛大的祭祀活动，假面当为祭祀时巫师所戴面具，青铜树是用于祭祀的"建木"，是蜀王与巫师们的通天神树，而那尊人型青铜立人像则是主持祭祀活动的巫师，或是蜀王与巫师的合二为一。① 因此，从三星堆出土的文物来看，它们都是蜀王和巫师们进行燔燎祭祀与神鬼相通的证明。可见，殷商时期地处西蜀广汉三星堆的古蜀社会的精神支柱是鬼魂信仰，是鬼神意识。正是在这样的宗教意识氛围里，在成都平原鹤鸣山上创立五斗米道的张陵、张衡、张鲁祖孙仨也就因俗立教。

首先，张陵创立的五斗米道是在对巴蜀巫道的融合和改造基础上而创立的。张陵在创立五斗米道之前抱着吸收巫术合理部分的创教目的，加入了巴蜀原始巫教集团势力氏、羌人的"丘"社，当他对当地巫教有了全面系统的认识后，就开始对它进行融合和改造。张陵从实践中认识到，深信巫鬼之教的蜀人，强烈要求破除巫教中请神祭鬼的残酷方式，迫切希望有一种适合自己观念的宗教来寄托理想。这种愿望正合张陵的意愿，于是他借太上老君"降言"的方式创立了五斗米道。正如王家佑先生所言："巴人的鬼道、蜀人的仙道，经张陵改造成为道教的主干天师道"（即五斗米道，引者注）。②

其次，张陵等人利用西南各族群众的信仰和支持建立了传教方式。如，张陵等人编造鬼神符箓招来信徒，以符水为人治病，用祷祝跳神和刻鬼为其法术，他们将教徒按入教时间和亲疏关系分别称为鬼卒、鬼吏、祭酒、鬼主，自号"师君"，这一切都是借用了鬼巫的外壳，最易为巴蜀各族群众所亲近和接受。因此，张陵的五斗米道"是吸收了巴（蜀）族的原始巫术与地区传统民俗而创成的。"③而五斗米道又被时人称为"鬼道"和"米道"也正是这个道理。

2. 道教的斋、醮仪式是从楚地巫舞仪式发展起来的

先秦时代，楚人对巫术极端推崇，楚地巫风极为盛行。"楚人信巫鬼，重淫祀"④的记载不绝于书，有的研究者干脆把楚文化称为"巫风文化"。楚地巫师们通过从事巫术活动，用一定的方式达到支配鬼神、支配大自然的目的。道教的斋

---

① 顾朴光. 中国面具史[M]. 贵阳：贵州民族出版社，1996：138-144.
② 王家佑. 道教论稿[M]. 成都：巴蜀书社，1987：166.
③ 王家佑. 道家论稿[M]. 成都：巴蜀书社，1987：156.
④ 班固. 汉书[M]. 北京：中华书局，1962：1666.

醮等许多仪式内容都是从楚地巫师的这种巫术演变而来的。

在楚地，巫师们常出现在国家大型祭祀场所和民间的算命卜卦、叫魂、驱邪敬神等活动中。屈原在《九歌》中描写了战国时期楚国女巫"以舞降神"的场面，如《东皇太一》中有"杨枹兮拊鼓，疏缓节兮安歌，陈竽瑟兮浩唱。灵（楚国对巫的称呼，引者注）偃蹇兮姣服，芳菲菲兮满堂，五音纷兮繁会，君欣欣兮乐康。"①《云中君》中有"浴兰汤兮沐芳，华采衣兮若英，灵连蜷兮既留，烂昭昭兮未央。"②反映了灵巫们色彩缤纷、华丽的降神、娱神的巫舞仪式。在云梦秦简《日书》中记载了关于远行的巫术，出了邦门，要"先行禹步"。"禹步"是一种模仿大禹走路的步法，巫师认为"禹步"能禁制鬼神，所以在给人治病时，都要先行禹步。

我们再来看看道教的斋醮仪式。道士设坛打醮时，要戴束发冠，穿皂罗袍，凤衣缚带，朱履方裙，手持宝剑、香炉等物，装扮得威严庄重，就是楚巫"灵偃蹇兮姣服，芳菲菲兮满堂"的翻版。道士们斋醮时吹吹打打，钟磬齐奏、弦歌鼓舞，与楚巫杨枹拊鼓、陈竽浩唱极其相似。道士施法、用符咒治病要走"步罡踏斗"的"缭绕"之法，就是楚巫所走的"禹步"，而且禹步成为道士施法打醮的基本手段和方法。

由此不难看出，道士充当着神与人的中介，在斋醮和法术中举行的祭拜、歌舞、表演、符咒、赞颂等形式，无论是在神学理论上还是在实际操作上，都与楚巫舞仪式有相通之处，甚至可以说，道教直接继承了楚地祀神、祈福的巫术仪式，道教的斋醮是从楚地祀神的巫术仪式中演化发展起来的。

3. 道教承继了吴越巫之祝咒

古代的巫师，会用各种神秘的方法去探测神意，咒语（祝与咒通用）就是一个供巫师与神联络的密码，是一种具有特殊音频和节奏的口诀。这种咒语可以是祈请的祝词，也可以是恶毒的诅咒，既可以祈神保佑实现具体的愿望，也可以请神来驱鬼驱邪，被除不祥。这种念咒的巫术，在吴越最为盛行，东晋道教学者葛

---

① 庄子[M]. 孙雍长，注译. 广州：花城出版社，1998：46.

② 庄子[M]. 孙雍长，注译. 广州：花城出版社，1998：52.

洪在《抱朴子·至理》说："吴越有禁、咒之法，甚为明验。"①当时，吴越一带盛行念咒语治病，所以这种巫医之术又叫"越方"。如一则吴越之巫治病时所念咒语："天神下干疾，神女倚序听神语；某狐叉(疝病)非其处所，已！不已，斧斩若。"②说的是一个人患了疝病，巫师念咒祷告天神，我这个疝气长得不是地方，赶快让我痊愈，不然，大斧头砍死你。不过，从实施场合看，吴越祝咒之巫术并不仅仅用于驱邪治病，还广泛用于生产、劳动、生活起居，甚至仪式典礼等各个方面。

咒语用的是人间的语言，哪能一说就有效呢，显然带有欺人之嫌，但当时的人们不可能认识到这一点，他们真心诚意地相信咒语法力无边，能祝咒驱鬼治病，甚至弄到"财尽于鬼神，产匮于祭祀"也无怨无悔。③ 正是这种狂热的迷信，普遍信仰的心理氛围，为道教祝咒法术的发展提供了心理土壤。道教的法术中有祝咒之法，它就是从吴越巫祝之术中发展而来的，道教经典《太平经》卷五十《神祝文第七十五》中说："天上有常神圣要语，时下授人以言，用使神吏应气而往来也。人民得之，谓之'神祝'。"④在长期传习过程中，道教对咒语作了很大的发展，创制了各式各样用于各种场合的咒语，在《云笈七签》内所收的咒语，大及山川日月，小及人身五脏六腑，其覆盖面之广，名目之多，令人眼花缭乱。

三、道教的神仙谱系和神话传说融汇了楚文化圈内的各种神仙学说和种种神话

"信巫鬼，重淫祀"的楚俗巫风，使得楚文化圈内的人们一直保持着对超越人间现实奇异力量的丰富想象力与好奇心，因此神话传说十分丰富。道教正是从这种文化氛围中吸收并发展了神仙信仰，形成独具特色的庞杂的道教神仙谱系和坚定的得道成仙信仰观念。

---

① 班固．汉书[M]．北京：中华书局，1962：103.
② 王明．抱朴子内篇校释[M]．北京：中华书局，1980：93.
③ 王明．抱朴子内篇校释[M]．北京：中华书局，1980：145.
④ 王明．抱朴子内篇校释[M]．北京：中华书局，1980：93.

1. 道教的神仙谱系比附的是《楚辞·九歌》中的神仙谱系模式

原始社会时期，楚人就想象出各种神话，信奉各种精灵鬼怪。战国时的屈原作《楚辞·九歌》，将楚人信奉的漫无统绪的神廓清成了一个简单的谱系。《楚辞·九歌》包括《东皇太一》《云中君》《湘君》《湘夫人》《大司命》《少司命》《东君》《河伯》《山鬼》《国殇》《礼魂》凡11篇，记录的对象是众多的神灵，已显现出以天神、地祇为系统安排诸神的谱系。最尊贵的万神之神是东皇太一，东皇太一之下共有八位神祇，刚好分成天、地两组，其中天神包括云中君、大司命、少司命、东君，地祇包括河伯、湘君、湘夫人、山鬼。这样一个谱系已较完整，但还没有把楚人所信奉的神鬼精灵一一包括，没有解释人是从哪里来的，因此，没有形成一个包括天神、地祇、人鬼在内的完整的结构图式，但它却为道教编造神仙谱系提供了一个可资借鉴的谱系模式。于是，聪明的道士便承袭过来，在模式框架中按照自己的需要塞上自己崇奉的各式神灵仙鬼，形成了自己独树一帜的神仙谱系。

较早比附屈原的谱系模式创造道教神仙谱系的是东晋道教学者葛洪。在葛洪的《枕中书》中，最先出现了"元始天王"的名号，这个元始天王和东皇太一一样是万神之神，他的夫人是太元圣母，一对儿女是扶桑大帝东王公、九光玄女太真西王母，东王公与西王母阴阳化育，于是就有了天皇、地皇、人皇，三皇之下，是分治五岳的五帝。五帝之下，又有尧、舜、禹、汤、青鸟为五帝佐相，五帝五相之下，是九天侍中（许由、巢父）、都录司命（郭璞）、太极左仙公（葛玄）、三天法师（张陵）……初步形成了一个以"元始天王"为首，包罗天神、地祇、历史人物、道教领袖在内的神仙谱系。

此后，道教理论学者又不断地对神仙谱系加以改造，但无论道教的神仙谱系如何编造，都是按照屈原《楚辞·九歌》中显现出来的以天神、地祇为中心安排诸神的谱系雏形来比附的。道教根植于中国文化土壤之中，道教最终形成的秩序井然、神灵数量庞大的神仙谱系，无疑是从这块土壤中，具体说是从长江流域的楚神话中吸取了"营养"，不断完善和发展起来的。

2. 道教的长生不死、得道成仙的基本信仰源自楚文化圈内盛行的神话传说

在楚文化圈内的楚神话系统中有一个昆仑神话系统，说昆仑山上有西王母、

黄帝等长生不死的神仙，有"不死树""不死之药""不死之国"等，因此昆仑山与西王母便成了"长生不死"的象征。同时，北方还有一个蓬莱仙岛神话系统，说燕齐地区海上有蓬莱、方丈、瀛洲三神山，与昆仑山一样也有"不死之药"。这两个神话从战国时代起，就在楚文化圈内发生碰撞与融合，① 这种碰撞和融合的结果是形成了楚文化圈内多彩多姿、奇绝诡秘的楚神话系统，西王母、昆仑山、蓬莱、玉膏、神泉、仙草及餐气、饮露等是楚人心目中向往的长生不死、逍遥自在的理想天地和追求目标。早期的典籍对此也载有十分动人的描写，楚文化圈内产生的哲人庄子在所著《庄子·逍遇游》中就有"肌肤若冰雪，淖约若处子，不食五谷，吸风饮露，乘云气、御飞龙，而游乎四海之外"② 的神人描写。屈原《楚辞》还对神仙游历太空做过十分动人的文学描述。《战国策·楚策》中有献不死之药于荆王的记载。

凡此种种神话描述及美妙的仙境、仙药、仙方、仙人，首先成了汉代方士们编造神仙不死故事的素材。这些方士是战国时从巫师中分离出来的部分人，专以寻找"不死之方"为事，活动在帝王、诸侯和贵族中，兜售自己的不死之仙方。楚文化圈中这种现成的仙药、仙方及神话传说，自然成了他们孜孜以求的蓝本。方士们的活动令帝王们倾心以求不死之奇药，如齐威王、秦始皇、汉武帝都曾屡次派遣方士入海觅求仙人、仙药。

方士们的鼓吹再加上帝王们的倾心，神仙学说以及求仙方术便盛行开来。张陵在汉末创造的五斗米道自然要将这些流传在大江南北的神仙学说及求仙方术作为一种思想资料加以吸收，他将神仙之说拉来作为自己的源头，宣扬其法是神仙所授，教民们如果能听从太上老君等神仙的教导，思道悔过、积善存德、遵守大道的规诫，就能长生不老或飞升成仙，进而将长生不死、得道成仙发展成为道教的基本信仰和追求的终极目标。

从这里我们可看到，道教的长生不死，得道成仙的基本信仰，究其渊源，主要是方士们所宣扬的神仙之说，具体说来，是来自盛行在楚文化圈内的种种神话传说。

从以上分析来看，道教与长江流域的巴蜀文化、楚文化、吴越文化有着更为

---

① 葛兆光. 道教与中国文化[M]. 上海：上海人民出版社，1987：377.
② 庄子[M]. 孙雍长，注译. 广州：花城出版社，1998：8.

亲近的血缘关系，它吸收了长江流域楚文化圈内产生的哲人老子和庄子的道家哲学理论，继承了巴蜀、楚越盛行的祭祀山川、日月、星辰、鬼神的巫术仪式和相关风俗，网罗了流传于楚文化圈内的种种神话和神仙思想。总之，凡是能够为道教所利用的长江流域古代文化的方方面面，都融汇到了道教这个行列中，道教是这些文化的集合体。

长江流域道教文化线路遗产的旅游价值

万里长江是中华民族的母亲河，在长江流域，世代生息的中华民族子孙因生命或信仰孕育出光辉灿烂、神采飞扬的长江文化，道教文化即是其中的重要组成部分。道教是中国的本土宗教，尽管道教前史很长，渊源有自，但目前学术界及道教界认为，道教的著名道派如天师道、丹鼎派、上清派、灵宝派、净明道、武当道等都发源于长江流域，长江流域是道教的摇篮(杨立志，2005)。至今长江流域各地仍保留着许多珍贵的道教风景名胜和文物古迹，犹如繁星点缀银河，因宗教信仰而镗出的这条道教文化通道是长江流域文化体系的一大特色和优势。

"文化线路"是近些年国际遗产保护领域出现的一种新的遗产类型和遗产保护理论，文化线路如同筋脉，可使一定时间内一定国家或地区的文化联成一个整体，并带来各个文化社区的交流和对话，给人类文明的发展和遗产保护事业带来重大的影响，因此日益受到国际社会的关注。

今天，我们以文化线路的视角来审视长江流域各地仍保留着的许多珍贵的道教风景名胜和文物古迹：它们首尾相连千百里，形成历史千百年，是一条见证我国悠久文明史的文化长河，是一部展示中华宗教文化的百科全书。这条串联起众多道教遗迹的文化线路，不仅是我国珍贵的文化财富和人类共同的文化遗产，而且具有重要的旅游价值，为我们现代的旅游利用和开发带来了宝贵的文化资源。

一、独特的旅游思想价值

道教以"道"为最高的信仰，以神仙思想为其理论的核心，追求一种超越常态的人生，祈求达到生命的超越和永恒。为此，修道者们莫不以"得道成仙"为目的，以"求仙问道""寻仙""游仙"为手段，由此产生别具特色的道教"逍遥"旅游思想和云游访仙的实践活动。

道教的旅游是"逍遥游"。庄子讲"逍遥而游",有"乘天地之正,而御六气之辩,以游无穷""乘云气,御飞龙,而游乎四海之外""游心于物之初""得至美而游乎至乐"等独特的美感体验,追求的是一种蕴含"天人合一""上下与天地同流"的趋于极致自由的审美体验和宗教性的内心体验。"游"可谓《庄子》之通义,逍遥而游是庄子追求的最高人生体验和境界。"游"的主体是人的心灵,所游之处不仅是"尘垢之外""无何有之乡",更是一种趋于极致的大美,一种体悟得"道"后获得的绝对精神自由。后来的道教更尊庄子为"南华真人",继承庄子的思想,并以"游"来象征道教的宗教精神品位之一,即指一种摆脱功利观念,带有纯粹精神观念的精神境界和追求。这给予超越的"道"和渴望超越的人们以宗教上的合理解释,并得到信众的认同。魏晋南北朝时期出现了"游仙诗"这种抒写神仙漫游之情的诗歌,就是证明。

道教的旅游是"仙游"。道教自古就有求仙云游的实践活动。道教徒们坚信神仙可学、仙境可寻、仙药可求。于是,寻仙活动频繁出现。它有两大主流,一是方士鼓吹,由帝王发起,以方士的活动为主干,以成仙为目的的寻仙活动,如齐威王、齐宣王、燕昭王、秦始皇、汉武帝等帝王均发起过这样的活动,对道教的形成有很大的影响。后来的道士们择清幽之处服药、炼丹、修行与游历寻仙可谓与此一脉相承,如高道张道陵、葛洪、陶弘景、陆修静、陈抟、张三丰等,他们无不游历四方,选择具有"仙风道骨"的奇山异水遨游、炼养,企图长生不死,得道成仙。正是在旅游的过程中,修道者们实践着他们的宗教信仰,旅游成为他们实现宗教信仰的手段之一。另一支是以文人和哲人为主,以追求神仙意境为目的,带有审美特点的游仙活动。他们更感兴趣的是仙人的人格魅力、生存和生活方式,向往和仙人一样,尤其是在精神上与之一样徜徉纵横。这种向往更多地内化在他们的精神追求中。如信奉道教的唐朝大诗人李白被誉为"诗仙",其诗仙气横溢,其人也不受约束,在《庐山遥寄卢侍御虚舟》中自称"五岳寻仙不辞远,一生好入名山游",明确地表明了"游"的目的是寻仙。

道教人性自然化的"逍遥游""仙游"之说,显示了中华民族天人合一的旅游审美观,即在旅游中通过静观默察、自觉体悟的审美、参与,以物我相亲、物我同化达到物我两忘、物我合一的状态,用全部身心去体验、感悟自然,从赏玩山水之象中直觉地把握自然，把握如自然一样的人生的生命律动，从而悟解天地人生之道，达到自我实现、自我满足。

二、重要的旅游引导价值

我们知道，道教徒历来重视对洞天福地的探寻，并记录下来了这种探寻成果，如葛洪就著有《幞阜山记》《五狱真形图文》《关中记》，历代道教徒们更是留下了数量惊人的道教山志、宫观志，这些记载保留下来了大量的地理学、地质学方面的资料，它们对于现今的旅游活动和旅游开发，起着非常重要的引导作用。例如江苏茅山是中国道教上清派的发源地，《茅山山志》记载了华阳洞的地貌、喜客泉的奇特效应，都在今天成为游客向往之地，为游客增添了游兴。

同时，由于道教"旅游"思想的浸润和引导，一部分文人学士对于游历祖国山水产生了特别的偏好。他们畅游名山大川，到人所未到之处，写下了大量的游记、笔记。不仅如此，他们对道家、道教关于地学的论著较为熟悉，所以在旅行中，不是一般地观看山水之美，而是对其作出观察思考，比如对于地貌的成因、地质特点的思索。其中最著名的非徐霞客莫属。徐霞客，江苏江阴人，伟大的地理学家、旅行家和探险家，他的朋友称他有"仙风道骨"，《徐霞客墓志铭》中叙述他年轻时，"又特好奇书，侈博览古今史籍及舆地志，山海图经，以及一切冲举高蹈之迹，每私覆经书下潜玩，神栩栩动。"足见他的遨游，实起于年轻时的博览群书，其中的山海经图志等，道教早引为同调，被收进道书总集《道藏》；而他的冲举高蹈之迹，则正是道士修仙之所在，或者是传说中的成仙圣迹。正是在科举时代不入正流的那些道家和道教的著作、思想给了他最初的遨游冲动。他的成就在世界地学史上可谓领先时代，他对中国喀斯特地貌的考察成果等，领先世界3个世纪。《徐霞客游记》既是山水文学的佳作，又是世界地学史上的名作。徐霞客的壮举和成就，从某些方面来看，应归于道教"游"的思想的宣扬，道教的修炼指向，以及高道们的著作和行为引导。

三、极高的旅游开发价值

千百年来，道教创造了浩瀚的经典、神秘的宗教生活，在长江流域开拓出了不少风景秀美的道教名山、恢宏壮丽的道教宫观，造就出了仙情雅趣的道教音乐、逼真完美的雕塑绘画作品、博大精深的修身养性学说。可见，长江流域的道教文化线路遗产资源蕴涵十分丰富，这些都可以成为长江流域旅游资源的特色和优势，具有极高的旅游开发价值。

如前所述，长江流域是道教的发源地之一，其发展演变与长江流域结下了不解之缘，长江流域的道教名山、祖庭、宫观胜迹如繁星点缀，璨若银河。这些道教名山和宫观不仅是信徒们的朝觐胜地，而且本身就具有极高的旅游观赏和美术欣赏价值，具备了宗教文化与旅游资源的双重意义。其中的青城山、武当山、龙虎山、三清山已被列为世界遗产，同时青城山、武当山、三清山、黄山、天台山、龙虎山、九宫山等已被列为国务院公布的国家重点风景名胜区；茅山道院、杭州抱朴道院、龙虎山天师府、武当山太和宫及紫霄宫、武昌长春观、青城山古常道观及祖师殿、成都青羊宫早在 1982 年就被列为道教全国重点宫观，占全国重点宫观总数(21 个)的 2/3 左右；武当山紫霄宫和金殿、龙虎山天师府、苏州玄妙观的三清殿等已被列为全国重点文物保护单位；其他的道教名山和宫观基本上都被列为省级风景名胜区和省级重点文物保护单位。

长江流域道教文化线路遗产内容丰富多彩，体系博大精深，资源琳琅满目，给我们现代旅游带来了极大的开发空间。思想上，道教所追求的人性自然化的"逍遥游"，与我们中华民族天人合一的审美观不谋而合；文学上，受道教思想的影响，道教徒们云游之际创作的众多地理著作又引导后人不断的探访；资源上，神秘丰富的道教生活留下的大量遗址遗迹，更是后人了解道教文化最直接的见证。长江流域道教文化线路遗产无疑是开发道教文化旅游最鲜活的资源，最宝贵的内容，它们的旅游价值是无穷的、深远的！

长江流域道教文化线路遗产的保护

  道教是中国土生土长的宗教。历史上，道教在长江流域演绎传承，影响深远，留下了众多的物质文化遗产资源和非物质文化遗产资源，它们首尾相连几千公里，形成的历史达千年之久，是一部展示中华宗教文化的百科全书。长江流域道教文化遗产作为文化线路遗产类型如何判别，文化线路视域下对长江流域道教文化遗产保护有何重要意义，而在保护中又面临哪些挑战，如何在文化线路视域下建立起相应的保护体系，对这些问题的探讨不仅能使我们重新审视这条串联起众多道教遗迹的文化线路，而且有利于道教文化遗产集群的抢救，有利于集中再现中国道教传统文化的深厚内涵。

  从我国学术界对文化线路的研究成果看，无论是理论研究还是实证研究，文化线路遗产的保护管理都是研究的重点，因为文化线路的提出本身就是围绕遗产的保护展开的。通过发现在文化线路遗产保护方面的缺陷来提出可行的方法和对策是这一研究领域的主线，对丝绸之路、① 大运河、② 茶马古道、③ 川盐古道、④

---

  ① 李林 . "文化线路"与"丝绸之路"文化遗产保护探析[J]. 新疆社会科学，2008(3)：95-99，128.

  ② 朱晗，赵荣，郗桐笛 . 基于文化线路视野的大运河线性文化遗产保护研究——以安徽段隋唐大运河为例[J]. 人文地理，2013，28(03)：70-73，19；王晶 . 隋唐大运河线性文化遗产特点及保护方式初探——以安徽段大运河为例[J]. 东南文化，2010(1)：18-22.

  ③ 王丽萍 . 文化线路与滇藏茶马古道文化遗产的整体保护[J]. 西南民族大学学报(人文社科版)，2010，31(7)：26-29.

  ④ 邓军 . 川盐古道研究刍论——基于川盐古道的实地考察[J]. 盐业史研究，2015(2)：41-50；杨雪松，赵逵 . "川盐古道"文化线路的特征解析[J]. 华中建筑，2008(10)：211-214，240.

蜀道①等专题文化线路的研究是实证研究的热点，对这些重要文化线路的研究都是紧紧围绕申遗工作进行的，因而特别关注这些遗产的保护问题。但是在实证研究方面对类似长江这样自然形成的文化古道的关注和研究还不多见。而从道教研究成果看，虽然如今道教研究已成为国际汉学界的一个研究领域，并呈现出范围广、重点多、研究方法多样等特点，对长江流域道教文化保护方面的研究成果也不断问世②，但这些成果显示，其研究的出发点是对道教文化的孤立的"点"状展示，而非以道教活动为经络的"线"性展示，因此无法准确地开展对道教文化综合性、整体性的保护策略研究。以文化线路的理论来审视、研究长江流域道教文化遗产可起抛砖引玉之作用。

一、长江流域道教文化遗产作为文化线路的判别

文化线路是近些年来国际遗产保护领域出现的一种新的遗产类型和遗产保护理论，文化线路如同筋脉，可使一定时期内一定国家或地区的文化串联成一个整体，并带来各个文化社区的交流和对话，对人类文明的发展和遗产保护事业产生重大影响，因此日益受到国际社会的关注，③已有诸如圣地亚哥·德·卡姆波斯特拉朝圣路、丝绸之路、大运河等多处文化线路遗产陆续进入《世界遗产名录》，体现出文化遗产的保护范围在不断扩大。

世界遗产委员会权威咨询机构国际古迹理事会文化线路科学委员会（CIIC）强调文化线路作为世界文化遗产的判别标准，必须满足以下条件：④ 第一，需具备

---

① 陈韵羽. 古蜀道基于线性文化遗产的"三位一体"保护模式再探——以剑门蜀道为中心[J]. 中华文化论坛，2014(2)：73-79，192；王倩，李小波，刘艳梅. 文化线路旅游开发与保护——以蜀道为例[J]. 四川旅游学院学报，2016(1)：80-82.

② 陈雅岚. 论道教文化资源的保护与开发[J]. 中国宗教，2013(6)：64-66；吕桦，吕江虹，陈建国. 龙虎山道教文化的保护与发展研究[J]. 农业考古，2009(3)：172-174；兰虹. 青城山道教资源的保护与开发[J]. 西南民族大学学报（人文社科版），2007(12)：99-101；刘春燕，毛建华，叶民盛. 三清山道教文化旅游资源开发研究[J]. 江西社会科学，2003(4)：229-230.

③ 李慧民. 道家传统文化在当代道德建设中的价值[J]. 咸阳师范学院学报，2014，29(3)：89-91.

④ 赵逵. 川盐古道——文化线路视野中的聚落与建筑[M]. 南京：东南大学出版社，2008：20.

时间与空间特征。即，唯有使用达到相应的时间，文化线路才可能对它所涉及的社区文化产生影响；只有长度和空间上的多样性，文化线路也才能反映出其所代表的交流是否广泛，其连接是否达到丰富多样。第二，需具有功能特征。强调文化线路的功能，比如，对文化、宗教、信念或贸易的交流是否起到作用，是否影响到特定社区的发展。第三，需具有基本衍生要素。文化线路包括物质要素与非物质要素两类基本衍生要素，因此，构成文化线路的遗产资源，既包括物质文化遗产，也包括非物质文化遗产。长江流域道教文化遗产的传播、发展和文化交流的属性符合文化线路的特征和本质要求，表现在：

其一，具有特定的时间和空间特征：长江流域道教文化传播 1800 多年，覆盖长江流域 11 个省级行政区。东汉中后期的顺帝、桓帝年间（126—167 年），道教创始人张陵在四川鹤鸣山创立道教（时称五斗米道），三国两晋南北朝以后，道教从巴蜀沿长江流域传播，在长江流域产生了著名道派茅山宗、龙虎宗、阁皂宗、神霄派、净明道等。到元代时，这些道派都合并为正一道，与北方道教全真道相抗衡。道教从产生至今已有 1800 多年历史，它源远流长，起伏跌宕，和长江紧紧联系在一起，覆盖了今天长江流域的云南、贵州、四川、重庆、湖北、湖南、江西、安徽、浙江、江苏、上海 11 个省级行政区。长江流域道教文化遗产的传承和发展路径凸显出文化线路在时间和空间上的严格规定。

其二，具有特定的功能特征：长江流域道教文化与长江流域古代文化互动交感。道教与长江流域的巴蜀文化、楚文化、吴越文化有着更为亲近的血缘关系，它吸收了长江流域楚文化圈内产生的哲人老子和庄子的道家哲学理论，继承了巴蜀、楚越盛行的祭祀山川、日月、星辰、鬼神的巫术仪式和相关风俗，网罗了流传于楚文化圈内的种种神话和神仙思想。总之，凡是能够为道教所利用的长江流域古代文化的方方面面，都融汇到了道教这个行列中，道教是这些文化的集合体。① 而道教在其发展过程中所形成的一些思想、修持方式、祭祀庆典、修身养命、医学技术等，对长江流域其至整个中国古代文化又产生了深远的影响。② 道教与长江流域文化二者在漫长的历史长河中交相滋润和辉映，给我们留下了众多的文化遗产，也显现出其作为文化线路在功能方面的特征性。

---

① 卢世菊. 紫气清风——长江流域的道教［M］. 武汉：武汉出版社，2006：42-66.
② 卢世菊. 道教文化与中国民间习俗［J］. 中国道教，2001(5)：26-29.

其三，具有基本的衍生要素：长江流域道教文化是物质文化遗产和非物质文化遗产的集合。长江是一条自然之河，但它的两岸及其流域留下了无数道教文化建筑景观和道教名胜等物质文化遗产，以及道教习俗、道教节庆、道教武术、道教法事、道教音乐、道教医药等无形遗产资源。长江流域融汇了丰富而珍贵的有形和无形道教文化遗产资源（见表1和表2），具有典型的文化线路遗产资源的特质。

表1　　　　　　　　　　长江流域道教物质文化遗产资源

道教名山	道教宫观
长江上游：云南魏宝山，四川青城山和鹤鸣山，重庆丰都名山等	长江上游：昆明太和宫金殿、西山三清阁、巍山长春洞、青城山常道观和祖师殿等、都江堰二王庙、成都青羊宫、梓潼文昌宫、贵阳文昌阁等
长江中游：湖北武当山，湖南衡山，江西阁皂山、龙虎山、三清山等	长江中游：武汉长春观、武当山紫霄宫和南岩宫等、衡山南岳大庙、南昌万寿宫、铅山葛仙祠、龙虎山天师府和上清宫、三清山三清宫等
长江下游：安徽齐云山，浙江天台山和大涤山，江苏茅山等	长江下游：杭州抱朴道院、金华黄大仙庙、茅山道院九霄宫、苏州玄妙观、常州白龙观、上海白云观和城隍庙等

资料来源：自行汇总。

表2　　　　　　　　　　长江流域道教非物质文化遗产资源

生活习俗	表现在民间祛病消灾的法术、丧葬习俗中，如燃放烟花爆竹、悬挂桃符、贴门神对联、踏青戴柳、悬艾挂蒲等风俗习惯，就是道教禳灾驱邪等法术的体现
道教节庆	春节、清明节、端午节、中元节、中秋节、重阳节、冬至、祭灶节，这些传统的岁时节日渗透了道教传说和祭祀仪式
道教文学	包括散文、小说、戏曲、诗词四大类道教文学体裁。如白玉蟾的《涌翠亭记》、李白的《梦游天姥吟留别》、"三言二拍"、《封神演义》等
道教艺术	道教美术作品：包括神仙塑像、壁画和水陆画等，如重庆大足石刻道教造像 道教音乐：包括道教音乐理论、优秀乐曲和声乐器乐技巧，如武当道乐

道教建筑	以中国传统的木构架建筑为主，以庭院为单元组成各种形式的建筑群，并体现出道教崇尚自然、顺应自然、返璞归真的基本思想，如武当山、青城山的道教建筑就是典型
通神医术	道教研究、继承、实践出一系列修炼精神和形体的方法，包括：动功健身、气功疗病、内丹长生、医道救人、通神法术等。如五禽戏、八段锦、武当内家拳

资料来源：自行汇总。

二、文化线路视域下保护长江流域
道教文化线路遗产的意义

文化线路作为国际遗产保护的一种新视域和新方法，以文化线路的思路或理念(方法)指导长江流域道教文化遗产保护的具体实践，对长江流域道教文化遗产的保护具有重要意义。

第一，有利于遗产的整体保护。文化线路强调对线路遗产资源的整体保护，将这一理念(方法)运用到长江流域道教文化遗产的保护实践中，既可以有效地扩大长江流域道教文化遗产保护的范围，也可以进一步丰富长江流域道教文化遗产的内涵；既能将长江流域道教文化遗产所涉及的物质文化遗产和非物质文化遗产、人文资源和自然资源等皆纳入文化线路遗产保护的范围，又能将一些在流域内价值可能不是很突出的道教文化遗产也纳入保护的领域。由此，以文化线路为视野，既能促进"点"状的道教文化遗产的保护，更有利于将长江流域道教文化遗产纳入整体保护领域。

第二，有利于跨省合作保护。文化线路往往跨越多个地区，尺度大、范围广，这些遗产资源在现实的行政区划中往往隶属不同的省份或县市。文化线路理论主张遗产保护不应受区域局限，为跨区域的文化遗产保护提供了新的思路。将这一理念运用到长江流域道教文化遗产保护，既有利于促进长江流域各地区就道教文化遗产保护展开多种实质性的合作，也有利于促成联合保护道教文化遗产机制的形成。

第三，有利于促进遗产的利用。作为中国传统文化的重要组成部分，道教文化在宗教和旅游文化中的作用不能小觑，特别是在道教文化走出圣殿与世俗文化结合以满足现代社会需要的今天，更好地利用道教文化遗产资源，以满足旅游者日益提高的文化需求，已是大势所趋。以文化线路的思路保护长江流域道教文化遗产，除了利于长江流域道教文化遗产整体保护之外，还可充分利用线路的休闲、生态、教育、朝觐、经济等多种功能和特性，大力开展长江流域道教文化遗产的道教文化观光旅游、道教休闲生态旅游、道教医疗保健旅游、道教朝觐旅游、道教生活旅游、道教艺术旅游等，为长江流域道教文化遗产的开发利用注入新的活力。

第四，有利于联合申报世界遗产。申报世界遗产不仅在国际上竞争异常激烈，在中国国内要求申报世界遗产的项目也是非常之多，因为根据申报世界遗产的有关规定，每个国家每年最多只能有两项被列为世界遗产，那么同质资源联合申报无疑是最佳选择。以文化线路理论指导长江流域道教文化遗产保护，为长江流域各省共同申报世界遗产提供了相应的理论根据以及技术参考；而且，将长江流域道教文化遗产作为一条"线路"整体申报，会整体提升其遗产价值和影响力，申报成功的概率可能更大，"大运河"和"丝绸之路"成功列入世界遗产就是典范。

三、文化线路视阈下保护的压力与挑战

虽然以文化线路的思路或理念（方法）来指导长江流域道教文化遗产的保护具有重要意义，然而由于文化线路强调遗产项目的综合性、类型上的广泛性，遗产保护面临更广泛和复杂的问题，所以文化线路视阈下的长江流域道教文化遗产的保护将会面临前所未有的压力与挑战。

首先，文化线路的大尺度以及要求对线路实施整体性保护，为长江流域道教文化遗产的保护实践带来巨大挑战。面对长江流域道教文化遗产这种跨时代、跨行政区域、跨不同文化背景的庞大的文化复合体，可以说任何一个道教团体、任何一个地方政府部门都无力单独承担这样超大型项目的责任，它不但需要国家层面的专业组织发挥作用，更需要建立起跨域行政区域、反应能力快速的新的遗产保护机制和体系，这无疑对中国现行遗产保护体系提出了更高要求，长江流域道教文化遗产保护的实践面临巨大的挑战。

其次，长江流域道教文化遗产项目具有很强的综合性和复杂性，给合作管理与保护、联合申报世界遗产等具体操作层面带来许多难题。文化线路的理念虽然为长江流域道教文化遗产的跨地区合作提供了平台，为联合申遗提供了可行性和依据，但因其综合性大、复杂性强，加之涉及遗产产权等系列问题，因此在联合申报世界遗产、合作保护等具体操作层面存在诸多困难。例如我国已经申报成功的"大运河"文化线路遗产项目，就曾经因为国内跨省域的联合存在许多现实问题，进展得并不顺利。

最后，对长江流域道教文化遗产建立整体性保护规划和旅游规划在实践中存在难度。文化线路的特性表明，它具有独特的资源特征，与旅游有天然的内在联系，有利于文化遗产的开发利用，有利于旅游业的发展，尤其是有利于建立整体性的保护规划和旅游规划。但要建立长江流域道教文化遗产这种跨越时间和空间的整体性保护规划和旅游规划在实践中存在难度。

四、长江流域道教文化线路遗产保护体系的构建

(一) 树立"整体性"保护观

中国拥有丰富的文化遗产，是世界上重要的遗产大国，但长期以来我们已经习惯使用文物标准、历史价值来衡量遗产价值，"对遗产的认识局限于历史文物、风景名胜框架内""对遗产的认识大多还停留在孤立的'点'及静态遗产上"。① 同样，这样一种观念也影响到对长江流域道教文化遗产保护的认识，业界和学界探讨的多是诸如四川青城山、湖北武当山道教建筑群、江西龙虎山等"点"状遗产的保护，从"线"或"面"来认识的较少。文化线路的理念要求我们从多维的视角来重新审视传统的遗产保护观，正视文化遗产的多元价值特性、连续性和动态性。

首先，要将长江流域道教文化遗产看作一个整体。长江流域道教文化遗产虽

---

① 李林."文化线路"对我国文化遗产保护的启示［J］. 江西社会科学，2008（4）：201-205.

分处不同省份，空间范围广，时间跨度长，但它却是一个有机的整体。时间上，可上溯至1800多年前，空间上，东西绵延6000多千米，流域面积180多万平方千米，横跨青藏高原、四川盆地、云贵高原、长江中下游平原等我国地形三级阶梯，沿线涉及四川、云南、湖北、湖南、江西、安徽、江苏和上海等省、市。同时对其内涵也要有整体认识：五斗米道在巴蜀产生之后，在长江流域相继产生上清、灵宝等符箓派别，虽然各道派分合兴衰与1800多年的道教历史相始终，但到元代在长江流域主要形成了以天师道、龙虎宗为基础的，集合各符箓道派的符箓大派——正一道，以老子的"道"为基本信仰，以符箓咒术、斋醮、行气、导引等为长生成仙的手段，传衍至今，与主要活动于北方以修习内丹为术的全真派共同构成中国的道教文化。

其次，重视长江流域道教文化遗产的多维价值和整体价值。在对长江流域道教文化遗产保护中不能单纯强调其历史文物价值，而应只是将历史文物价值看作遗产价值的一部分。同时还要特别关注非物质文化遗产，关注动态的、活的文化遗产，如道教对民俗的影响、道教音乐、道教美术、道教医药、道教养生等，从整体性、多维视野出发，建立长江流域道教文化遗产保护的理念。

(二) 实施整体性保护战略

对文化遗产实施整体性保护战略，即对文化遗产保护范畴从单体到街区，从街区到城镇，进而扩大到文化景观、遗产区域，并对文化遗产历史环境给予重视。实施整体性保护战略，可以将长江流域道教文化遗产沿线的物质和非物质文化遗产保护有机结合起来，便于对长江流域道教文化遗产从整体上开展调查研究和科学研究，从而有力地推动保护工作。

首先，建立和完善道教文化遗产保护的有关法律法规。道教在长期发展过程中虽然形成了一整套系统的尊重和保护生态环境的思想、措施和道教戒律，中国道教协会也发布了《道教宫观管理办法的规定》，对道教宫观的文物保护和环境保护做了具体规定，但无论是宗教戒律还是宫观管理办法，主要还是规范宫观和道门人士的行为。而对于众多的道外人士，如何让他们重视和保护道教文化遗产，则需要国家从法制建设方面入手，做到有法可依，有法必依。目前长江流域的浙江、江苏等地均出台了历史文化名城保护条例，四川制定了《四川省世界遗产保护条例》，湖北制定了《武当山世界文化遗产保护管理办法》等，但有些省份对此还没有引起足够的重视。因此，就目前情况来看，还应从国家层面建立、健全有关道教文化遗产保护的法律法规，制定专门的道教文化遗产保护法规，地方省份也应制定切合本地道教文化遗产保护实际的相关法律制度。

其次，编制长江流域道教文化遗产整体性保护规划和各专项保护规划。长江流域道教文化遗产数量多，历史、艺术、科学价值高，在编制规划之前开展对长江流域道教文化遗产的资源调查，把握这条文化线路的关键区域、脆弱区域和重要的节点，根据连续统一的时空背景，形成对这条文化线路框架的全面认识。在摸清资源情况、形成完整认识的基础上，开展对长江流域道教文化遗产的整体保护规划的编制工作，这种规划对整个长江流域道教文化遗产保护具有宏观指导作用，其内容应当包括文化线路整体保护范围、关键区以及各重要遗产节点的保护范围等。在整体性保护规划下还可因地制宜编制不同层次的道教文化遗产保护专项规划，例如可以根据文化遗产的类别分别制定道教物质文化遗产和非物质文化遗产保护规划，针对道教名山或宫观编制相应的具体保护规划。当然这些专项保护规划的制定也都需要在摸清资源、进行资源调查的前提下进行。

(三) 建立跨省合作保护机制

长江流域道教文化遗产是中国道教文化的重要组成部分，它已不单单属于某个省、某个地区，而属于长江流域甚至全中国，因此沿线各省都有责任和义务保护道教文化遗产，这种保护自身就需要跨省合作，跨区域交流。而且长江流域道教文化遗产时空跨度大的特征，决定了在整体性保护战略的框架下，某一个省或地区是不可能承担起保护整个长江流域道教文化遗产的重任的，需要有一个国家层面的专业组织来管理和协调。

首先，建立专门的领导机构。应由长江流域各省市共同建立一个长江流域道教文化遗产保护专门机构，这个专门机构应全面承担起长江流域道教文化遗产的保护工作。这个专业机构可以组织对长江流域道教文化遗产进行整体调研登记，可以组织制定长江流域道教文化遗产的整体保护规划，可以落实、监督遗产保护项目的实施，可以协调跨省合作保护中的各种关系，等等。

其次，建立多元化的辅助机构。目前就道教名山和宫观的管理机构而言，已有城乡建设部门、宗教部门、园林部门、文物部门、环境保护部门、旅游部门等涉足其中。但是需要它们在长江流域道教文化遗产保护专业机构的组织下，作为专业机构的辅助机构，根据各自的管理权限发挥协助管理、历史保护、环境规划、法律保护、经济投资等不同的作用。

五、结　　语

道教在长江流域演绎发达，规模宏大，长江流域的道教文化遗产资源十分丰富。以近些年来国际遗产保护领域出现的"文化线路"这种新的遗产保护理论来审视和探讨长江流域道教文化遗产，可知长江流域道教文化遗产的传播、发展和文化交流的属性符合文化线路遗产类型的内涵和本质要求。鉴于长江流域道教文化遗产资源保护面临的巨大压力与挑战，尤其需要更新传统的遗产保护观，运用文化线路的理念和方法，树立起"整体性"保护文化遗产的观念，实施长江流域道教文化遗产的整体性保护战略，并建立起长江流域道教文化遗产的跨省合作保护机制。以"文化线路"为视域保护长江流域道教文化遗产既是一个新的视角，意义也很重大。

长江流域道教文化旅游的开发

道教与佛教、儒学三足鼎立，在中国文化发展史上具有重要地位。长江流域的道教文化资源十分丰富，这是长江流域旅游资源的一大特色和优势，很值得我们加以科学地开发和利用。

一、长江流域有着丰富的道教文化旅游资源

长江流域是道教的发源地之一，道教的发展演变与长江流域结下了不解之缘，长江流域的道教名山、祖庭、宫观胜迹如繁星点缀，灿若银河。

东汉顺帝年间(公元126—144年)，中国道教的创始人张陵在四川鹤鸣山建立了中国最早的道教组织——五斗米道，后称天师道，张陵子孙承其业，五斗米道的影响逐步扩大，沿长江流域传至江东、江南一带。晋至唐宋，道教由于受到古代统治者的崇奉和扶植，道教理论大为发展，道教宗派极度繁衍，涌现出一大批创派道士和有理论造诣的道教学者，仅在长江流域著名的就有：上清太师魏华存、金丹仙翁葛洪、净明祖师许逊、茅山宗师陶弘景、道学冠冕杜光庭、邋遢道人张三丰等。这时在长江流域相继产生的宗派有：阁皂山灵宝派、茅山上清派、龙虎山天师派等三山符箓及神霄派、清微派、东华派、天心派、净明道等符箓支派，还有专讲内丹修炼的金丹派南宗。至元代，这些道派都合并为正一道，与北方道教的另一道派全真道相抗衡。而全真道也渡江南传，势力遍及鄂、赣、江、浙一带。

正是由于道教和道士在长江流域的活动异常活跃，所以，长江流域的名山祖庭、宫观胜迹也异常丰富，唐末五代时的杜光庭在《洞天福地岳渎名山记》中，对道教的洞天福地即名山做了详细的记载，包括10大洞天、36小洞天、72福

地，合起来是 118 座。它们分布在中国的 15 个省区，而以长江流域的浙江（27个）、江西（18 个）、湖南（19 个）、江苏（11 个）、四川（5 个）为多，占了总数 70% 左右。① 这些洞天福地都被赋予了浓郁的仙境内涵，都有瑰丽的神仙传说和丰富的仙真遗迹。正所谓："山不在高，有仙则名。"名山为修道者提供了栖隐、采药、炼丹、修行的理想场所，道教瑰丽的神话传说和丰富的仙真遗迹则为名山平添了神秘的色彩和迷人的魅力。这些名山至今绝大多数仍是著名的风景名胜地，如云南魏宝山、四川青城山、重庆丰都名山、湖北武当山和九宫山、湖南衡山、江西阁皂山和龙虎山及三清山、安徽黄山、江苏茅山、浙江天台山和烂柯山，等等。

道教是多神教，它的神仙体系异常庞大，道教都无一例外建起宫观供奉他们，为了宗教修行的需要，这些宫观常建于山水胜处。历史上，长江流域的道教宫观比比皆是。从长江上游、中游至下游依次分布现仍声名显赫的道教宫观有：昆明太和宫和金殿、青城山古常道观、成都青羊宫、梓潼文昌宫、武当山宫观建筑群、武汉长春观、南岳衡山黄庭观、龙虎山天师府、南昌西山万寿宫、铅山葛仙祠、茅山九霄万福宫、苏州玄妙观、杭州抱朴道院、上海白云观、上海城隍庙，等等。

总之，长江流域历史悠久，丰富而珍贵的道教胜迹和遗存，具有进香朝圣、旅游观光和学术考察研究的价值，因此，长江流域具有开发道教专项旅游的潜力和条件。

二、长江流域道教专项旅游产品开发

根据道教文化的旅游内涵和长江流域现有的道教旅游资源，可在长江流域沿线或一省之内开展不同类别的道教旅游活动。

1. 道教景观旅游

该项旅游是让旅游者参观游览道教宫观及周围的自然山水风光而进行的以观赏性为主的文化旅游活动，是开展道教旅游的最基本形式。遍及长江流域的众多

---

① 卢世菊. 紫气清风——长江流域的道教［M］. 武汉：武汉出版社，2006：249.

道教名山和宫观在开展该项活动上取得了成功的经验，如四川青城山、湖北武当山、江西龙虎山、江苏茅山，就在开发其自然风光旅游资源的同时，重点开发了山上的著名宫观，充分挖掘其内在的道教文化价值，从而形成集人文景观和自然景观于一体的道教文化名胜。由于道教旅游属文化旅游形式，其观光资源集中于道教建筑、气氛、艺术、仪式及自然风光等客体，如果没有外在的文化、知识引导，游客往往不知其来龙去脉、珍贵所在，留不下深刻印象。所以，开展该项旅游对导游的要求特别严格，除具备导游人员的基本条件外，还应有较深厚的宗教知识修养。

2. 道教朝圣旅游

朝山进香是宗教旅游的基本内容，香客作为重要的旅游者，其购物、游乐、逛景的消费不容忽视。但大部分香客是邻近各地的村民，文化层次较低，消费水平有限。因此，开展道教朝觐旅游，除了稳定现有的客源市场，引导香客提高消费水平外，还要借助长江流域各地宫观胜迹的祖庭地位，吸引高层次的朝拜者，特别是利用这些祖庭在我国南方、我国港澳台地区，以及东南亚地区的影响，吸引这些地区的信士前来朝觐。

3. 道教艺术旅游

该项旅游是让旅游者感受欣赏独特的道教艺术而进行的文化旅游活动，对象以专家、学者等知识阶层为主。其下又可分为专门的道教艺术珍品游、道教建筑旅游、道教音乐旅游、道教书画旅游、道教雕塑旅游等，以满足旅游者的不同需求。如许多名山宫观常保存一些稀世古董，视作镇山之宝，茅山道院保留的玉印、玉圭、玉符、呵砚四件宝物，苏州玄妙观中传世1000多年的老子像碑，青城山各道观的名人楹联和画迹，都是文物价值极高的珍宝，适宜开展道教艺术珍品旅游。为便于道教艺术旅游活动顺利开展，需要和各地的道教协会或宫观建立好联系。

4. 道教医药保健旅游

道教讲究养生修行之道，不少符合科学规律的养生方法，对促进人们的身心健康可以起到重要作用。道士们历来就有研究医学的传统，他们用道家传统秘方配制的药膳具有很高的医疗价值，如青城山的"洞天乳酒""洞天贡茶""白果炖鸡""道家泡菜"被誉为"青城四绝"而名重天下。所以各道教名山宫观有条件根据自身情况，开展一些以道教气功、武术、药膳为主题的道教医药保健旅游项目。

5. 道教庙会旅游

在各地宫观开展的庙会活动自古有之，每逢道教庆典节日，各地的信徒便纷纷前往圣地朝觐并衍生出丰富多彩的信仰习俗，形成独具特色的宗教文化景观，对周边地区的文化、经济发展起了重要作用。历史上，围绕著名宫观而形成的庙会规模大，人员广，现在可适当考虑恢复部分地区宫观的庙会旅游活动，并伴随举办大型的民间庆典和民间艺术活动。如现已恢复的茅山香期庙会，朝圣进香的香客和寻幽访胜的游人蜂拥而至，热闹非凡，其持续时间长，活动规模大，场面蔚为壮观。所以，开展道教庙会旅游，对国内外游客会有很强的吸引力。

6. 道教生活旅游

宫观别有洞天，人们对宫观的道教内涵和道士们的生活永远感到神秘新奇，因此，开展道教生活旅游，可让游人亲身体验道士们在宫观的日常生活、做功课以及丛林清规、道教戒律等，从而感受道教独特的生活氛围。该项旅游是道教文化旅游的一大创新和提高，其开发和发展有待旅游从业者们进一步努力和探索。笔者建议，在游客参观游览名山宫观时，可根据需求适当安排一定的时间让他们去体会一下道士们的生活，以满足他们在心理上更高层次的需求。

7. 道教思想旅游

道教是中国的本土宗教，其成仙得道、返璞归真、善恶报应、重生恶死的思想早已渗透到人们的生活中，与中华民族传统文化的许多领域有着密切的联系，将它们作为一种旅游资源进行开发，主要是通过道教教义思想和有关的神话传说故事，让游客从思想上亲身体验道教文化的奥妙和神秘所在，去感悟道教的真谛。

三、长江流域道教专项旅游产品开发保障措施

那么，如何使上述道教专项旅游项目得以顺利开展呢？笔者建议，宜采取以下几点保障措施。

1. 政府主导与企业运作相结合

长江流域各省的有关部门应根据旅游业发展的有关精神，根据统一规划突出重点、体现特色、合理使用的指导思想，把道教专项旅游当作一项独具特色的旅游产品，有计划、有目的、分步骤地进行综合开发。同时政府部门应在落实宗教政策、改造交通环境等基础设施上起到积极的主导作用。旅游企业则应在挖掘现有道教名山宫观和文物古迹的潜力上下功夫，在原有的基础上，进行产品的深度开发，突出特色，丰富内涵。即在一般的观光进香游的基础上，设计出新的项目、新的线路，以适应不同地区、不同层次、不同类型的游客和信徒需要；在产品及线路的设计上既可推出全面系统的长江流域道教风景名胜文物古迹游、长江风光——道教胜迹游，也可推出某一局部地区的专线游，如武当"道之旅"、江西道教胜迹专线游、浙江天台山访仙游等；还可与邻省联合推出专线游项目，如湖北武当山、重庆大足石刻(道教造像占 20%)、四川青城山可联合推出世界文化遗产道教专线游，等等。

2. 有针对性地开展宣传促销活动，不断开拓客源市场

在市场调研的基础上，针对不同客源市场的特点，精心设计不同的旅游线路宣传促销。充分利用青城山道教发祥地、龙虎山正一祖庭的地位，以及武当道、武当武术的独特性等在国内外宣传促销，特别是要利用这些道教圣地在中国港澳台地区及东南亚地区的重要影响，把这些地区作为主要的客源市场加以开拓，在这些地区加大宣传促销力度。同时，也应认识到国内市场的优势，努力改变道教旅游以香客、散客为主的客源结构，提高组团游客量。

3. 不断丰富道教专项旅游的活动内容

在开展上述道教专项旅游时，可根据游客的需要，适当增加活动内容，设计

出一些游客参与性的项目。如在道教重大节日，邀请善男信女和有兴趣的游客到著名宫观参加祈祷庆祝活动，亲身体验和感受道教文化的蕴涵。还可开展一些综合性的旅游文化项目，让游客研习道教医药、道教音乐、道教美术，习练道教书法、气功等。这样，可以充分调动游客的积极性，使古老的道教文化焕发出时代的气息。

4. 做好接待服务工作

除做好一般性的接待工作外，主要是培养和利用好三个方面的服务性人才：一要培养出文化素质高、掌握一定外语和旅游心理知识的高级文化型的导游员，要求他们不仅能介绍道教景观的一般内容，更要能够对道教文化的深刻内涵做出生动的解说；二在条件允许的情况下，可适当聘请景区附近大专院校研究机构的专家教授担任"高级导游员"；三是可以考虑让道教中人充当导游解说员，凭着他们对道教文化的熟悉和了解，可对游客进行基本的景观介绍、道教思想阐述等，这将对引领游客去体会道教文化、感受道教真谛起到不可忽视的作用。通过这三个方面的人才利用，更能充分展示出道教旅游的文化内涵。

中编　旅游产业发展与实践

民族地区发展乡村旅游的思考

乡村旅游在我国农业发达的汉族地区正处于蓬勃发展之势，表现出巨大的开发潜力，正在成为我国旅游业的一个新的增长点和亮点。大力发展乡村旅游，不论是对旅游业本身，还是对农业经济的发展，解决"三农"问题，实施乡村振兴，都具有极大的价值。我国少数民族地区在发展传统的旅游产品和市场的同时，能否借鉴汉族地区发展乡村旅游的经验，以此增加少数民族地区乡村居民的经济收入，促进少数民族地区乡村社会经济文化的全面发展呢？答案是肯定的。因为发展乡村旅游是我国旅游业发展的新趋向，而广大的少数民族地区有着发展乡村旅游的资源优势和广阔的市场空间。

一、乡村旅游是我国旅游业的新亮点

何谓乡村旅游？理论界对其理解不尽相同，提法也多种多样，有农业旅游、农村旅游、农业观光、观光农业、休闲农业等之称。本书所指的乡村旅游是以乡村为旅游目的地，以乡村自然环境、田园景观、农事活动和乡土文化为主要内容，将乡村的生产、生活、风情和生态环境等合为一体进行开发的一种旅游形式。它以城市居民为主要客源市场，具有投资规模小、参与性强、效益稳定、可促进城乡文化交流等特点，能满足旅游者观光、度假、休闲、娱乐、增长知识、体验乡村生活等多形式、多层次的需求。

乡村旅游在欧洲、美洲开展的历史都达百年以上，早在 19 世纪 30 年代欧洲就已开始了乡村旅游，20 世纪 50 年代以后，一些农场主和旅游开发者在乡村建立起具有观光、休闲、娱乐、餐饮、购物等多种功能的大型综合性旅游农园，吸引了大批游客前往。以世界旅游王国著称的西班牙，其乡村旅游在 20 世纪 90 年代以后的发展超过了海滨旅游，成为西班牙旅游的重要组成部分。受国外乡村旅游发展思潮的影响和我国市场经济的推动作用，我国的乡村旅游在 20 世纪 80 年代后期也开始起步，主要是为长期生活在都市里的人们提供一个休闲、放松的场所，开展乡村旅游比较早的主要是北京、成都等一些大城市的周边乡村，如四川的农家乐、北京的民俗接待户等。最近一些年来，随着旅游者消费观念的日趋成熟，旅游者的消费选择表现出多样性、自由性。越来越多的人在走向名山大川、旅游城市的同时，也青睐于乡村清新自然的田园风光、古朴的乡土文化气息。许多地方政府在大旅游的战略指导下，也非常重视乡村旅游，把发展乡村旅游作为促进农村经济的发展，使农民快速致富，调整农村产业结构的重要途径，于是诸如"农家乐""民宿"等乡村旅游品牌迅速打响，成为当地旅游业的一个新兴度假和节日休闲旅游产品。可见，乡村旅游在农业发达的汉族地区发展很快，表现出了蓬勃的发展势头和巨大的开发潜力，时至今日，已成为我国旅游业新的增长点和亮点。

二、少数民族地区开展乡村旅游的条件

(一) 资源优势

我国少数民族地区绝大多数地处西部，由于特殊的地理环境，加上历史、经济、社会等综合因素的制约，与发达的汉族地区相比，许多少数民族乡村社区相对闭塞，交通不便，经济发展滞后，然而，也正是这些传统经济发展制约因素的存在，造就和保存了许多原始奇秀、古朴的自然山水和民族风情。在这些地区，优美的田园风光、安宁的生产生活方式、社会构成以及民族风俗习惯构成了丰富的乡村旅游资源，这些宝贵的旅游资源为乡村旅游的开展提供了有利的条件。特别是各少数民族地区乡村保存的特有的生产方式、服饰行为、饮食习惯、居住环境、婚丧寿诞、节庆游艺活动等民俗事象各不相同，它们异彩纷呈，令人目不暇接。如土家山寨里就有着许多独特的民俗事象："过赶年"，吃年肉；办丧事"歌而不悲"，跳"撒而嗬"；嫁姑娘"哭而不喜"，唱哭嫁歌；田间劳动打薅草锣鼓，

唱薅草锣鼓歌。这些紧贴现实生活的民俗，展示了浓厚的民族色彩和地方气息，具有独特的民族文化内涵，给当代社会留下了一个很大的文化空间时差，这种明显的社会文化时差，如同强烈的磁石一般，深深地吸引着不同文化地域的人们。

(二)旺盛的市场需求

乡村旅游作为一种与人类回归大自然、返璞归真的愿望相吻合的旅游活动方式及旅游产品，颇受生活在都市之中的人们的青睐。一般来说，由于城市居民短暂的休闲需求的需要，临近城市的少数民族地区乡村或交通较为便捷的乡村有较大的潜在客源需求；一些远离城市，但自身资源极为突出，或地处知名度较高的景区附近的少数民族地区乡村，也有较大的客源市场，可凭借其特色资源或景区的知名度吸引短程、中程甚至远程的旅游者。

(三)良好的配套服务

发展乡村旅游必须同时抓好旅游交通、旅游宾馆、旅游餐厅、旅游通信、供水供电等基础设施建设，还要完善公共图形标志、信息网络建设、游人咨询接待中心建设，特别是卫生条件的改善和环保设施的完善，这就需要地方政府相关部门之间处理好协调关系，在制订相关政策时与旅游发展相协调，做到"行有基础""食有特色""住有条件""游有内容""购有商品""娱有活动"。我国少数民族地区的很多乡村由于社会经济基础的薄弱，在配套服务方面还存在一定的差距，但随着国家对"三农"问题的高度关注，国家财政越来越多地向农村倾斜，这些问题会逐步解决。相信在不久的将来，在国家和地方政府的政策倾斜下，少数民族地区乡村的基础设施建设、旅游服务功能会不断得到改善和完善。

(四)观念认识的提高

我国少数民族地区很多乡村的旅游资源丰富，但有的地区并没有得到很好的开发利用，有的虽然开发了，但还停留在低层次的发展阶段，这是因为，在这些地区，由于人们综合文化水平较低、思想保守等客观因素，从地方政府部门领导到乡村居民，对发展乡村旅游的意义认识不够，对乡村旅游在农村经济中，尤其是在少数民族地区经济发展中应有的地位和作用还没有足够的认识。只有那些深刻认识到发展乡村旅游的重大意义，把它纳入大旅游、大产业、大市场，进行宏观指导、整体规划，从少数民族地方干部到平民百姓在观念上达成了共识的少数民族地区，乡村旅游才会真正发展起来。

三、少数民族地区开展乡村旅游的意义

(一) 可以加快少数民族地区经济发展的步伐

我国少数民族地区农村数量多，分布面广，经济发展受到社会经济基础薄弱、思想保守等诸多因素的制约，而发展乡村旅游，可以有效地突破这些因素的制约，加快少数民族地区经济发展的步伐，为解决好"三农"问题找到有效途径。这表现在：解决了少数民族地区农民增收难的问题，促进了农副产品的开发，改善了基础设施，调整了农业和农村的产业结构，有效地解决了少数民族地区农村剩余劳动力的转移问题等。笔者在湖北恩施土家族苗族自治州利川市(民歌《龙船调》的故乡)柏杨镇栏堰村的调查表明，乡村旅游开发产生了良好的经济效益，该村土家村民开发乡村旅游以后，每家村民每年仅旅游收入就达 4 万元左右，相当于未发展旅游前全年收入的 6 倍，村民忙于旅游接待，不再外出打工，村民集资修起了马路，翻修了新房。农民靠发展乡村旅游实现了脱贫致富(见表 1)。

表1　　　　　　　　　　　　发展乡村旅游前后对照情况

开发乡村旅游之前	开发乡村旅游之后
村民主要靠种植土豆、玉米、烟叶等农产品维持生计	村民种植、养殖蔬菜、水果、水产等多种农副产品。从事农家餐饮、住宿、垂钓、采摘等旅游接待
农产品转化为货币的环节多、转化难、转化慢。家庭生活比较困难	村民种植、养殖的农副产品直接用于旅游接待，转化为货币的环节少，转化容易，转化快。家庭收入增加明显

(二) 为民族地区农村的精神文明建设找到了有效的载体

通过发展乡村旅游，少数民族地区乡村的精神文明建设会得到很大程度的加强。如云南的一些少数民族地区，通常把开办"农家乐"等乡村旅游形式与评比文明户挂起钩来，促进了家庭和睦，邻里的团结，农民在农闲时段不再无所事事，逐渐从赌博、打架、斗殴、酗酒等不良生活习惯中解脱出来，社会风气、社会治安得到明显好转，从而逐渐使少数民族地区农村的精神文明建设走向正轨。另外，发展乡村旅游，也会使少数民族地区农民的思想意识发生巨大的变化。通过不断与游客交往，村民的思想观念会得到改变，如过去许多耻于经商的少数民族村民增强了市场经济意识，主动热情地兜售旅游土特产品和旅游工艺品，同时也更多地了解了国家的方针政策、法律法规、致富门路等信息，增长了知识，提高了素质。

(三) 促进了少数民族地区传统文化的保护和发展

少数民族地区特别是乡村曾有着辉煌的民族文化空间，然而，随着乡村社会的变迁，特别是随着交通、通信条件的改善，广播、电视的普及，少数民族地区乡村不再是世外桃源，现代城市的娱乐文化、审美观念向乡村渗透，使得本民族文化逐渐退隐，村民特别是年轻一代的村民唱流行歌曲不会唱民歌，穿现代服饰不穿本民族服装，推倒传统民居建起钢筋水泥平房，民族文化逐渐失去了昔日的文化受众，出现了极为严重的文化传承危机。如何解决这一问题呢？通过发展乡村旅游，可以借助旅游这个媒介将少数民族的服饰、饮食、歌舞、民族工艺品等转化成民族旅游文化产品，既可让村民得到实惠，又能起到传承民族文化的作用，一举两得。游客在"男耕女织""田园牧歌""带月荷锄归"的情趣中怡然自得时，又能品味到一个民族独有的传统文化，也是收获颇丰。而得到实惠的少数民族村民，又会主动地去深入挖掘和传承自己民族的优秀传统文化。如云南昆明西山区开办"大磨房"等"农家乐"品牌后，全区"农家乐"蓬勃发展，为了丰富"农家乐"的旅游内涵，村民还组织了"民族文艺表演队"和"农民时装队"，在篝火晚会上展示当地少数民族服饰。因此，通过发展乡村旅游，能够促进少数民族地区传统文化的保护和发展。

四、少数民族地区发展乡村旅游的开发类型和发展模式

少数民族地区发展乡村旅游应采取什么样的开发方式，这是必须要考虑的问

题，是摸着石头过河，还是借鉴已有的成功经验？已有学者对我国现阶段乡村旅游的基本类型和发展模式做了有益的总结。

笔者认为，少数民族地区发展乡村旅游不能生搬硬套别处的发展经验和发展模式，不能盲目跟风，应因地制宜，结合当地农业生产、传统文化进行开发，尽量探索出一种能实现当地经济的发展、文化的保护和可持续发展的开发类型和模式。笔者根据少数民族地区乡村的自然环境背景、区位状况、资源特色等因素，将适合发展乡村旅游的少数民族乡村大致分为城郊型、景区互补型、特殊农业景观型、民族文化村寨型、边境型、综合型六种开发类型。

（1）城郊型。在临近城市、交通较为便捷的少数民族地区乡村可以利用炊烟轻袅、插秧割谷、水车石碾等农业景观和优美的乡村景色，通过开展"农家乐"旅游或者建一些休闲的度假山庄，为城市旅游者提供游览接待服务。满足久居都市居民的休闲需求。如湖北恩施土家族苗族自治州恩施、利川等城市周边已开发的乡村旅游点就属此类型。

（2）景区互补型。那些临近著名景区或本身镶嵌在景区内的少数民族乡村，可借助景区的知名度、吸引力及良好的旅游设施发展乡村旅游，既有利于增强景区的吸引力，延长游客逗留时间，增加旅游地的收入，同时又有利于增加乡村居民的收入，促进乡村经济的发展。如位于四川阿坝藏族羌族自治州的九寨沟风景区的村民，以景区游客为主要市场，取得了良好的旅游经济效益，基本上实现了现代的富裕生活。

（3）特殊农业景观型。在某些少数民族地区乡村有一些特殊的、典型的农业景观，如云南哈尼族人民依山傍势修筑的梯田就极具观赏价值，它重重叠叠，蜿蜒伸向远方，春天条条银辉，夏季层层绿浪，秋季漫山稻穗，冬季清波碧面，好似一件由线条构成的巨大艺术品，每年吸引着大批的游客光临。

（4）民族文化村寨型。"那些历史悠久，在一个至多个文化要素，或一项至多项民俗事项具有显著特色，能够成为某个特定民族在某一地域的典型代表的村寨"，被称为民族文化村寨。① 我国大杂居小聚居的民族分布格局，使云南、贵州等地有许多纯粹地居住着某个民族的村寨。这些少数民族文化村寨，保存了村寨的原生态特色，具有独特的民俗民风，游客身临其境能感受到浓郁的民俗文化

---

① 金颖若. 试论贵州民族文化村寨旅游［J］. 贵州民族研究，2002（1）：61-65.

氛围，因此对旅游者特别是远程旅游者具有较强的旅游吸引力。

（5）边境型。我国民族地区绝大多数地处边疆，在2万多千米的陆地边境线上，有30多个跨界民族，居住着这些少数民族的乡村往往形成"一寨两国""一店两国"等特有景观和边境乡村景观，如云南瑞丽大等喊村、丙冒村等。

（6）综合型。一些少数民族乡村不仅自然景观独特、民俗风情浓郁，而且交通方便、区位条件好，还有著名景区为依托，具备发展乡村旅游的绝佳条件。如前面提到的云南昆明西山区的一些村落就认识到自己的优势，在山、水、路上做文章，走"粮、林、果、菜"协调发展的乡村生态旅游之路，创建了"农家乐旅游+景区（点）+观赏农业旅游+康体休闲旅游"于一体的乡村旅游类型。

五、结　　语

一些少数民族地区乡村农民，生活水平不高，国家及地方政府部门都在想方设法解决他们的经济发展问题。一些民族地区地方政府部门借助旅游的平台，实施了以旅游开发带动民族地区社会发展的模式。本书通过对乡村旅游发展趋势的分析，指出了乡村旅游是我国旅游业新的增长点和亮点，我国少数民族地区的绝大多数乡村有条件、有市场顺应国际国内旅游业发展的潮流发展乡村旅游，甚至可以将其作为当地经济的新的增长点和旅游业的新亮点来培植。少数民族地区开展乡村旅游能促使当地尽快实现繁荣，是调整少数民族地区农村产业结构、解决"三农"问题的有效途径。在民族文化逐渐失去受众的今天，乡村旅游这个媒介可以对民族传统文化起到保护和传承作用。因此少数民族地区乡村应转变观念，加强基础设施建设，借助特有的资源优势和广阔的市场空间，探索少数民族地区乡村旅游开发的有效途径，总结民族地区乡村旅游发展的成功经验，因地制宜采取相应的开发类型。

诚然，开展乡村旅游并不是少数民族地区农村发展经济、致富的万能魔方，并不是所有的少数民族地区农村都适合发展乡村旅游，一些不具有特色资源、交通区位条件差，或是当地居民不愿意选择发展旅游来改变现状的乡村，一般不适合发展乡村旅游。

民族地区乡村旅游发展与和谐社会构建

一般认为，乡村旅游是以乡村为旅游目的地，以乡村自然环境、田园景观、农事活动和乡土文化为主要内容，将乡村的生产、生活、风情和生态环境等合为一体进行开发的一种旅游形式。① 它以城市居民为主要客源市场，具有投资规模小、参与性强、效益稳定、可促进城乡文化交流等特点，能满足旅游者观光度假、休闲娱乐、增长知识、体验乡村生活等多形式、多层次的需求。乡村旅游在我国农业发达的汉族地区正处于蓬勃发展之势，表现出巨大的开发潜力，乡村旅游正在成为我国旅游业的一个新的增长点和亮点。大力发展乡村旅游，不论是对旅游业本身，还是对农业经济的发展，解决"三农"问题，都具有极大的价值。

目前，国外对与本课题相关领域的研究主要集中在乡村旅游的概念、乡村旅游与乡村可持续发展的相关关系、基于供给和需求的乡村旅游发展的动力机制、乡村旅游发展的管理等方面。因为国外乡村旅游发展的背景是因现代人逃避工业城市污染和快节奏生活方式，并不是因发展乡村经济，故而对经济欠发达地区乡村旅游的研究很少。

乡村旅游在国内发达地区正处于蓬勃发展之势，与之相关的研究也逐渐受到学者们的重视。国内已有多位研究者对乡村旅游的概念进行了诠释，对乡村旅游的范围进行了界定，不过分歧颇大，说明我国乡村旅游的理论研究还远不够成熟；研究者们对我国乡村旅游产生的背景、开发的条件和意义也进行了阐述，观点基本趋同。从总体上看，我国在对乡村旅游的理论研究、案例研究、借鉴国际研究成果等方面还有待深入，对少数民族地区乡村旅游的研究以个案为主，理论研究鲜有述及。

---

① 郑群明，钟林生．参与式乡村旅游开发模式探讨[J]．旅游学刊，2004(4)：33-37.

笔者曾两次到湖北省恩施土家族苗族自治州实地进行考察，调查发现，城市和农村的经济发展不平衡，而那些开办"农家乐"等乡村旅游的地区，农民生活相对富裕。据此我们认为，充分利用少数民族地区农村的资源优势，大力发展"农家乐"等乡村旅游，不失为农民增收的一条有效途径。这既促进了城乡协调发展，又为构建社会主义和谐社会作出了一定贡献。因此，探析少数民族地区乡村旅游对构建和谐社会的作用，探索其发展途径，无疑具有理论与实践的双重价值。

一、少数民族地区开展乡村旅游对构建和谐社会的作用

近年来，随着旅游者消费观念的日趋成熟，旅游者的消费选择表现出多样性、自由性。越来越多的人在走向名山大川、旅游城市的同时，也青睐于乡村清新自然的田园风光、古朴的乡土文化气息。许多地方政府在大旅游的战略指导下，也非常重视乡村旅游，把发展乡村旅游作为促进农村经济的发展，使农民快速致富，调整农村产业结构的重要途径，于是诸如"农家乐"等乡村旅游蓬勃兴起，逐渐成为当地旅游业一个新兴的度假和节日休闲旅游产品。例如贵州省是一个多民族的聚居区，是中国欠发达的省份之一，20世纪80年代初，安顺的布依族石头寨等8个少数民族村寨对游客开放，随后相继在全省各地办起乡村旅游，至今已有130多个民族村寨开展了以浓郁古朴的民族文化为载体的民族村寨游、城郊农家乐、农业观光游等形式多样的乡村旅游。实践证明，少数民族地区乡村旅游的开展，不仅具有重要的经济意义，还能为乡村人口创造提高文化和科技素质的机会和条件，促进社会主义和谐社会的构建。具体表现在以下方面。

1. 在经济效益方面，加快了少数民族地区经济发展的步伐

我国少数民族地区发展乡村旅游，可以加快少数民族地区经济发展的步伐，为解决好"三农"问题找到有效途径。表现在：解决了少数民族地区农民增收难的问题，促进了农副产品的开发，改善了基础设施，调整了农业和农村的产业结构，有效地解决了少数民族地区农村剩余劳动力的转移问题等。

2. 在社会效益方面，加强了少数民族地区农村的精神文明建设

通过发展乡村旅游，少数民族地区乡村的精神文明建设会得到很大程度的加强，会使少数民族地区农民的思想意识发生巨大的变化。通过不断与游客交往，村民的思想观念会得到改变，同时也更多地了解了国家的方针政策、法律法规、致富门路等信息，增长了知识，提高了素质。

3. 在文化功能方面，促进了少数民族地区传统文化的保护和发展

随着乡村社会的变迁，少数民族地区乡村民族文化逐渐出现了文化传承危机。而通过发展乡村旅游，可以借助旅游这个媒介将少数民族的服饰、饮食、歌舞等加以开发和恢复，转化成民族旅游文化产品，让那些几乎淹没于社会进程中的宝贵民族文化遗产重获新生，并得以继承和传播。

二、少数民族地区发展乡村旅游、构建和谐社会应注意的几个问题

乡村旅游是我国旅游业发展的新趋向，我国少数民族地区乡村应转变观念，加强基础设施建设，借助特有的资源优势和广阔的市场空间，探索少数民族地区乡村旅游开发的有效途径，总结少数民族地区乡村旅游发展的成功经验，为和谐的新农村建设作出贡献。然而，笔者认为，在少数民族地区开发乡村旅游过程中还应特别注意几个问题。

1. 少数民族地区发展乡村旅游应因地制宜采取相应的开发类型和发展模式

在我国少数民族地区乡村开展乡村旅游不能盲目跟风，应因地制宜，结合当地农业生产、传统文化进行开发，尽量探索出一种能实现当地经济的发展、文化的保护和可持续发展的开发类型和模式。笔者将适合发展乡村旅游的少数民族乡村大致分为城郊型、景区互补型、特殊农业景观型、民族文化村寨型、边境型、综合型六种开发类型(具体内容见前文所述)。各少数民族地区乡村应根据自身

的自然环境背景、区位状况、资源特色等，选择适合自己的开发类型。

2. 少数民族地区发展乡村旅游应正确处理乡村旅游开发与乡村民俗民族文化保护的关系

许多少数民族地区的乡村社会文化，因其特有的民族传统文化、奇风异俗与现代主流社会中心文化之间的强烈差异，对外界会产生浓厚的神秘感，深深吸引着人们去探奇访幽，在这些地区开展以民族传统文化、民俗风情为主题的民俗文化型乡村旅游活动，一定深受游客的欢迎。然而，随着旅游者的涌入，非乡村文化逐渐渗透，特别是往来主流文化观念的进入，使旅游地的民族文化、风情民俗被削弱，直至同化。① 最明显的是传统民族服饰的同化，在少数民族地区，即使是偏远的乡村，穿传统服饰的人越来越少了，取而代之的是各种形式的长短裙、T恤衫、牛仔裤等。这种同化是由外来文化通过包括旅游等多种途径对乡村产生的潜移默化影响的结果。为此，在发展乡村旅游时，应妥善处理好旅游开发与乡村文化保护的关系。

（1）正确对待异地文化。异地文化对少数民族地区文化的冲击是客观存在的事实，少数民族地区在发展乡村旅游的过程中，要正确对待异地文化，在传承本民族传统文化的同时，接纳和吸收异地文化中优秀的内容，从制度上、意识上、行为上抵制各种异地文化消极的影响，正确地引导少数民族地区乡村居民的审美观念、思维方式、消费意识，防止他们一味地仿效异地文化和超前于自己经济水平的消费，增加他们的民族自豪感。

（2）通过制订旅游规划和建立民族文化生态博物馆等形式最大限度地保护少数民族原创文化。如在贵州省旅游总体规划中，既特别重视民族地区的乡村旅游，更重视民族传统文化的传承和保护。② 挪威政府援建的几座贵州民族文化生态博物馆，实际上就是选择典型的民族村寨、古镇，将其整体性保护下来，通过这种相对封闭的露天民俗博物馆形式，既可以防止民俗文化的被同化，又能通过人类聚居群众在空间上的差异分布造成的文化、经济与社会诸方面的相对神秘

---

① 赵福祥，李全德. 少数民族地区开展社区旅游的思考[J]. 云南师范大学学报(哲学社会科学版)，2003(3)：137-140.

② 世界旅游组织等. 贵州省旅游发展总体规划[M]. 北京：中国旅游出版社，2003.

性，刺激异地异族人们旅游动机的产生，为少数民族地区乡村旅游带来更多的客源。① 而得到实惠的少数民族村民也将会以极大的热情去挖掘、保护本民族的优秀传统文化。

3. 少数民族地区发展乡村旅游应注意对乡村生态环境的保护

优美的田园风光、古朴的农耕情调、独特的民俗风情是少数民族地区乡村旅游的"主餐"，对日日挣扎于钢筋水泥环境、被快速生活节奏及职业竞争所累的都市人来说，无疑是世外桃源，所以，少数民族地区的乡村旅游在开发过程中要注意：

(1)乡村生态环境的保持。目前在某些少数民族地区乡村的现状是工业文明与农业文明特色并举，现代设施与传统风物杂陈，难以营造乡村悠然恬淡的氛围。如某梯田山寨，在山坡的最显眼位置矗立着一座用于旅游接待的超常大木楼，游客无论是看景，还是拍照，总得煞费苦心地把它避开；在这里一些新建的新式木楼虽与传统麻拦差别不大，但那崭新的外观和那一排排明亮的玻璃窗，显得极其刺眼，同那座大木楼一样，破坏了整个山寨、整个梯田深邃宁静的和谐与自然流畅的韵致，破坏了山寨的乡村生态环境。少数民族地区乡村政府部门应发挥政府主导作用，在开发乡村旅游过程中，应制订合理规划，科学设计，在"绿色"上做文章，使游客在吃、住、行、游、娱、购上更加贴近自然、融入自然，使乡村真正成为游客"回归自然"的绿色怀抱。

(2)加强环保宣传与环境管理。少数民族地区的乡村政府、社区、居民都要接受环保宣传的教育，通过学习了解生态环境的重要性，从思想到行动上都具备环保意识，形成自上而下的环境保护观念。同时根据本地旅游环境承载力的大小，以价格、宣传等手段来控制游客量，实现社会效益、经济效益、环境效益的统一协调发展。

4. 少数民族地区发展乡村旅游应重视和提高乡村居民对发展乡村旅游的积极性

少数民族地区乡村旅游反映的是旅游地少数民族居民的生活、风情和文化，

---

① 中国科学院地理科学与资源研究所，等．贵州省黔东南苗族侗族自治州旅游发展总体规划[R]．北京：中国科学院地理科学与资源研究所，2004．

乡村作为乡村旅游活动的重要依托地，其居民是否能真正参与旅游开发的过程中来，使他们的意愿和利益得到关照，从而激发他们的积极性、能动性和创造性，这既关系到乡村旅游地民族风俗和传统文化的保护和发掘，关系到旅游活动真实性的实现，更关系到乡村的未来。如在广西南丹县实施的"甘河白裤瑶新村"旅游项目中，首次采用了参与式旅游开发的方式。不仅要求参与项目策划设计的学者专家、投资并参与行业管理的政府职能部门自始至终参与旅游开发过程，而且特别强调农户在项目开发中不再是旁观者，不再是被动地接受，而是参与者，是作为项目的主人，他们把自己作为民族文化的载体投资到旅游景区，积极主动地将自己与旅游景区连结为一体，这种方式将直接提高广大农户参与旅游开发的积极性，该项目的实施，使广大白裤瑶农民走上了可持续发展小康之路。因此少数民族地区乡村居民对发展旅游的态度问题，既是实施乡村旅游可持续发展的重要前提，也是乡村真正实现富裕、和谐的重要基础。

三、结　　论

本书通过对少数民族地区发展乡村旅游的实例分析，指出了少数民族地区开展乡村旅游能促使当地经济发展，是调整少数民族地区农村产业结构、解决"三农"问题的有效途径。少数民族地区乡村应把握好乡村旅游的开发原则，探索出乡村旅游开发的有效途径，因地制宜采取相应的开发类型，处理好乡村旅游开发与民族传统文化保护、乡村旅游开发与乡村生态环境保护的关系，重视乡村居民的参与，推动乡村社会的和谐发展，为构建和谐的社会主义新农村作出贡献。

民族地区"农家乐"旅游调查

恩施土家族苗族自治州地处鄂西南，辖六县两市，是湖北省唯一的地级民族地区。在这片透出自然芬芳的田野里，既有源远流长的土家民俗风情、古老奇特的土村苗寨、秀丽自然的田园风光，又有珍贵稀特、原始神秘的花海药园和珍禽异兽，更有奇峰怪石、险崖飞瀑、八百里清江美如画的壮丽景象。但是，山多是这里的特点，交通不便、信息不畅通造成广大农村生产力发展缓慢，城市化、工业化程度不高，该地区是我国经济文化发展水平相对较低的山区之一。

怎样使该州那些缺乏科技知识、致富无门的农民减贫致富，达到经济文化的全面小康？开发美丽的田园山寨和原汁原味的民俗文化，发展生态旅游业便是一条捷径。恩施州委、州政府明确提出要把旅游业培植成为兴州富民的重要产业。经过多年的发展，全州旅游资源如腾龙洞、清江自然景观以及来凤摆手堂、土家鱼木寨等文化景观得到了一定开发，建设了一批具有知名度的景点，初步形成了多元开发格局，旅游业已粗具规模，各族群众走上小康之路。

本调查组采取的基本调查方法是典型调查法（typical survey），即首先对恩施州"农家乐"按照起步时间的先后、所处地理区域分为不同的类型组，然后从各组中分别选取一两个具有代表性的单位进行"解剖麻雀"式的重点调查，从中了解、认识、归纳恩施州"农家乐"旅游兴起、发展的规律。在调研内容上重点调查：（1）恩施州"农家乐"旅游的缘起及类型；（2）存在的困难与问题；（3）发展计划与希望。在具体调研中，采取了专家咨询（走访旅游行业管理部门领导、当地旅行社经理和民俗文化方面的专家）、问卷调查（主要对参加"农家乐"的旅游者调查）、入户访谈等方式。

一、恩施州"农家乐"旅游的缘起及类型

(一)"农家乐"旅游的缘起

2001年利川市委、市政府为发展当地经济，带动各族群众走上小康之路，实施扶贫开发政策，他们将扶贫开发与旅游开发结合起来。作为扶贫开发的一个项目，在利川柏杨镇栏堰村实施"农家乐"试点，栏堰村是利川城至国家级重点文物保护单位大水井古建筑群的必经之地。2001年开始，栏堰村土家村民，利用自家庭院、鱼塘、果园、菜地，办起餐饮住宿，供城里人和到大水井旅游的游客吃住、观赏、休闲。城里人利用节假日来到这里，呼吸新鲜空气，观赏乡村田园风光，吃地道的土家饭菜，还可采摘新鲜蔬菜、打牌下棋娱乐，和亲朋好友快快乐乐地在农家小院度过节假日。外地游客也能体味到原汁原味、无任何矫揉造作、极富土家特色的民俗风情。农民得到了实惠，增加了收入。

实际上，恩施州绝大多数"农家乐"的开办是因为土家村民认识到都市人有参与"农家乐"旅游的愿望而自发发展起来的，他们在开办之初，还自费到发展"农家乐"旅游比较好的邻近地区重庆考察，学习他们办"农家乐"旅游的经验。恩施市舞阳街办事处五峰山村属自发发展"农家乐"旅游的代表。2004年3月，五峰山村第一家"农家乐"创办起来。实际上它是由县城下岗人员到五峰山村租房经营的，开业以后生意异常红火，周围村民见有钱可赚，纷纷改造房屋，办起餐饮接待。五峰山村全村2800多人，共858户，人均耕地4分，人多地少，所以除外出打工之外，发展旅游业才是他们的出路。全村现共有20多户"农家乐"，直接从业人员200多人，集中分布在该村连珠塔(系恩施市一旅游景点)周围。其中"山人居""五峰楼""连株阁""农家园""竹楼寨""农闲山庄""田舍人家""苗家寨子"等规模较大，每户从业人员在15人左右。五峰山"农家乐"除经营餐饮接待外，还开办有台球、羽毛球、棋牌等娱乐项目，另外游客还可参与体验土家族农事活动，如打草鞋、推磨、舂米、打糍粑、打蓑衣等。尽管五峰山"农家乐"属农户自发创办，但因参与农户多、分布较集中，村委会及时给予规范管理，所以目前无论是在规模，还是在发展势头上，都已成为恩施市郊区一项重要的旅游

资源了。

(二)"农家乐"旅游的类型

从整体来说,恩施州"农家乐"旅游为游客充分展示了恩施州特有的山区田园风光、缤纷的土苗风情、悠远的历史文化,具有浓郁的山乡"农味"。就局部而言,它又因兴起缘由、所依托的资源和区位的不同,形成风貌各异的特色类型。

(1)以农家独特的田园风光为依托,以绿色生态休闲为主题的"农家园林型"。这类"农家乐"以恩施市五峰山村、红庙十八湾生态农庄为代表。游客除了品尝具有民族风味的美食之外,还可参观竹林茅舍、林木葱绿、天人合一的美景,还可从事与农业有关的一些参与性较强的农事活动,尽情领略山乡恬淡闲适生活。

(2)以景区为依托,以独具特色的农家旅舍为主题的"景区旅舍型"。这类"农家乐"以恩施市远郊区清江闯滩漂流途中的汾水河、背依国家级文物保护单位大水井古建筑群的利川市栏堰村、恩施市大峡谷等为代表。这类"农家乐"以独具特色的农家旅舍餐饮、民族风情歌舞表演吸引游客,让游客既能欣赏景区美景,又能体味到民族风情,深受游客欢迎。

(3)以自身的风土民情、人文古迹为依托,以民俗旅游为主题的"古迹民俗型"。这类"农家乐"以利川市的鱼木寨为代表。该寨是目前国内保存最好的土家族古寨,寨堡巍峨,栈道凌空,古朴的民风、神奇的墓葬文化和雄险奇秀的自然景观,被誉为世外桃源。城里人在这里进行"农家乐"旅游,可以领略到浓郁的土家族风情和丰富的农耕文化内涵。

二、恩施州"农家乐"旅游的特点

(一)以天人和谐的田园风光、缤纷的土苗风俗民情为依托,向游客提供农家风味的服务

"农家乐"取法自然,凭借优美的自然风光、田园景色吸引游客,它以农家

院落为依托，竭力营造出中国农耕社会衣食富足、天人和谐的理想境界，展现出鄂西南山区农家特有的风貌。鄂西南是土家族苗族聚居区，民族风情浓郁，民风淳朴，特别是在乡村，保留了众多的民族风俗习惯，如在吃上，有腊肉、合渣、蚱辣椒等传统土家菜；在住上，民居建筑依山傍势，以吊脚楼为主。游客在这里吃住随意，能够体会到原汁原味的土家农户的生活。从灶头上取下一块腊肉，在田野中采摘一篮鲜绿的蔬菜，迎合了城市人对民族风味饮食、对绿色食品的偏好。土苗村寨民风淳朴，热情好客，有的"农家乐"户主甚至在游客消费后，钱给多给少随客自便。调查组到利川柏杨镇栏堰村调查时，据业主刘某讲，他家有客房三间，基本上对客人住宿不收费，"房子空着还不是空着，你瞧得起就多住几晚"让来自大都市的我们深切感受到土家族农民的友善和热情。

(二)"两栖型"的经营方式

这里所说的"两栖型"，一是指农户经营"农家乐"并不是家庭收入的唯一来源，还有其他的收入，如种庄稼、外出打工等；二是指农户利用自家民居办起"农家乐"以后，有客人时接待客人，没有客人时就下地干活、做家务等。栏堰村业主刘某说，他家除了办"农家乐"外，还种田、养鱼，有三个子女在外打工，"农家乐"的收入占整个家庭收入的一半。这种非专门化的"两栖型"经营方式很适合土苗乡村民情。

(三)营销宣传方式主要是通过游客的口碑相传

调查组对恩施"农家乐"的调研发现，几乎所有的"农家乐"都称游客得知其"农家乐"的渠道是朋友介绍、游客口碑相传，而且很大一部分客源都是回头客。据五峰山村"山人居"业主张某介绍，他在城里也发过传单，但主要还是通过口碑宣传，他接待的客人中有很多是回头客，据他估计回头客的比例占到30%～40%。通过我们调查组向游客发放的问卷调查也证实了这一点(见表1)。

表1 游客了解"农家乐"的方式

了解方式	比　　例
他人推荐	56%

了解方式	比　例
广告宣传	13%
互联网络	2%
其他	29%

(四)既适合城市工薪阶层休闲旅游，又能满足外地游客对民族风情探新求异的需要

一般来说"农家乐"交通方便，离城区不远，城里人利用周末双休日就可以进行旅游，而且价格低廉，定价也较灵活，适合工薪阶层消费。民族地区的乡村保留了更多的民族风俗遗存，游客通过在"农家乐"饮食、住宿消费就能深深体味到当地的民族传统文化。

根据调查组对参加"农家乐"游客的问卷调查，他们中60%来自恩施土家族苗族自治州内，40%来自州外。而来自州内的游客在回答"你参加农家乐的目的是什么"的时候，有70%的游客选择回答是"向往田园风光、绿色环保的环境和休闲娱乐"，可见"农家乐"是适合城市工薪阶层的一种休闲旅游度假形式。而来自州外的游客在回答"你参加农家乐的目的是什么"的时候，有60%的游客选择回答是"来吃土家饭、了解体验乡村民俗"，这从另一个侧面说明如果恩施"农家乐"能体现出民族特色，就能满足外地游客的需要，不过，在这方面恩施"农家乐"还有很多工作要做(见表2)。

表2　　　　　　　　州内、州外游客参加"农家乐"目的情况

项　目	州内游客	州外游客
向往田园风光、绿色环保的环境	40%	20%
休闲娱乐	30%	10%
来吃土家饭	10%	—
了解体验乡村民俗	15%	60%
其他	5%	10%

三、恩施州"农家乐"旅游发展受制约的因素

(一)基础设施配套不够

(1)水质堪忧。据调查,有一些"农家乐"都不是使用的自来水公司的水,而是自流式水。水质不高、水压不够不仅影响"农家乐"的正常经营,而且已成为部分"农家乐"进一步发展的严重制约因素。

(2)交通条件差。恩施州"农家乐"一般位于城郊山区,通往"农家乐"的道路等级不高,路面不平,坡陡、狭窄,没有道路标志、路灯等公益设施,往往造成堵车等现象。因无公共汽车、客运汽车通行,导致无车的游客"望而却步"。调查组针对游客的调查,在回答"你对目前恩施州农家乐最不满意的地方是什么"时,有30%的游客回答"交通不方便,路太难走"(见表3)。

表3 **游客对目前恩施州"农家乐"最不满意的地方**

项　　目	比　　例
价格太贵	7%
交通不方便,路太难走	30%
环境太差,不卫生	3%
服务不到位	10%
住宿饮食失去了民族特色	30%
要购买的土特产品太少	20%

(3)卫生条件不达标。主要是食品卫生、从业人员的健康检查等方面的管理存在缺失,还有待加强。另外"农家乐"经营场所还有"左边厨房,右边卫生间"等现象,在生活污水的处理排放上,没有进行净化处理,乡村的生态环境正在遭受破坏。

(4)在消防、公共安全方面还需加强,相应的应急预案及消防设施还没完全配套。

(二) 民族特色不浓

(1) 在饮食住宿服务的提供上，民族特色不浓。针对游客的问卷调查发现，有30%的游客反映"农家乐"饮食住宿失去了民族特色(见表3)，他们特别希望"农家乐"在住宿饮食上要有民族特色，希望服务员能穿民族服装，在休闲娱乐时能提供土家族、苗族的歌舞供他们欣赏。

(2) "农家乐"民居环境失去了民族特色。农户的房屋大多已不是传统的吊脚楼建筑，而是水泥砖瓦房，现代设施等都市文明符号已楔入山沟，不仅失去了浓郁的民族特色，而且破坏了山村深邃宁静的和谐与自然流畅的韵致，破坏了山村的生态环境。

四、发展恩施州"农家乐"旅游的对策建议

(一) 提高认识，统筹规划

随着休闲度假时代的到来，"农家乐"旅游正以其独有的乡村生态观光、休闲度假和农事民风体验功能吸引着城镇居民纷至沓来，显示出强劲的发展势头和旺盛的生命力。发展"农家乐"旅游不仅正当其时，而且在丰富旅游产品内涵，调整农业产业结构，转移农村剩余劳动力，帮助农民增收致富，提高开放意识和整体素质，有效地解决"三农"问题，建设小康和谐的新农村等方面，正发挥着并将继续发挥着越来越重要的作用。恩施州地处湘鄂渝交界山区，独特的区位优势、良好的生态环境和浓郁的民族风情，为恩施州"农家乐"旅游的发展奠定了良好的天然基础。然而，恩施州毕竟是一个较落后的山区，发展"农家乐"旅游要受到交通、资金、人才、观念等诸多因素的制约和影响，因此，恩施"农家乐"旅游的发展必须以超前的眼光，站在战略的高度，从整体上进行谋略与规划。一方面，政府部门要积极探索、运用旅游政策、有关"三农"政策进行有力扶植。另一方面，必须在调查研究的基础上，聘请专业人士编制科学的旅游发展规划，作为指导恩施州"农家乐"旅游开发的行动指南。在编制规划时，必须做到"两个纳入"。一是要将"农家乐"旅游纳入恩施州旅游整体发展的规划中来，正确处理

"农家乐"旅游与其他旅游的关系，正确处理"农家乐"旅游规划与当地产业发展规划、城镇建设规划、农村建设规划等相关规划的关系；二是要将"农家乐"旅游纳入统筹城乡关系、解决"三农"问题、构建和谐农村的发展战略中来。

(二) 突出重点，科学布局

恩施州是一个较落后的山区，发展旅游要受多种因素的制约。因此，发展恩施州"农家乐"旅游必须走因地制宜、有所为有所不为的开发之路，实施增长极发展战略和点轴开发模式，选准和突出重点，提高资源的优化配置能力和资金的利用效力，把有限的资金、财力用在优势资源和能发挥集聚效应的地区或项目上，力争在重点区域或特色优势项目开发上实施突破，并产生轰动的市场效应。同时，要按照点轴和梯度开发模式，由点及面，层层推进，有步骤、分阶段地建构恩施州"农家乐"旅游的空间发展格局。鉴于恩施州独特的自然生态环境和浓郁的土苗民俗风情以及目前已有"农家乐"的发展经验，建议：恩施"农家乐"旅游开发的重点应放在山乡野趣意境的营造利用和土家族、苗族民俗文化的挖掘表达上。在空间布局上，"农家乐"的布点要紧紧依托中心城镇、交通干线、特色山村和著名景区来进行，先在政府的引导下建设"农家乐"示范户、示范村，然后按照规划进行有序推广。我们认为恩施州"农家乐"旅游开发在地区上应首先放在恩施、利川两市及巴东、建始、咸丰等县，充分利用这些地区中心城市经济、区位和人流优势，发展城郊"农家乐"旅游。在交通干线选择上，应沿宜万铁路和沪蓉高速布点。在景区依托方面，应重点放在龙鳞宫、腾龙洞、齐岳山、大水井、鱼木寨、福宝山、梭布垭石林、坪坝营、大峡谷等著名景区点所在地，把发展"农家乐"与景区建设有机结合起来。

(三) 精选模式，铸就品牌

特色是旅游的灵魂，是旅游业的生命线。恩施州"农家乐"旅游开发必须走特色和品牌发展之路。目前全国"农家乐"旅游已形成了许多成功的类型，如农家园林型、花果观赏型、民俗体验型、高新农业型等。这些成功的"农家乐"形式都值得恩施州好好学习与借鉴，但恩施州"农家乐"在借鉴的基础上一定要实行创新，形成特色。在创新和形成特色方面，恩施州有两个独特的优势资源一定要利用好，一是生态型的山乡野趣意境资源，二是浓郁的土家苗家民俗风情资源。利用这些优势资源，我们可以开发出山村园林型、高山牧区型、山区特产型、民俗风情型、山野体验型以及融上述两种或多种类型于一体的综合型等"农家乐"产品形式，并通过少数民族文化的挖掘与展示、特有山乡野趣意境的营造以及融入景区建设的方式，提升档次，逐渐形成自己的特色和品牌，让游客玩出文化、玩出品位、玩出健康、玩出知识、玩出感情。

(四) 保护环境，完善配套

随着人们生活质量的提高，旅游者对旅游环境的质量要求也越来越高。因此，恩施州"农家乐"旅游开发首先要注意乡村生态环境的保持，生活环境的美化，农家氛围的营造在"绿色"上做文章，使游客在吃、住、行、游、娱、购上贴近自然、融入自然，让游客真正能体味到"回归自然"的乐趣。如在"农家乐"民居建筑方面，在内外部装修上，要与村野环境相协调，显出和谐的韵致和自然流畅的宁静。其次要加强环保宣传与环境管理。乡村政府、社区、居民都要接受环保宣传的教育，通过学习了解生态环境的重要性，从思想到行动上都具备环保意识，形成自上而下的环境保护观念。针对农户和游客反映的交通、用水用电等方面的困难，地方政府部门要加大行政服务力度，积极协调解决，抓好交通、通信、供水供电等基础设施的配套建设，改善卫生条件，完善环保设施。

(五) 提高素质，规范管理

从业人员的观念和意识也是影响"农家乐"旅游发展的重要因素。当地政府和社区应对乡村居民定期举办旅游技能培训班和学习班，消除村民对服务工作的顾虑，端正服务态度，强化服务意识和技能，提高从业人员的素质，逐步完成从第一产业向第三产业的顺利过渡。政府还可以组织从业人员到"农家乐"旅游做得好的地方去考察、学习，增长他们的见识，开阔他们的视野。针对恩施州"农家乐"旅游在自发形成过程中暴露出的规模小、档次低、服务质量低、卫生条件差、民族特色文化含量低、宣传营销工作开展较差等问题，一方面，恩施州或市县应出台并实施"农家乐"管理办法，出台"农家乐"服务规范、环境卫生安全标准、社区治安管理条例、星级评定标准等，对恩施州"农家乐"的接待、餐饮、卫生、安全、交通、住宿设施、登记注册、环境保护、服务质量、服务项目等方面制定详尽的标准，规范"农家乐"的管理。另一方面，为规范管理，避免无序竞争，恩施州或市县政府部门还应积极引导"农家乐"加强行业自律，成立"农家乐协会"等自律组织，以此协调"农家乐"经营户之间、"农家乐"与政府部门之间的关系，促进"农家乐"旅游的健康发展。

五、结　　语

掩卷而思，不能不说发展包括"农家乐"在内的农业旅游是带动少数民族地区农村社会经济全面发展的很好途径。我们认为，恩施州"农家乐"旅游实现健康发展的关键在于：一是政府的重视与扶植。得力的政策扶植与宽松的政策环境，让农民更具自主性，也避免出现盲目性。二是突出民族特色因地制宜搞发展。只要当"农家乐"成为地方民族文化的载体，成为游客体验异地异域风土人情的场所时，"农家乐"才能具有生命力。

蔬菜旅游发展的思考

蔬菜旅游是近年来随着乡村休闲旅游、农业生态观光旅游的发展而兴起的一种专项旅游项目。蔬菜旅游应是以花色品种多样的蔬菜及一系列蔬菜种植农事活动等为旅游资源吸引游客参观游览，从而创造经济效益和社会效益的一种全新的旅游方式。随着市民亲近自然和到乡村度假休闲的愿望日益强烈，蔬菜旅游将会成为旅游市场的新"亮点"，是颇有发展前景的旅游项目。在城郊的生态农业观光园、蔬菜生产基地等地均适宜开展此类旅游活动。

一、我国蔬菜资源的旅游价值

由于我国自然环境条件复杂多样，蔬菜资源的多样性十分突出，据统计，我国蔬菜多达 37 科 140 余种，丰富的蔬菜资源，不仅为人类自身的发展与进步提供了物质保障，而且是人类旅游活动中宝贵的旅游资源，具有重要的旅游开发价值。

1. 康体价值

食用保健康体应是蔬菜旅游资源最基本的旅游价值。随着中国普通百姓生活水平的提高，人们对蔬菜的食用越来越多，食用蔬菜对富裕起来的中国人的康体保健作用十分明显，而且种植蔬菜的乡村田园相对于都市来说，环境优美，空气清新，旅游者置身于生机勃勃的蔬菜原野，享受自然沐浴，怡情保健。

2. 欣赏价值

出产蔬菜的生态农业园、蔬菜生产基地大多地处城郊接合部，山清水秀，空气清新，而种植其中的蔬菜以其形、色等审美要素更造就了田园风光的美妙之处，旅游者运用感知器官就可以充分领略到大自然的美景，获得赏心悦目的美妙感受。如在山东寿光市蔬菜高科技示范园内，遍地的白色蔬菜大棚覆盖下，憨态可掬的大南瓜、精巧可爱的小萝卜、绿叶掩映的大西瓜⋯⋯游客置身其中，犹如走进一个美丽的园林世界，而徜徉于各种藤蔓菜果搭成的"蔬菜走廊"，各种鲜活蔬菜和花卉相互映衬，很难分辨出哪是花哪是菜，可餐的秀色让人惊叹，让人流连。

3. 体验价值

蔬菜旅游的体验价值是由蔬菜这种旅游资源造就的参与环境决定的。旅游者在观赏蔬菜过程中，不仅能欣赏到蔬菜的形色盎然，领略到田园风光，而且能够直接参与蔬菜的种植、采摘、品尝活动，亲身体验蔬菜生产过程，体味生机盎然的农村生活。"五一"黄金周期间，武汉东西湖曾举办慈惠蔬菜节，很多旅游者兴致勃勃参与了蔬菜果品趣味比赛、认养农家菜地等活动，满足了都市旅游者融入自然、体验田园乐趣的需求。

4. 教育价值

在现代的生活环境下，蔬菜虽说是餐桌上的必备菜肴，可生活在都市中的小朋友，甚至有些年轻人并不一定知道它艰辛的种植过程和复杂的种植技艺，因此都市人常常希望到菜园用身临其境的方式教育后代，由此蔬菜旅游资源本身也成了宝贵的教育素材。旅游者可通过参观蔬菜园、参加蔬菜种植采摘活动，了解我国丰富多彩的蔬菜品种，学习种植技艺，不仅丰富阅历，更增长见识，体会到餐桌上的蔬菜来之不易，使自己更加珍视农民的劳动成果。在蔬菜园里，经常可见很多父母领着孩子参观游览，一边观赏，一边给孩子介绍有关蔬菜的知识，帮助其增进对新农业生产技艺的了解。

5. 经济价值

现代旅游是一种社会行为、文化行为，也是一种经济行为。蔬菜专项旅游的开发应与生态农业的发展政策和措施联合配套，应与农业旅游、乡村旅游的发展策略结合起来。事实上，通过参与蔬菜旅游可以使旅游者在旅游过程中亲眼看见、亲身经历绿色蔬菜的生产和管理过程，甚至亲自品尝蔬菜后，从而不自觉地增进对绿色蔬菜的信任和依赖，买上一些新鲜的蔬菜带回家与亲朋好友分享，这样就把蔬菜的观"尝"和客人的购买结合起来，蔬菜的销售市场由城市移到农村，在田间地头销售，减少了销售成本和销售环节，农民能够在最短的时间内得到现金收入，这样产生的经济效益是显而易见的。

二、我国蔬菜旅游的类型

在我国，蔬菜旅游已经起步。如山东寿光市的蔬菜闻名全国，当地蔬菜种植技术好，名优品种多，科技含量高，各地农民纷纷前来参观学习。在此举办的每年一届的蔬菜博览会更是聚集了观光旅游人气，推动了寿光旅游产业的大发展。人口只有108万人的寿光市，吸引了106万人光临。当地的旅行社瞅准了这里面蕴藏的巨大商机，抓住这一优势，围绕蔬菜旅游大做文章，他们以该市的30多万个蔬菜大棚为基地，开设了以蔬菜为中心的特殊旅游线路，组织游客到冬暖大棚的发祥地三元末村、蔬菜批发市场、万亩韭菜园、蔬菜高科技示范园、绿色食品基地等处参观游览。旅行社还专门聘请农业技术员做导游，为游客介绍蔬菜种植技术以及名优蔬菜新品种。一时间，寿光蔬菜旅游成为最受游客欢迎的线路之一。根据我国已有的对蔬菜旅游资源开发的活动项目和蔬菜资源的旅游价值，笔者认为可开发出满足旅游者旅游需求的下列专项活动形式。

1. 参与体验型

现代旅游者已经不再满足于单纯的展示性旅游，人们更加趋向于有别于惯常生活的充满情趣的体验。目前，随着生态旅游、农业旅游、乡村旅游等旅游市场的发展，旅游者开始逐渐热衷于回归自然、返璞归真的参与体验式旅游。参与采摘蔬菜、认种一片菜地等活动内容，就是一种体验式旅游，是旅游者对乡村田园自然环境和人文环境的一种感受和探索，一种心理上的彻底释放。

2. 观赏展示型

在蔬菜园，特别是在一些蔬菜高科技示范园内，色彩和形状的组合令人眼花缭乱：色泽斑斓的五彩椒、晶莹剔透的樱桃番茄、姿态各异的大小南瓜……更加以恬静的田园风光、独具特色的乡风民俗和农耕文化，形成优势互补、极具观赏性的旅游资源，开发观赏展示型的蔬菜旅游产品将对旅游者产生极大的吸引力。

3. 参观学习型

通过旅游增长知识、增长见闻也是现代旅游者的追求，参观学习型的蔬菜旅游产品能满足旅游者的这种愿望。都市人通过参观蔬菜园地，知晓蔬菜的品种、形式、种植技艺。而随着农业新技术、新品种的推广运用，希望寻求致富真经的广大农民，满怀着对农业新知识的渴望，到大棚蔬菜园、蔬菜高科技示范园里"零距离接触"，可以实实在在地学习到绿色蔬菜、有机蔬菜的生产过程和最新技术。城里人瞧景长见识，农民取经学科技，各取所需，各奔所爱。

4. 节庆型

"蔬菜是文化，种菜是艺术"。目前在很多省市为了配合乡村旅游、农业旅游的开展，举行了诸如蔬菜博览会、蔬菜文化艺术节、瓜菜果王大赛、厨艺菜果雕刻大赛等活动，全力打造蔬菜旅游节庆型旅游活动产品，为蔬菜旅游增加了诸多精彩看点。

三、发展我国蔬菜旅游的对策（以武汉为例）

武汉市郊区现有的蔬菜旅游项目形态，主要是随着武汉市乡村休闲游领导小组打造的乡村休闲游而附带发展起来的，如到石榴红农庄、江夏和平农庄认种农家菜地的农事体验型，到黄陂区武汉生态农业园的现代蔬菜园畅游的观光游览型，有东西湖慈惠农场举办的蔬菜节的节庆型。其中武汉生态农业园在规模、效益、管理等方面在武汉走在前列，在春游踏青季节该园每月接待游客达2万余人。可以说，以观赏、采摘蔬菜为主要内容的农业节事活动取得了明显实效，蔬菜旅游活动正加快步伐以良好的态势发展。通过对武汉市乡村休闲游管理经验的反思，笔者提出如下规范蔬菜旅游发展的对策。

1. 加强政府主导，合理规划布局

为将蔬菜旅游纳入健康发展轨道，应明确专门行政管理机构，加强管理和服务工作。武汉市已经成立起来的乡村休闲游领导小组除负责辖区内乡村休闲游（包括蔬菜旅游）发展的管理和服务工作之外，还应指导组建蔬菜旅游行业协会，以此协调农庄（或蔬菜园）与农庄之间、农庄与政府部门之间的关系。

目前蔬菜旅游业在武汉市还是一个新兴的旅游产业，还没有把它纳入城市总体规划。政府部门应以超前的眼光，积极运用旅游政策、有关新农村政策进行谋略与规划，分析客源市场，结合各区县的实际和特点，制定全市蔬菜旅游发展总体规划，合理布局，避免蔬菜旅游景点的重复雷同及一哄而上、一上就散局面的出现。

2. 完善相关法规，保障蔬菜旅游健康发展

为进一步规范提升蔬菜旅游接待的整体水平，提升蔬菜旅游的规模和档次，可以参考相关行业标准，及时出台蔬菜旅游项目管理办法和行业管理规范，制定蔬菜观光园的评定标准，对项目立项条件、申请程序、审批办法、管理制度等事宜有明确的规定，对观光园的服务规范有详尽的标准，对园区生产的蔬菜产品在安全、健康、卫生方面有具体的要求，满足旅游者的旅游需求，推动武汉市蔬菜旅游健康、有序和快速发展。

3. 加强环境保护，营造蔬菜旅游环境氛围

随着人们生活质量的提高，人们空前渴求返璞归真，亲近泥土，为使旅游者能在干净、优美、舒适的自然环境中尽享其乐，必须切实加强环境保护，行业管理部门应会同环境保护部门共同制定环境保护的管理办法和措施，如规范蔬菜旅游经营者的行为，提高他们的环境保护意识；完善旅游厕所、污水垃圾处理等卫生设施，禁止污染源的出现。让旅游者安心游玩，放心吃住。

发展蔬菜旅游不仅要注意生活环境的保护和美化，还要在旅游环境氛围的营造上做文章，如在通往景区的道路旁，建起蔬菜模样的路灯、果皮箱；园区蔬菜大棚间的道路硬化，空中搭棚起架，栽种一些丝瓜、吊瓜等可食、可赏的藤蔓菜

果，旅游者徜徉于举目可望果、抬手可摘瓜的"蔬菜走廊"，可全身心融入浓郁的蔬菜旅游氛围中。

4. 加大宣传促销力度，提高蔬菜旅游产品的知名度

蔬菜旅游是以自身独特的个性和风格来吸引旅游者的，但仍须利用各种媒体进行宣传促销。应充分利用各种媒体，通过组织观光旅游、举办展览会、科普培训等活动，大力宣传蔬菜旅游产品，积极开拓蔬菜旅游的客源市场。同时加强与周边旅游景区（点）的联合，加强与旅行社的合作，提高蔬菜旅游产品的知名度，以挖掘旅游者的消费潜力，激发旅游者对蔬菜旅游的兴趣，扩大蔬菜旅游的客源市场。

民族地区乡村旅游发展研究进展与趋势

中国是多民族国家，共有 5 个民族自治区，26 个民族自治州。我国的少数民族大多分布在偏远的山区、高原地带，奇特的地形地貌、独特的自然资源、神秘的民族文化，使我国民族地区形成了独具特色的民族旅游资源优势。近年来，民族地区乡村旅游的发展极大地促进了经济增长，为民族地区的新农村建设和可持续发展注入新的活力，引起了学术界的广泛关注。本研究主要针对民族地区乡村旅游的相关研究文献进行搜集与分析，梳理民族地区乡村旅游研究的关注焦点，希望能够对民族地区乡村旅游发展的实践推进和理论研究提供有益的参考借鉴。

一、文 献 概 况

笔者在中国知网"高级检索"模式下，以"民族"和"乡村旅游"为关键词，以"主题"为检索条件，检索相关文献，得到的检索结果共 730 条。经过手动删除，最终得到的具有参考价值的文献为 485 篇，通过对这 485 篇文献整理和归纳可以看出，2005—2008 年的文献发表数量不断增加，这一时期对应着我国乡村旅游的发展热潮。原国家旅游局将 2006 年定为"乡村旅游年"，同时"十一五"规划将社会主义新农村建设列为重要内容，标志着我国乡村旅游进入了一个高速发展的时期。2009 年的文献发表数量有一定的减少，2008 年下半年由于美国次贷危机引发的全球金融危机，对我国的旅游业带来了巨大冲击，而这一时期相应的学术研究也有所下降；2009—2011 年的发表数量持续上升，针对全球金融危机，国家出台了一系列扶持政策，扭转了国内旅游业的颓废之势，引起了民族地区乡村旅游研究的高峰；2011 年后一直保持着稳定的发表数量，这一时期国家对乡村旅游发展的关注度也不断上升。

二、研究现状分析

(一) 研究机构分析

通过梳理研究机构，可以看出，民族地区乡村旅游研究的各个机构在研究过程中比较独立，相互合作比较少；机构大多集中在广西、贵州、云南、西藏等西南地区高校，以旅游院校和师范类院校为主。发文数量排在前三的机构，分别为桂林理工大学旅游学院、贵州师范大学地理与环境科学学院、云南师范大学旅游与地理科学学院。通过对这三个研究机构发表文献进行梳理，笔者发现结果呈现出以下特点：第一，文献发表数量普遍偏低，说明对民族地区乡村旅游的重视程度不够深入，在未来仍有很大的发展空间；第二，研究主题主要集中在传统命题方面，主要包括产品的开发、发展模式、对策研究等方面，缺乏对当地居民等微观方面的研究；第三，研究区域主要局限于研究机构所处的本土领域，主要集中在云南、广西、贵州，这与该地区少数民族聚居和旅游业的蓬勃发展密切相关。

(二) 研究学者分析

通过整理得到发文数量排名前十的作者有：徐燕、殷红梅、李星群、邓敏、罗永常、文军、吕白羽、陈洪智、陆仙梅、石贤昌。首先，徐燕与殷红梅对民族地区乡村旅游研究发表的文献数量最多，主要针对贵州省民族村寨乡村旅游的开发、民族文化保护、扶贫建设模式、社区参与等方面进行研究。其次，李星群和文军的合作对民族地区乡村旅游的研究也具有突出贡献，主要从社区参与的角度对广西乡村旅游中居民、微型旅游企业等微观层面进行了一系列实证研究。另外，罗永常教授长期致力于民族地区旅游开发与规划研究，在全国民族旅游研究领域有较高的知名度和学术影响。从上述的分析中可以看出，关于不同学者对民族地区乡村旅游的研究主要有以下特点：一是在不同时期都涌出一批杰出的学者，说明该领域一直受到学术界的关注，主要代表性学者有徐燕、殷红梅、李星群、邓敏、罗永常等；二是各学者关于民族地区乡村旅游的文献研究数量基本都

在 10 篇以下，各学者的发文数量普遍偏低，缺乏有影响力的突出文献，说明对
该领域的重视程度还不够，需要进一步深入研究。

(三) 研究关键词聚类分析

关键词是一篇学术论文研究主题的高度浓缩，在某一研究领域的文献分析
中，出现频次高的关键词通常被认为是这一领域的研究热点，相互之间的关联性
在一定程度上可以揭示学科领域中知识的内在联系。[①] 本书利用 Citespace Ⅲ 软件
绘制出关于民族地区乡村旅游发展研究的关键词共现知识图谱。图谱中，每个圆
形的节点代表一个关键词节点的大小，与关键词的出现频率成正比，节点越大，
其越可能成为民族地区乡村旅游研究的热点领域。通过对关键词进行词频统计，
可以看出以"乡村旅游"和"民族地区"的中心性和频次均为最高，对其他关键词
具有引发和辐射的作用，因此是这一领域的研究核心。以此引发出的出现频次和
中心性较高的关键词分别为："新农村建设""可持续发展""民族文化""社区参
与""旅游开发"等。

1. 新农村建设的研究

2005 年中共十六届五中全会中通过《中共中央关于制定国民经济和社会发展
第十一个五年规划的建议》，提出推进社会主义新农村建设。乡村旅游是推进社
会主义新农村建设的重要举措，尤其在民族地区，经济发展不平衡，但却蕴藏着
丰富的旅游资源，以乡村旅游为发展契机，可以有效地促进民族地区社会的全面
发展，从而实现民族地区新农村建设。西部地区是少数民族聚集地，同时又是我
国社会主义新农村建设的重点。基于此，学者们主要从西部民族地区乡村旅游的
发展与新农村建设的良性互动展开研究。张勇梅、王子璇、唐杰在分析民族地区
乡村旅游与新农村建设共生的基础上，提出了民族地区新农村建设与乡村旅游协
调发展的思路及建议。[②] 黄燕群认为在实现新农村建设的过程中推动了当地乡村

---

① 邱均平，张晓培. 基于 CSSCI 的国内知识管理领域作者共被引分析[J]. 情报科学，
2011(10)：1441-1445.
② 张勇梅，王子璇，唐杰. 民族地区新农村建设与乡村旅游协调发展探析[J]. 资源开
发与市场，2008(11)：1048-1050.

旅游的发展，二者相互促进、联动发展，促进了二者之间的良性互动。① 通过以上学者的研究可以看出，乡村旅游的发展推动了民族地区的新农村建设，而新农村建设也为民族地区乡村旅游的发展开阔了更广的空间，二者之间的良性互动为民族地区乡村旅游提供了新的研究方向，丰富了理论研究成果。

2. 可持续发展的研究

我国乡村旅游的发展起步较晚，在发展过程中为了追求眼前经济效益，急于求成，进而导致了一系列问题。在可持续发展战略的指引下，越来越多的学者开始关注民族地区乡村旅游可持续发展，主要体现在以下几个方面：社区参与、旅游扶贫、对策建议。

(1)社区参与。社区参与是在旅游开发过程中，社区实现经济、文化、环境可持续发展的重要途径。明跃玲认为乡村旅游社区参与的关键是社区成员主体意识的培养，可以通过更新传统观念、发展民族教育、挖掘民族文化内涵等方式培养社区成员参与乡村旅游的主体意识。② 高婧婷主要从当地居民、旅游者和规划部门三个方面分析少数民族地区乡村旅游的社区参与存在的问题，认为社区参与应该在因地制宜与相互合作的基础上进行。③

(2)旅游扶贫。随着社会经济的发展，乡村旅游已经成为促进城乡融合发展、农民脱贫致富的主要渠道之一，在实现民族地区乡村旅游可持续发展中发挥着重要作用。张遵东、章立峰通过黔东南民族地区实地调研，发现发展乡村旅游与农民收入增长整体上呈现出一致性。④ 卢睿从理论和实证角度切入，分析乡村旅游业发展对区域经济增长的拉动效应。⑤

① 黄燕群.民族地区乡村旅游发展与新农村建设良性互动的构建——以广西富川瑶族自治县凤溪村为例[J].咸宁学院学报，2014(12)：5-7.

② 明跃玲.乡村旅游与社区参与的主体意识培养——以湘西德夯苗族村寨为例[J].湖北民族学院学报(哲学社会科学版)，2010(4)：30-34.

③ 高婧婷.基于社区的少数民族地区乡村旅游发展问题与对策研究[J].伊犁师范学院学报(社会科学版)，2011(1)：130-132.

④ 张遵东，章立峰.贵州民族地区乡村旅游扶贫对农民收入的影响研究——以雷山县西江苗寨为例[J].贵州民族研究，2011(6)：66-71.

⑤ 卢睿.乡村旅游业发展对广西区域经济的影响研究[J].中国农业资源与区划，2016(10)：45-50.

（3）对策建议。何格、胡艳梅在对四川长宁县乡村旅游可持续发展能力综合评价的基础上提出推动乡村旅游可持续发展的建议，主要从人才、管理体系和营销体系三方面展开。① 邵振宇分析了资源开发与环境保护之间的辩证关系，以获得促进乡村旅游可持续发展的最佳方案。② 从上述学者的研究中可以看出，在民族地区乡村旅游发展过程中，越来越多的学者开始不局限于当前的经济利益，相反在研究过程中从正反两个方面分析乡村旅游发展对民族地区所带来的影响。

3. 民族传统文化方面的研究

民族文化是一个民族在长期的生活实践中生产和创造出来的能够体现本民族特点的物质和精神财富的总和。③ 基于上述分析可以看出，学者们主要从民族文化的开发利用与保护传承两个方面进行论述。

（1）民族文化的开发与利用。民族文化是民族地区乡村旅游发展的基础，适度开发民族文化是民族地区乡村旅游得以可持续发展的前提。徐燕构建前台、帷幕、后台的民族文化保护与旅游开发模式，建立合理的社区参与机制，形成保护传统文化的氛围。④ 一些学者以具体的文化形式探讨对民族文化的开发。李乐为从节庆饮食、民族服饰以及传统节日活动等方面对其加以现代化开发利用，提升传统节日的经济价值。⑤

（2）民族文化的保护与传承。在以民族文化为核心的乡村旅游发展过程中，经济利益的驱动使得传统文化受到商业化的过分冲击，民族文化的"原真性"不断流失。因此民族文化的保护也受到越来越多学者的关注。何玮运用参与式发展理论分析乡村旅游文化保护和发展中存在的主要问题，提出在"社会参与"视角

---

① 何格，胡艳梅. 景区县乡村旅游可持续发展评价——以四川长宁为例[J]. 中国农业资源与区划，2012（6）：85-90.

② 邵振宇. 郭坑回族村乡村旅游博弈模型实证研究[J]. 中国农业资源与区划，2016（7）：224-227.

③ 喻云涛. 文化、民族文化概念解析[J]. 学术探索，2001（2）：87-89.

④ 徐燕，吴再英，陆仙梅. 民族村寨乡村旅游开发与民族文化保护研究——以黔东南苗族侗族自治州肇兴侗寨为例[J]. 贵州师范大学学报（自然科学版），2012（4）：53-58.

⑤ 李乐为. 刍议土家族传统节日文化的功能及现代利用[J]. 贵州民族研究，2012（6）：63-67.

下保护乡村旅游文化。① 张远卿提出乡村旅游应当坚持"保护—开发—保护"的可持续发展道路，将民族文化加以合理利用，通过科学地设计旅游产品，建立信息员制度，减少旅游对民族文化的破坏，形成开发与保护双赢的局面。②

4. 旅游开发方面的研究

对于民族地区乡村旅游开发方面的研究，学者们主要从乡村旅游的产品开发、发展模式等方面进行阐述。

（1）乡村旅游产品开发。王莹基于旅游体验的角度，从民族村寨的开发体验环境、产品体验设施、产品体验化设计三个方面进行开发建议。③ 张东强以边疆民族地区为研究区域，对乡村旅游商品研发的文化内涵做稀释、例释、解码和编制，提出"产—学—研—销"的综合开发策略。④ 对于乡村旅游产品的开发由最开始的传统观光模式，逐渐向体验模式转变，同时越来越注重文化内涵的开发。

（2）乡村旅游发展模式。吕惠明在分析民族地区旅游开发的制约因素的基础上，提出了民族地区乡村旅游的开发创新模式：产业链本地化和经营者共生化。⑤ 严澍在文化保护传承视角下提出了"政府+居民/相关旅游企业+第三方组织"的发展模式。⑥ 在乡村旅游发展模式的研究中，体现了多元化与个性化的特点，不同地区、景区因地制宜，选择适合自己的发展模式。

三、研究前沿分析

研究前沿是正在兴起或突现的理论趋势和新主题，代表一个研究领域的思想

---

① 何玮. 社会参与视角下的乡村旅游文化保护与发展研究[J]. 宁波大学学报（人文科学版），2012（5）：94-97.

② 张远卿. 旅游促进原生态民族文化保护与利用——以黔东南巴拉河乡村旅游为例[J]. 原生态民族文化学刊，2009（2）：88-93.

③ 王莹. 从旅游体验的角度谈民族村寨的开发建设[J]. 内江师范学院学报，2007（3）：49-51.

④ 张东强，李海燕，王国强. 释论边疆民族地区乡村旅游商品文化内涵[J]. 安徽农学通报，2014（20）：93-95.

⑤ 吕惠明. 试论民族地区乡村旅游开发创新模式[J]. 农业经济，2010（2）：91-92.

⑥ 严澍. 文化保护传承视角下的羌族地区乡村旅游发展模式研究[J]. 天府新论，2012（4）：123-127.

现状。通过 Citespace 软件在关键词知识图谱的基础上，对共被引网络进行聚类，获取时间线程图，得到 5 个研究前沿聚类主题，分别是"旅游""生态旅游""新农村建设""海南中部""发展模式"。结合相关文献，对每个主题进行分析："生态旅游"是指以环境保护、可持续发展为内涵的乡村生态旅游会成为今后旅游发展的新方向;[①]"新农村建设"主要体现在新农村建设与民族地区乡村旅游协调发展、良性互动;[②]"海南中部"主要针对海南民族地区乡村旅游发展的探讨,[③] 打破了以西部民族地区为主要研究区域的限制;"发展模式"主要是指乡村旅游转变发展模式，也就是向以旅游消费者为主体的旅游发展模式调整。[④]

从研究前沿的分析中可以看出，对民族地区乡村旅游的研究仍然聚焦于传统的命题，但同时也增加了新的时代元素，主要体现在：第一，研究内容更具有深度，初期着重关注经济效益，后期着眼于经济、文化、社会、生态等各个方面，侧重于民族地区乡村旅游的可持续发展；第二，研究视角更加多元化，从主要关注旅游目的地，扩展到对客源地市场的进行研究，开始关注到旅游消费者需求，更贴合当前所提出的旅游供给侧改革的发展趋势。

四、研究结论

该研究通过检索中国知网上 2005 年 1 月 1 日后发表的有关民族地区乡村旅游研究的论文，得到有效参考文献 485 篇。利用 Citespace 软件分析，对民族地区乡村旅游的发展和研究态势进行了分析，得出以下结论：民族地区乡村旅游的发展基本上是沿着乡村旅游实践和研究的发展路径展开的，从以经济发展为目的的旅游资源的开发，到开始注重民族传统文化的开发保护，最后更加关注乡村旅游发展中"人"的重要性，越来越多地在发展中体现社区参与，追求乡村旅游的可持续发展。在研究过程中，一方面更加凸显出民族性和地域性，另一方面也受到

---

① 毛昕，明庆忠，周晓琴. 基于生态文明视角的民族地区乡村生态旅游开发构想——以藏乡阳塘措为例[J]. 湖北农业科学，2016(9)：2414-2418，2437.

② 尹正江，李颜. 海南中部民族地区乡村旅游定位——黎苗文化生态乡村旅游[J]. 科技和产业，2009，9(1)：12-15，40.

③ 王永挺. 海南中部民族地区乡村旅游发展研究[J]. 价值工程，2008(12)：41-43.

④ 陈慧英. 旅游者乡村旅游决策影响因素实证研究[D]. 武汉：湖北大学，2013.

传统乡村旅游研究思维的束缚，难以突破创新。以下是具体分析。

在研究机构和研究作者上，一些研究机构对民族地区乡村旅游的研究虽然给予一定的关注，但是重视程度不够，各机构之间的联系较少，研究领域受区域限制；在研究作者上，涌现出一批杰出的研究者，但是研究力度不够，发文数量普遍偏低，缺乏权威性的研究著作，同时各学者之间缺乏交流合作，具有一定的局限性。面对当前民族地区乡村旅游的发展热潮，越来越多的科研所成立了专门的研究机构对其开展深入研究，比如桂林理工大学旅游学院设立了广西高校人文社会科学重点研究基地，主要针对民族地区旅游发展进行研究。此外，国家各级科研立项也加大了对民族地区乡村旅游研究的资助力度，在一定程度上推动了民族地区乡村旅游的发展研究。以国家社科基金为例，2005—2016 年共资助民族地区乡村旅游研究 31 项。针对这一现状，在今后的研究中，应该全面贯彻全域旅游的规划发展，加强不同区域、机构、学者之间的交流学习，构建学术交流平台，打破区域界线。同时，加强专业人才的培养，促进对民族地区乡村旅游的深入研究。

在研究内容上，关于民族地区乡村旅游的研究取得了一定的研究成果，在 Citespace 软件分析中可以看出，关键词的聚类比较集中，散落的节点相对较少，说明这一时期内关于民族地区乡村旅游的研究热点相对集中。在研究层面上既有宏观层面的整体性研究，卢世菊①等学者从宏观角度对少数民族地区发展乡村旅游进行思考。也有在中观层面上对某一区域或村落的研究，主要针对我国西南民族地区以及一些特色民族村落的乡村旅游发展进行研究。但是在研究中仍然存在诸多不足：首先，对于民族地区乡村旅游的研究，大多是在乡村旅游研究的理论基础上开展，研究内容大多雷同，而没有突出对民族地区的特色研究，缺乏理论创新。其次，有关民族地区乡村旅游研究的实践操作性比较差，对于所存在问题提出的相关对策比较雷同，缺乏可操作性和实践意义。因此，在民族地区乡村旅游的进一步研究过程中，应该在乡村旅游的理论研究基础上更加突出民族性和地域性，不仅仅局限于当前的研究方向，还要寻求新的切入点，突出理论创新，提出能够解决实际问题的举措，促进民族地区乡村旅游在理论和实践中的进一步发展。

① 卢世菊.少数民族地区发展乡村旅游的思考[J].理论月刊，2005(8)：72-74.

在研究方法上，在民族地区乡村旅游研究过程中，国内旅游学者大多还是以定性分析为主，侧重于对某一地区的实例研究，主要是对某个区域个案的实证应用性研究，缺乏定量分析，因而不具有一定的概括性，缺乏对事物发展内在规律的研究，因此在指导实践发展的过程中具有一定的局限性。在今后的研究中可以采用多种研究方法交叉应用，使民族地区乡村旅游的研究更加全面科学化。

民族地区旅游减贫与非物质文化遗产保护

自人类进入文明社会起，贫困就始终伴随人类，并成为阻碍人类发展的重大难题，消除贫困成为全人类共同面对的社会责任。我国是发展中国家，扶贫一直是我国社会主义建设事业的重要组成部分。我国的民族地区往往是贫困问题最集中的地区，旅游扶贫减贫是我国在民族地区采取的一种重要的反贫困方式和手段。非物质文化遗产"不仅是经济资本，更是文化资本"，① "文化资本是人类经济增长得以实现的'第一桶金'"。② 这为民族地区的旅游扶贫减贫提供了一种新的思维方式，也为非物质文化遗产开辟了新的保护和传承路径。许多民族地区利用丰富的非物质文化遗产资源、独特的民族风情和旖旎的自然风光发展旅游，走上了脱贫致富的道路。但在当下的旅游减贫实践中，文化资本与经济资本的交织转化、文化旅游开发与非物质文化遗产保护仍存在不和谐因素。民族地区要走民族文化旅游之路达到脱贫致富目的，离不开文化旅游与非物质文化遗产保护的协同博弈。以旅游减贫为视野，研究民族地区旅游减贫过程中非物质文化遗产保护实践及面临的困境，探讨旅游减贫与非物质文化遗产保护利用协调发展的策略，具有现实意义。

一、民族地区旅游减贫与非物质文化遗产保护利用的实践

我国民族地区大多生态环境比较脆弱，脱贫人口多，返贫率高，一直是我国

---

① 刘永飞. 西部民族省区非物质文化遗产扶贫开发研究——以国家级手工技艺类非物质文化遗产为例［J］. 中州学刊，2013（10）：91-94.
② 高波，张志鹏. 文化资本：经济增长源泉的一种解释［J］. 南京大学学报（哲学·人文科学·社会科学版），2004（5）：102-112.

扶贫开发以及巩固拓展脱贫攻坚成果的重点区域。国家统计局的抽样调查显示，2013 年，西部民族 8 省区农村贫困人口为 2562 万人，占全国农村贫困人口的31.1%。全国 14 个连片特困地区 680 个县中，涉及民族自治地方的就有 371 个，占 54.6%。可见民族地区是我国贫困人口多且集中的地区，在巩固拓展脱贫攻坚成果阶段，扶贫减贫的任务艰巨。在相当长一段时间里，利用民族贫困地区的优势资源，创新扶贫减贫的手段，成为应对这一艰巨任务的重要突破口。"非物质文化遗产的开发可以成为扶贫开发的创新性手段"。① 我国民族地区非物质文化遗产数量众多，在国务院批准公布的四批总计 1372 项国家级非物质文化遗产名录中，少数民族非物质文化遗产项目就有 477 项，占总数的 34.77%。② （2021 年已公布第五批）许多民族地区在进行民族旅游村寨、生态家园建设等旅游扶贫开发和旅游减贫实践过程中，着力开发和恢复这些非物质文化遗产，让"沉睡的东西展现出来"，打造非物质文化遗产利用保护新模式，取得了良好的经济效应和社会效应。

1. 文化生态保护实验区模式

文化生态保护实验区旨在涵养非物质文化遗产传承的土壤和空间，注重对非物质文化遗产及其赖以生存的社会环境的整体性保护，是保护文化生态的重要模式之一。自 2007 年原文化部设立第一个国家级文化生态保护实验区以来，在我国已经设立的 18 处国家级文化生态保护实验区中，位于民族地区的就有 10 处。另外，民族地区还设立了诸多省级文化生态保护实验区。这些文化生态保护实验区在整体性保护区域内的非物质文化遗产的同时，也与扶贫帮困、增加就业结合起来，使生态保护区成为遗产丰富、氛围浓厚、民众受益的生态区。如黔东南民族文化生态保护实验区，近年来就将促进旅游扶贫减贫与民众自觉参与保护传承民族传统文化有机结合，发展民族文化旅游，创意开发民族文化特色浓郁的食品、服饰、银饰、工艺品等旅游商品，有效地增加了农民的收入。

---

① 刘永飞. 西部民族省区非物质文化遗产扶贫开发研究——以国家级手工技艺类非物质文化遗产为例[J]. 中州学刊，2013(10)：91-94.
② 肖远平，柴立. 中国少数民族非物质文化遗产发展报告[M]. 北京：社会科学文献出版社，2015：6.

2. 旅游演艺模式

以"印象刘三姐"为代表的旅游演艺舞台剧在宣传和利用非物质文化遗产方面具有较大的影响力。该舞台剧与以往其他同类型表演最大的不同之处在于，其中 1/3 的表演者是经过简单训练的当地居民，这些人白天从事正常的劳动，晚上则换上本民族的服饰，登上舞台向旅游者展示他们的民族风情。国家级非物质文化遗产刘三姐歌谣通过实景舞台剧深入人心，当地居民的参与促进了非遗的活态传承。同时，这些参与演出的当地居民可以赚取一定的演出收入，且演员身份使他们带有一定的"明星光环"，原有的农家乐、竹筏、捕鱼、餐馆等经营者均因表演者的"明星效应"而受到更多关注，吸引了大量旅游者纷至沓来。这些过去为生计发愁的贫困农户在短短数年间脱贫致富，并主动承担起了相关非物质文化遗产的传承任务。该模式对全国其他地区非物质文化遗产的保护利用起到了良好的示范作用。紧随其后，"印象丽江""魅力湘西""夷水丽川"等多个美轮美奂的非物质文化遗产实景舞台剧在全国各地争相上演，吸引了许多中外游客前去观赏，而当地人们的生产生活条件和精神面貌都得到极大的提升。

3. 生态博物馆模式

生态博物馆是在民族地区以村寨社区为单位，在文化原生地建立的没有围墙的"活态艺术博物馆"，旨在真实完整地保护、展示和传播民族文化遗产。自 1995 年我国第一个生态博物馆——梭嘎苗族生态博物馆建成后，相继在贵州、广西、云南、内蒙古等地建起了 20 多座各种形式的生态博物馆，成功地保护了苗、侗、瑶、壮、布依、京、布朗、蒙古、汉等民族村寨的文化遗产。生态博物馆保护的是当地独特的、稀有的民族文化遗产，是民族文化景观的精华所在，它本身就是一种具有很强吸引力的民族文化旅游资源。虽然生态博物馆的建设目标是保护文化而不是创收，但由于我国生态博物馆大多位于落后偏远的少数民族山区，脱贫是当地的首要任务。因此，生态博物馆在高扬文化保护旗帜的同时，也借用其文化资源积极开展旅游扶贫，促进当地经济的发展。如，广西南丹白裤瑶、三江侗族、靖西旧州壮族、贺州客家围屋、龙胜龙脊等生态博物馆自建成以来，积极吸引社区贫困居民参与，既让绝大多数居民在生态博物馆建设与民族文化遗产旅游开发中受益、脱贫致富，也解决了地方经济的发展问题，同时也提高了本土居民对自己本土文化保护和传承的自信与自觉。

4. 民族村寨旅游模式

由于历史的原因和自然地理环境的限制，我国各地许多民族村寨保留了比较原生态的文化遗产、和谐的社区环境。但由于这些民族村寨一般地处偏远的农村地区，使得他们文化上的特异性和经济上的贫困性并存，因此，利用民族村寨的原生态特色、多彩的民俗风情、独具特色的非物质文化遗产发展旅游经济，帮助村民脱贫走上富裕之路，就是自然而然的事了。通过发展民族村寨旅游让村民创收致富，在我国已有诸多成功典范。如位于张家界市东南端的石堰坪古村落，村民90％以上为土家族，至今仍沿袭传统农耕生活和生产方式，保留有山歌对唱、扬叉舞、薅草锣鼓、求雨、糊仓等丰厚的非物质文化遗产。近年来，该村依托优良的自然生态和浓郁的民俗文化，大力发展民族村寨旅游，很多外出工作的年轻人回乡创业，很多村民走上致富的道路。

5. 节庆活动开发模式

节庆凝结了民族或地区非物质文化遗产的精粹，许多节日本身就是非物质文化遗产，更有许多非物质文化遗产是通过节庆活动展现出来的。我国少数民族节日众多，节庆活动异彩纷呈，形成了独特的文化旅游资源，如土家族女儿会、傣族泼水节、彝族火把节、白族三月街等。在民族文化旅游发展和市场力量推动的大背景下，地方政府和民众对民族节日文化加以调适、利用，以节日为载体对当地各民族的非物质文化遗产资源进行整合，发展节日旅游经济，既是市场经济体制下必然的趋势，也是民族地区脱贫致富的有效途径。如傣族的泼水节，如今在保持传统习俗的基础上，还增加了物资交流、民族文化大游演、歌舞娱乐等活动项目，每年吸引数以万计的各族群众和游客前来参与盛会，在这一节庆的带动下，逐渐形成了集旅游、娱乐、餐饮、住宿、休闲、零售于一体的非物质文化遗产民俗产业链，[①] 极大地促进了地区经济的发展，拉动了就业，许多村民增加了收入。

---

① 肖远平，柴立．中国少数民族非物质文化遗产发展报告[M]．北京：社会科学文献出版社，2015：107.

二、旅游减贫实践中民族地区非物质文化遗产保护利用面临的困境

1. 旅游发展急功近利

旅游开发作为贫困治理的重要途径，最终目的是解决贫困人口的经济问题，但非物质文化遗产旅游的理念是在保护的前提下盈利，这种经济发展与文化保护的固有矛盾是非物质文化遗产旅游难以平衡发展的根源。"丰饶的民族文化资源和贫穷落后的物质生活往往交织在一起，成为一对互相制约的矛盾"。① 旅游扶贫减贫和保护非物质文化遗产均对民族地区具有重要的意义，但是，当经济利益与文化保护发生冲突时，人们作出的选择往往是牺牲文化保全经济，开发非物质文化遗产过程中出现急功近利行为。通常情形是，当旅游介入民族贫困地区的非物质文化遗产保护与传承时，旅游显著的经济效应常常会迅速破坏非物质文化遗产保护与传承的美好愿景，使非物质文化遗产的保护与传承工作陷入窘境。

湖北恩施土家族苗族自治州是国家级非物质文化遗产土家织锦西兰卡普分布地之一，随着全州旅游扶贫减贫的开展、生态文化旅游的推进，涌现出几十家专门生产西兰卡普的企业，从业人员上万人。这其中有一批坚持以传统的手工技艺生产的企业，他们生产的西兰卡普文化特色浓郁，深受钟爱民族风、追求纯手工的旅游者青睐。但是笔者考察发现，部分厂家为了眼前的经济利益，抛弃传统手工工艺，用印花、印染糊弄，通过机器化批量生产"伪西兰卡普"，导致假织锦技术泛滥，这不仅给消费者和西兰卡普手工厂商造成损失，也对传承千年的土家织锦技艺带来巨大伤害。正如土家织锦村创办人、研究西兰卡普40多年的唐洪祥老人所说："抛弃了传统手工技艺的西兰卡普，还能称之为'非遗'，还能叫西兰卡普吗？"可见，少数民族地区利用非物质文化遗产开展民族文化旅游时，"如果因急功近利、过度开发而偏离了本民族的文化内核，必然会导致传统民族文化

---

① 王德刚，田芸．旅游化生存：非物质文化遗产的现代生存模式[J]．北京第二外国语学院学报，2010（1）：16-21.

朝着庸俗化、商品化、伪文化的方向异化"。①

2. 贫困人口参与不足

随着精准扶贫、乡村振兴等国家战略的提出，旅游扶贫作为贫困治理的有效手段，聚焦精准化程度，以"扶真贫"和"真扶贫"为出发点和目标，让真正的贫困人口受益并得到发展，具有重要意义。但在实施过程中许多民族地区贫困人口参与旅游扶贫减贫不足，出现了"扶富不扶贫"、没有惠及真正贫困人口的现象，特别是以非物质文化遗产为主导的文化旅游扶贫减贫中，贫困人口参与不足的问题尤其明显。

我国对非物质文化遗产最主要的保护方式是通过评定各级非物质文化遗产名录并选定具有代表性的"官方"传承人，按照相应级别给予他们资助和荣誉称号。这种政策保护的对象往往是狭义的个体传承人，注重单个的"人"，忽略了"群体"，从国家级非物质文化遗产项目代表性传承人的认定，到地方上的寻访"民间艺术大师"等活动，莫不如此。而更多的客观上同样也在保护和传承非物质文化遗产的文化拥有者和传承者，因为没有"代表性传承人""民间艺术大师"等身份，其境遇和受重视程度远远不如前者。例如在利用非物质文化遗产开发旅游演艺、以舞台展演的形式呈现给旅游者的过程中，旅游开发商主要雇佣具有代表性的"官方"传承人、民间艺术家为游客表演。笔者曾以"非物质文化遗产旅游化生存的感知与态度"为主题对湖北恩施州的两县市居民进行过访谈和问卷调查，大多数居民认为涉及非物质文化遗产元素的舞台性表演收入高，但这些表演多由企业或景区管委会聘请专业团队进行演出，普通居民参与机会非常少，他们受投入资金、权力资本、信息吸纳、素质技能、发展机遇的影响就只能选择摆摊、抬轿子、做服务员之类收益比较低的工作，没能从参与民俗表演、工艺品制作与销售等方面获得收益。所以，非物质文化遗产虽然是"陈列在广阔大地上"的共同遗产，但他们无法利用共同拥有的非物质文化遗产资源优势，让自己脱贫致富。

---

① 李忠斌，郑甘甜. 特色村寨建设、民族文化旅游与反贫困路径选择[J]. 广西民族研究，2015(1)：163-159.

3. 文化原生态逐渐消失

文化与其生态环境密不可分,每一种非物质文化遗产事项的产生以及传承都与其特定的文化生态环境有关,文化生态环境一旦消失,非物质文化遗产的保护与传承就面临脱节的危险。

一方面,社会的进步、旅游的发展导致非物质文化遗产的文化生态环境自然衰亡。非物质文化遗产是产生于农耕社会的文化形态,许多非物质文化遗产与少数民族群体的生产和生活方式息息相关,甚至与过去贫穷的生活紧密相连。例如国家级非物质文化遗产薅草锣鼓,是土家族在田间劳作时为提高效率而作的山歌,随着社会的变迁,如今依靠务农为生的年轻人大大减少,在新时代大力发展旅游扶贫减贫以及科技进步的背景下,很多农民开起了农家乐,发展观光农业,实行规模化、机械化种植,人们不再需要像过去那样从事高强度的农活,薅草锣鼓渐渐远离人们的日常生活,其式微成为难以改变的事实。

另一方面,被旅游扶贫减贫过滤掉的文化生态环境,呈现出人为衰退和消亡的局面。在民族旅游扶贫减贫过程中,出于摆脱贫困的强烈愿望,决策部门往往从旅游者需求的立场出发,从丰富的民族文化之林中选取那些旅游者感兴趣的符号事象。这被称为"文化过滤"。"'文化过滤'的结果,是将丰富的民族文化概念化、景观化、具象化",① 导致文化生态环境的瓦解。黔东南西江千户苗寨是世界第一大苗寨,整个村寨依山傍水而建,是贵州民族村寨旅游扶贫减贫的典型项目。作为一个人文景区,包含众多非物质文化遗产的苗文化对全世界旅游者来说都相当有吸引力,西江旅游扶贫减贫得到了迅速的发展,当地很多贫困人口走上了致富之路。但是,被旅游开发者忽视甚至过滤掉的文化生态环境正在瓦解。在西江,由政府、旅游开发公司通过招商引资的方式引入外部投资进入西江旅游发展市场,其中90%左右为外地商人。当地居民的收入差距也相当大,住在沿街或靠近主要街道的居民可以通过房屋出租、开店铺、做农家乐等方式获取可观收入,而在坡顶的居民则只能依靠摆摊以及到饭馆打工获得收入。稻作时代农耕生活孕育而成的和谐宁静、互助互爱的人际关系,被旅游开发打破,变成邻里疏

---

① 黄萍. 尴尬与出路:旅游扶贫视角下西南民族村寨文化遗产管理研究[J]. 青海民族研究,2015,26(1):14-19.

远、恶意竞争，尤其是正在成长中的青年一代对苗族的文化敬仰已很淡然。这样的旅游扶贫，虽然也能解决贫困居民的暂时温饱，但终究不能解决他们长期的生存和发展问题。事实上，"贫困除包括经济意义上的贫困之外，还包括社会、发展、文化、环境等方面的因素"，① 贫困是经济意义上的贫困和精神生活贫困的综合现象。急功近利追求经济效益的旅游扶贫减贫，虽然一定程度上也保护了对旅游发展有利的一些非物质文化遗产，却终究会丢掉历史积淀下来的值得我们珍视的传统文化基因，并最终导致文化原生态环境的瓦解。

三、旅游减贫与非物质文化遗产利用保护协调发展策略

1. 相关部门紧密合作，主导旅游减贫和非遗保护的决策行动和管理监督

根据戈夫曼与马康纳的"前台"与"后台"理论，"前台"是目的地社区表演、展示的空间，旅游者可以在此快餐式地了解体验目的地民族文化，"前台"应让旅游者在短暂的时间内对东道地文化产生浓厚兴趣，延长他们的逗留时间或增加回游率，进而增加当地收入，促进地方经济发展。"后台"是受保护的民族文化的原生地，是供旅游者以"凝视"的视角融入社区、去审视民族文化的场域。旅游者通过在"后台"的凝视和融入，发现民族文化的真正价值，在这种"凝视"中带来东道地民族文化的"自醒"和复兴，② 当然也会给当地居民带来不同的经济效益。"前台"和"后台"要取得这样的效果，需要文化遗产管理部门、旅游管理部门、乡村振兴部门等单位的紧密合作和决策行动，使文化旅游、旅游减贫与非物质文化遗产的保护走向紧密合作、循环互动的良性发展道路。

首先，在"前台"，虽然东道地社会生活的"真实性"已经"舞台化"，但仍需采取促进"舞台真实"的具有符号意义的建构行动。国内外成功经验证实，民族服饰、民俗节庆、民间歌舞艺术、土特产品制作、实景演艺、手工技艺展示等，

---

① 吴晓东，陈一君，等.民族地区旅游扶贫长效机制研究——基于文化软实力建设的视角[M].北京：北京理工大学出版社，2015：3.

② 杨振之.前台、帷幕、后台——民族文化保护与旅游开发的新模式探索[J].民族研究，2006(2)：39-46，108.

都是非物质文化遗产中极具民族个性和地方象征意义的文化符号,是吸引大规模、源源不断的旅游者前来体验民族文化的最直接、最有效的方式。因此,旅游管理部门为了满足旅游者高质量的旅游体验需求,乡村振兴部门为了巩固、扩大扶贫的效益,都需自觉地关注非物质文化遗产的保护与旅游产品的原真性,选取有吸引力的非物质文化遗产符号要素导入旅游扶贫减贫体系之中,主动对文化遗产管理部门提出不断挖掘和保护非物质文化遗产价值的建议和要求。

其次,在"后台",需采取得力措施加强对非物质文化遗产的挖掘整理、保护与管理。例如,目前在贵州、广西等民族地区,由文化遗产管理部门主导、社区全民参与、以整个民族村寨社区为单位建立文化生态保护区或生态博物馆的做法就是不错的选择,这种方式强调为旅游者营造地道的民族村寨生活空间和文化氛围,能够促进非物质文化遗产保护与旅游扶贫减贫的双赢。

2. 建立利益协作机制,规范非遗旅游利用的利益分配

民族地区旅游扶贫减贫的利益相关者涉及政府部门、贫困居民、旅游开发商、旅游者、其他(专家学者、媒体、民间社团等),某一个相关者的利益在很大程度上会受到其他相关者协作行动的影响,由于各方追求利益的异质性,"利益冲突"不可避免,只有进一步完善利益协作机制,才能平衡其利益关系,进而减少矛盾和冲突。

其一,对旅游扶贫减贫利益相关者精准识别。由于旅游扶贫减贫的核心问题是"贫困人口如何在旅游发展中获益和增加发展机会",[①] 以及政府在旅游扶贫减贫中的主导作用,所以,旅游扶贫减贫的核心利益相关者应是少数民族地区的贫困居民与政府。少数民族地区贫困居民作为地方主人,不仅创造和传承非物质文化遗产,还直接参与旅游活动,当然也应直接受益于旅游扶贫减贫,所以要消除或减少他们参与旅游扶贫减贫的障碍,帮助他们在旅游中获利并得到发展。减缓贫困是政府的责任和义务,地方各级政府从多年的扶贫减贫实践中看到了旅游扶贫减贫的显著效益,会全力推进旅游扶贫和减贫,并联合相关部门、动员全社会力量积极参与到旅游扶贫减贫中来,同时,政府也应将保护非物质文化遗产和构建文化软实力作为自己义不容辞的责任,极力推动非物质文化遗产的保护与

---

① 周歆红. 关注旅游扶贫的核心问题[J]. 旅游学刊, 2002(1): 17-21.

传承。

其二，引导旅游开发商兼顾经济利益与社会利益的统一。民族地区非物质文化遗产富集，需要保护与开发的文化数量庞大，但政府力量毕竟有限，有效的市场化运作可以反哺文化遗产的挖掘、保护与传承，旅游开发商的介入不可避免。旅游开发商是以旅游资源为依托的投资开发主体，他们具有一定的经济实力，洞悉市场动态，看中非物质文化遗产深厚文化内涵背后潜藏的巨大赢利能力，通过将非物质文化遗产旅游资源与民间资本相结合，开发和经营非物质文化遗产旅游产品，在非物质文化遗产旅游的经营收益中分取利润。作为经济利益主体，旅游开发商的利益诉求必然是实现自身经济利益的最大化，虽然绝大多数旅游开发商能认识到非物质文化遗产等民族文化资源与旅游相互依存的关系，但不可否认，一些开发商在追求经济利益最大化时，经常会有急功近利的行为，为迎合旅游者而对非物质文化遗产进行无序、过度开发，对非物质文化遗产旅游的可持续发展构成了一定的威胁和破坏。因此，要提高旅游开发商的社会责任感，正确地引导他们兼顾经济利益与社会利益的统一，引导他们在理性决策行为下，关注对非物质文化遗产的保护，以实现长期利益。

其三，加强主动参与意识、利益协调与分享意识等多方面意识的培养。借助旅游扶贫和减贫的开展，引导利益相关者充分认识到非物质文化遗产资源是民族地区旅游减贫不可或缺的依赖性资源，引导他们珍视非物质文化遗产带给他们当下的利益价值，鼓励利益相关者将利用非物质文化遗产资源所获取的经济收益，按照相应比例，通过非遗传承人补贴或者非遗保护专项资金等形式分配到相应的传承个人和传承群体。

3. 构建多维度的传统文化教育，提升脱贫人口的素质和能力

多维度的教育也是民族地区旅游减贫工作与非物质文化遗产保护协调发展中的重要环节。多维度的传统文化教育形态，主要包括家庭教育、社会教育、学校教育、扶贫中的扫盲教育等。

在民族地区非物质文化遗产的教育传承中，家庭教育和社会教育是很重要的传承方式，如非遗手工技艺、家传绝学等的家族传承，家庭环境的熏陶教育、家庭成员的自我传习就起着重要的作用。社会尤其是基层社区是生活模式教育、自

学模式教育的基础，是民族地区非物质文化遗产产生、传承和发展的土壤，为社区居民实现旅游参与主体角色的转换提供条件。例如，云南丽江市就通过开办东巴文化传习馆，既让社区居民掌握一定的民族文化知识和技能，又解决了东巴文化的传承问题。

学校教育是当今我国教育的主体，学生可以在此获得贯穿多年的学习生活环境，把非物质文化遗产纳入当地学校的教育环节不失为保护民族地区非物质文化遗产的重要举措。教育部门应在民族地区的中小学、高等院校推行非物质文化遗产教育，让非物质文化遗产进校园、进课堂、进教材。例如，贵州黎平、榕江、从江等地中小学普遍使用了《侗族音乐教材》，成立侗族少儿合唱团；湖北恩施土家族苗族自治州的中小学普遍将土家族摆手舞作为体育课和课间操的教学内容。学生成为非物质文化遗产的继承者和弘扬者，非物质文化遗产的传承人后继有人，从而焕发出生机和活力。

扶贫减贫中的扫盲教育可以短时间内提升民族地区脱贫人口的文明素质和能力。"授人以鱼不如授人以渔"，围绕非物质文化遗产本土传承人的专题教育培训、乡村旅游培训、旅游服务意识和创业指导等，通过送出去培训或请人进来培训等多种方式，培养当地民众解读和展示非物质文化遗产精神内涵的能力、对旅游资源开发和利用的能力、对旅游者文化背景认识和理解的能力，使他们真正认识到保护传承非物质文化遗产与自己切身利益的关系、对发展当地经济的意义，成为本地非物质文化遗产保护和传承的中坚力量。

4. 完善法律体系建设，保障旅游扶贫减贫与非遗保护的协调发展

我国非物质遗产保护法律体系的建设已经取得不错的成绩。自联合国教科文组织 2003 年第 32 届大会通过《保护非物质文化遗产公约》时，我国就积极响应加入该《公约》。2011 年，我国制定并发布非物质文化遗产基本法律——《中华人民共和国非物质文化遗产法》，目前，全国已有 20 多个省（区、市）颁布了《非物质文化遗产保护条例》。而且，在民族村寨保护、民间传统文化保护等方面我国也已形成相应的法律保护体系。但是，在政府强势推进旅游扶贫减贫的背景下，民族地区非物质文化遗产的保护传承和利用面临多重挑战，需要进一步完善相关法律体系建设，规范旅游减贫过程中非物质文化遗产资源的旅游开发管理。

一是需要制定《民族地区旅游减贫管理办法》。目前，针对民族地区的旅游减贫多是发布一些政策性的文件，应将这些政策上升到法律体系层面，明确旅游管理部门、文化遗产管理部门、乡村振兴部门在旅游减贫中对包括非物质文化遗产在内的文化遗产保护利用的权责和地位。

二是需要制定《民族民间文化保护条例实施细则》。我国虽已出台多部《民族民间传统文化保护条例》，但还需要各级政府和相关职能部门尽快制定实施细则，促进文化遗产的标准化和精准化管理，充分发挥条例在保护传承民族传统文化中的保驾护航作用。

三是需要制定《非物质文化遗产知识产权保护条例》，从法律上保障非物质文化遗产权利者的合法权益，推动非物质文化遗产的科学保护和传承以及合理的开发和利用。

四、结　　语

旅游扶贫和减缓贫困的最终目标是要实现脱贫人口物质与精神上的双脱贫。应该承认，在我国民族地区旅游减贫实践中，相关管理部门已经清楚地认识到非物质文化遗产的旅游价值内涵，并在着力寻求旅游扶贫减贫与非物质文化遗产保护传承利用之间的平衡。然而，我们也看到，我国民族地区在扶贫减贫与乡村振兴相衔接的大背景下，旅游扶贫减贫与非物质文化遗产保护利用之间的矛盾也一直是发展问题上的"两难窘境"，如旅游开发急功近利、脱贫人口参与不足、文化原生态消失等不和谐因素还大量存在。理论上，旅游扶贫减贫与非物质文化遗产利用保护并不冲突，但实践中需要相关管理部门从参与旅游扶贫减贫与非物质文化遗产保护的决策和监管、规范非物质文化遗产旅游利用的利益分配、提升脱贫人口的素质、完善相关法律体系建设等方面入手，以促进民族地区振兴路径下旅游减贫与非物质文化遗产保护利用的可持续协调发展。

民族地区旅游减贫与脱贫人口的相对剥夺

在扶贫减贫与乡村振兴相衔接的背景下，民族地区的旅游扶贫减贫开发成效斐然，但也存在脱贫人口参与旅游减贫不足、获利能力受限等问题。相对剥夺理论是解释和分析人们产生不满心理的重要方法。选取湖北恩施土家族苗族自治州为调研地，对样本村的脱贫人口在旅游减贫中的相对剥夺现象进行调查。通过调整旅游减贫的策略、兼顾脱贫人口的非经济权益、优化旅游减贫中的安全阀制度，可有效疏导民族地区脱贫人口的相对剥夺感，实现民族地区的和谐发展。

一、问题提出与文献综述

贫困是阻碍社会发展和文明进步的重要因素，扶贫问题一直受到政府和学术界的广泛关注，是实现共同富裕的关键环节。[①] 以前，民族地区地理位置相对偏远，是贫困发生的重灾区，并伴随着扶贫难度大、返贫率高等问题。但民族地区往往也有着丰富的旅游资源，浓郁的民族文化、完好的生态环境与贫困的物质生活彼此交织，互相制约。进入 21 世纪以后，大众旅游时代到来，全国各地兴起旅游开发的热潮，民族地区因其保存完好的生态环境和神秘的民族文化成为旅游开发的重点。旅游业给民族地区的经济发展注入强大的动力，成为少数民族人口脱贫的重要途径。特别是在扶贫减贫与乡村振兴相衔接的背景下，民族地区的旅游减贫开发成效斐然。

不可否认，旅游减贫帮助很多贫困落后地区摆脱了经济上的贫困，旅游地居民的生产、生活环境也得到了改善。然而，我们也看到这样一些问题的存在：首先，

[①] 陈国鹏．广告扶贫项目的主体博弈与实施建议——基于"农户+经销商"供应链模式[J]．学习与实践，2017(8)：34-41.

脱贫人口在旅游减贫中不能参与旅游活动或参与不足现象存在。脱贫人口往往受投入资金、权力资本、信息吸纳、素质技能、发展机遇的影响，只能从事传统的农业生产活动，或选择在景区摆摊、抬轿子、做服务员之类收益比较低的工作。长此以往，贫富收入差距使部分居民对参照群体产生不满。尤其是在旅游减贫开发中出现的"扶富不扶贫""扶强不扶弱"等现象，使真正脱贫人口未能享受到"雪中送炭"，而富裕户却能借旅游减贫政策"锦上添花"，这种局面不仅降低了旅游减贫的效率，而且实际扩大了农村生活水平的差距，造成真正脱贫人口的心理不平衡。其次，脱贫人口获利能力受限，引发冲突。一般来说，旅游减贫往往是地方政府和投资者主导，处于弱势的脱贫人口从中获利能力受到限制，自己本该获得的经济份额被剥夺，就会产生消极情绪，严重时就会引发旅游利益冲突事件。如有景区曾因利益分配不均，发生居民阻拦旅游者进入，导致景区关闭的事件。再次，旅游减贫发展带来的"挤出效应"给旅游地贫困居民也带来了负面影响。如旅游开发使得不少居民迁居他地，旅游者带来的异文化对旅游地居民的人生观、价值观产生冲击，大量旅游者涌入对当地居民正常的生活环境和生产方式产生影响，等等。以上旅游减贫中出现的种种问题，致使旅游地贫困居民利益受损或权利不能实现，应有的幸福感不可避免地降低，"相对剥夺感"自然产生。

"相对剥夺感"（Relative Deprivation，RD）是人们主观上的心理感受，是个人或群体将自己的利益得失与自己过去的经历或其他群体进行比较后而产生的不公平感，反映的是人们对现实状况的不满情绪，这种情绪如果不及时加以疏导，一旦转化为行为的动力，就可能成为阻碍当地旅游减贫发展的强大力量，这种情况在欠发达的民族地区更为典型。实践表明，如果人们的相对剥夺感得不到及时疏导和消除，会直接威胁到社会的稳定和发展。[①]

关于旅游业中的相对剥夺研究并不多见，国外学者只零星提到了旅游发展中的相对剥夺现象，如 Seaton（1997）在论述相对剥夺感的定义、成因及危害基础上，以古巴为例分析了旅游地居民存在的三种相对剥夺现象。在国内，王剑和彭建（2011、2012）两位学者首次将相对剥夺理论引入旅游研究之中。此后，国内学者以社区居民为研究对象探讨了目的地居民的剥夺感知、生存感知、相对剥夺产生的原因、疏导相对剥夺感的对策等问题。廖继武（2015）则提出，旅游业处于弱

---

① 李俊. 相对剥夺理论与弱势群体的心理疏导机制[J]. 社会科学，2004（4）：74-78.

势地位的并不仅限于社区居民，欠发达地区同样会遭受相对剥夺，他通过对珠三角边缘地肇庆的旅游剥夺问题进行研究，发现相对剥夺使当地的旅游业存在产业链分裂、经济效果不佳、带动作用不强的现象。从整体上来看，国外鲜有学者研究旅游业中的相对剥夺问题，国内相关研究还处于起步阶段。基于此，本书以民族地区旅游减贫为对象，实证探究贫困人口的相对剥夺感知现象，并提出相应的疏导建议，以期促进民族贫困地区旅游业的健康发展与社会的和谐美好。

二、民族地区旅游减贫中脱贫人口相对剥夺现象及危害调查

(一) 样本介绍

本次调研主要以湖北省恩施土家族苗族自治州旅游减贫作为对象。恩施土家族苗族自治州是湖北省唯一的少数民族自治州，少数民族人口占总人口的54.67%，下辖恩施、利川、建始、巴东、宣恩、咸丰、来凤、鹤峰 8 个县市。调研主要采用访谈和问卷结合的方式。结合媒体曝光率和恩施州文化旅游局的详细介绍，本次调研选取了恩施市龙凤镇龙马村、恩施市沐抚办事处营上村、利川市南坪乡塘坊村、咸丰县唐崖镇唐崖司村和来凤县三胡乡黄柏村为调研点，所有调研点均为旅游地周边的乡村社区。参与调查的农户总计 230 户，涉及总人口1002 人。发放问卷过程全部采用当面发放、当面回收的方法，除去不完整问卷和逻辑错误问卷 46 份，实际回收有效问卷 404 份，有效回收率 89.8%。同时对恩施州文化旅游局、5 个县市文化旅游局、5 个驻村书记、村委会主任以及部分村民进行了访谈调查，获得访谈录音 35 份。

根据相对剥夺理论的研究方法，结合阿玛蒂亚·森(Amartya Sen，1980)的贫困理论——贫困不仅仅意味着物质上的缺乏，能力不足和权利剥夺同样也会引发贫困，以及旅游扶贫中贫困人口权益所涉及经济权益、文化权益和政治权益的具体内容，笔者以经济贫困、能力贫困和权利贫困三个维度为基础建立指标体系，经济贫困维度包括缺乏资金、缺乏基础设施 2 个指标，能力贫困维度涉及缺乏健康、缺乏参与机会、缺乏专业技能 3 个指标，权利贫困维度包括缺乏维权的渠道、缺乏话语权、缺乏政策支持 3 个指标，据此设计调查问卷，并利用李克特五

分法进行赋值，该分值与村民的主观感受一一对应，分值越高则剥夺感越强。进而运用 Matlab 2015b 软件对问卷数据进行统计运算，得到各村在上述 8 个指标上的得分。根据得分的高低进行排序，即括号内数字，1 代表剥夺感排在第一位，2 代表剥夺感排在第二位，以此类推。再将各村在每一指标上的得分乘以相应的权重，按照经济、能力和权利维度的分类分别加总，得到各村在经济贫困、能力贫困和权利贫困三个维度上的综合得分情况。由此，样本村在每一指标上的得分值以及在经济贫困、能力贫困和权利贫困三个维度上的综合得分成为本研究比较相对剥夺感的依据，见表 1。

表1　　　　　　　　　　样本村相对剥夺感得分结果

	指标	龙马村	唐崖司村	塘坊村	黄柏村	营上村
经济贫困	缺乏资金	3.604(1)	2.978(3)	2.831(4)	3.113(2)	2.491(5)
	缺乏基础设施	4.088(1)	3.348(3)	2.881(4)	3.717(2)	2.732(5)
	综合得分	1.708	1.404	1.268	1.516	1.160
能力贫困	缺乏健康	1.967(4)	2.034(3)	1.915(5)	2.057(2)	2.429(1)
	缺乏参与机会	4.066(1)	2.888(2)	2.458(4)	2.264(5)	2.848(3)
	缺乏专业技能	3.099(2)	3.180(1)	2.542(4)	2.698(3)	2.527(5)
	综合得分	1.179	1.045	0.892	0.905	1.006
权利贫困	缺乏维权渠道	3.066(4)	3.135(3)	3.000(5)	3.264(2)	3.366(1)
	缺乏话语权	3.736(1)	3.640(2)	2.831(5)	3.170(4)	3.580(3)
	缺乏政策支持	3.769(1)	2.461(4)	2.322(5)	2.660(3)	2.884(2)
	综合得分	0.608	0.485	0.438	0.492	0.531

(二)民族地区旅游减贫中脱贫人口相对剥夺现象

1. 脱贫人口在旅游减贫中的相对剥夺呈现多维化特征

处于旅游发展初期的贫困村无论是在经济贫困方面，还是在能力贫困和权利贫困方面都体现出多维剥夺化特征。调查发现，旅游发展程度最低的龙马村，其村民在资金、基础设施、参与机会、话语权和政策五个方面的剥夺感最强，说明龙马村同时存在经济贫困、能力贫困和权利贫困的问题。结合对村民的访谈得知，他们看到恩施州的其他村旅游收入激增、村民纷纷脱贫的现实情况，对本地的旅游业既充满期待又感到无力，希望效仿其他村通过旅游增收，但当前无游客、无政策、无培训的现状使村民感到难以打开局面。可见龙马村在经济贫困、能力贫困和权利贫困三个维度上均存在严重的剥夺问题，急需一股牵引力来带动全村的发展。

处于旅游发展成熟期的黄柏村在经济贫困和权利贫困维度上的剥夺感明显。在经济贫困维度的两个指标上，黄柏村村民的剥夺感仅次于龙马村，说明旅游减贫并没有给当地经济带来较大的提升，显示出当地村民参与旅游减贫的层次低、程度浅等问题，当地村民主要通过经营餐饮、提供食材、旺季兼职的方式获取旅游收入。与其他村不同的是，村内的 20 多家农家乐仅有 1 家经营住宿，由于房屋扩建政策的限制、办理许可证手续烦琐、培训内容浅显等原因，大多数村民无力经营住宿，也缺乏同时接待 30 人以上大团体就餐的能力。加之黄柏村的旅游业以千年古杨梅为依托，受季节的影响极为明显，所以尽管黄柏村的旅游发展先于唐崖司村和塘坊村，但当地村民在经济方面的剥夺感仍然较强。同时村民在维权渠道上相对较高的剥夺感源于与景区管理方之间的紧张关系，一些村民表示，景区管理方在建设过程中给社区环境带来了一定的负面影响，但既没有补偿机制也没有恢复措施，村民因而对景区管理方感到不满。

脱贫人口是旅游减贫的利益相关者中最弱势的群体，这种不利地位及由此产生的相对剥夺感，并非完全源自经济上的弱势，更多时候是一种脱贫人口对现状无能为力甚至漠视的反映。通过对旅游发展最为成熟的营上村的调查发现，当地村民在资金、基础设施和专业技能三个指标上的剥夺感最弱，说明营上村经过多年的旅游发展，村民实现了脱贫，且具备丰富的旅游接待技能，但并不能说明当地村民不存在心理失衡现象。问卷调查显示，其村民在维权渠道指标上的剥夺感最强，村民对维权渠道的不满主要集中在与大峡谷景区方的纠纷问题上。例如，恩施市旅游局明文规定大峡谷景区内的摊位租金按每年 2000 元的标准出租给村民，但景区私自将摊位进行拍卖，导致租金上升至 2 万~10 万元。而处于旅游发展成长期的唐崖司村，相对剥夺感最强的是专业技能，当地人表示在经营、服务、语言等方面还有所欠缺。唐崖司村唐崖土司城从申遗到建设景区的整个过程历时简短，政府和景区管理部门着眼于处理好移民搬迁、征地补偿、修建基础设施、改造唐崖古镇等事宜，对村民的专业技能培训只限于小范围的景区工作人员，因而让许多村民感到自身的能力成长跟不上旅游发展的速度。营上村和唐崖司村的案例表明，现实中存在的权力寻租、土地补偿不足、资源外部性、专业技能欠缺等问题不会因贫困人口的收入增加而有所缓解，即使成功脱贫甚至进入富裕阶层，其弱势地位依旧不变，甚至更加依赖于政府和景区管理方的决策行为。

2. 脱贫人口在旅游减贫中的相对剥夺感随权益诉求不同呈现出动态变化的过程

一般来说，随着旅游扶贫和减贫的深入，脱贫人口的经济权益基本得到保障，经济权益诉求下降，经济剥夺感由强变弱，但脱贫人口对自身文化权益和政治权益不足的意识会越来越强烈，与此相关的权益诉求会上升，权利贫困和能力贫困方面的剥夺感会增强。但只要多渠道构建脱贫人口保障机制，"真扶贫，扶真贫"，那么脱贫人口在经济贫困、能力贫困和权利贫困三个维度的剥夺感就会保持在较低水平。

通过对比 5 个样本村在经济贫困、能力贫困和权利贫困三个维度上的综合得分情况可以发现，整体上看，随着旅游发展程度的加深，经济维度的剥夺感呈下降趋势，能力贫困和权利贫困则随旅游发展程度的加深呈现出先下降后上升的变化趋势。具体说来，在旅游扶贫减贫的初期，村民对增加经济收入充满较高期待，但初期增效并不明显，由此导致在经济维度的剥夺感最为强烈。这时他们对旅游业的参与障碍缺乏认识和了解，不清楚能力和权利在社区参与过程中的重要性，因此在能力维度和权利维度上的剥夺感相对较低。随着旅游减贫的发展，收入增加提高了村民整体的满意度，经济维度的剥夺感下降。但随着村民的旅游参与程度的提升，各方利益相关者之间的矛盾也逐渐显露出来，许多村民开始意识到限制其脱贫的障碍正是能力和权利方面的不足，能力维度和权利维度的剥夺感就会在某一时间点开始上升。当然，处于强势地位的利益相关者如果注意到了村民在参与能力和参与权利方面的不足，并采取一定的措施疏导村民的剥夺感，那么能力和权利维度的剥夺感曲线就不会遵循先下降后上升的变化趋势，而是可以一直保持在较低的水平，塘坊村的案例就是很好的佐证。

调研显示，处于旅游发展成长期的塘坊村村民在健康、维权渠道、话语权和政策四个指标的剥夺感最弱，表明当地村民在旅游减贫中充分享有参与旅游扶贫的权利。塘坊村作为利川民宿的试点村之一，尽管村民从事旅游经营的时间不长，但在政府政策先行、全民免费培训、多方组织参与的背景下，当地民宿旅游发展势头强劲，村民信心十足。值得一提的是，塘坊村村民与民宿旅游开发公司以及当地政府的关系非常友好，民宿旅游开发公司全权承担规划及培训工作，定期对村民和村干部进行培训，针对不同试点村的具体情况提供具体指导。一方面，民宿旅游公司对外统一宣传，拓展营销渠道，村民不愁客源，避免了恶性竞争。另一方面，民宿旅游公司的工作人员经常深入各村监督视察，村民有任何问题都能快速得到解决。政府和开发者将村民利益置于首位，构建最有利于村民的利益分配机制，这些措施使塘坊村村民在经济、能力和权利三个维度的剥夺感均保持在较低水平。

三、相对剥夺感对脱贫人口的危害

当相对剥夺感强烈到一定程度时，可能会对社会的稳定运行带来一定危害。对于民族地区而言，其复杂的政治、经济、文化等因素交织在一起，相对剥夺感的存在往往会激化不同利益群体之间的矛盾，甚至引发一系列的社会问题，如犯罪、暴力冲突、滋生腐败等。笔者通过对恩施州5个贫困村进行调研后发现，尽管当地暂未出现由旅游发展引起的社会群体事件，但局部摩擦和社区纠纷时有发生，给社区带来了一系列消极的影响。

(一)打击脱贫人口参与旅游扶贫减贫的积极性

根据对脱贫人口参与意愿的调研统计分析，旅游发展初期的脱贫人口最想参与旅游扶贫，而旅游发展成熟期的脱贫人口在参与意愿上偏向两个极端，即非常想参与和非常不想参与。尽管旅游发展初期的脱贫人口在经济贫困、能力贫困和权利贫困三个维度的剥夺感都比较高，但由于脱贫人口经历这种剥夺感的时间还不是很长，且大多数脱贫人口对旅游扶贫减贫的期望要大于剥夺感，其参与意愿仍比较高。但随着旅游减贫发展的深入，一些脱贫人口的相对剥夺感仍然居高不下时，他们参与旅游的期望和意愿就会呈现出递减趋势。当脱贫人口在旅游减贫过程中的相对剥夺感最终超过了其本身的期望时，其参与旅游减贫的积极性就会受到很大的抑制，黄柏村一些村民认为"反正怎么做都比不上住腾龙洞那里的（村民）"的认知正是这种负面影响的现实显现。

（二）降低脱贫人口的幸福感

幸福感既是一个相对概念，又是一个绝对概念。在强调它的绝对性时，我们不能忽视它的相对性。① 尽管多数脱贫人口通过旅游扶贫实现了经济脱贫，但相对剥夺感的存在降低了脱贫人口的幸福感，这与开展旅游扶贫减贫的初衷背道而驰。首先，完全没有机会参与旅游的脱贫人口感到不公平。就现实情况来看，恩施州旅游业创造的就业机会比较有限，脱贫人口能否获得参与机会很大程度上与其所处的地理位置有很强的关联。旅游业相对于农业收入的增长幅度更快，没有参与机会的脱贫人口无法赶上参与者的收入增长水平。其次，强势利益相关者对脱贫人口利益的挤占使已参与旅游的脱贫人口感到不公平。已有的旅游参与者都希望增加或维持当前的利益，但强势的利益相关者时常会挤占弱势脱贫人口的利益，使脱贫人口感到自己的付出与收获不对等，在心理上产生一定的落差。

（三）影响民族社区的长治久安

在现实生活中，个体的相对剥夺可能会潜藏较长时间而不被察觉，于是成为社会不稳定的隐患。如果相同年龄、相同职业，或其他社会身份相同的社会群体成员都有相似的相对剥夺经历，则容易唤起人们的群体相对剥夺感。群体相对剥夺感一旦出现，就为群体性事件的爆发提供了心理基础。② 如果不能在消除社会绝对贫困的同时，逐步缩小社会成员之间的贫富差距，那么这种"相对剥夺感"容易使人倾向于暴力。恩施州一直以民风淳朴著称，"热情的土家小伙和幺妹"扮靓了土家山寨，吸引了国内外众多旅游者前来参观游览。但旅游参与过程中的恶性竞争使部分社区的和谐关系正在瓦解，贫困人口与景区管理方之间日益扩大

---

① 包双叶. 相对被剥夺感：社会转型期影响居民幸福感的重要因素［J］. 天中学刊，2014，29（4）：47-50.

② 张书维，王二平，周洁. 相对剥夺与相对满意：群体性事件的动因分析［J］. 公共管理学报，2010，7（3）：95-102，127.

的冲突给民族社区的长治久安埋下了重大的隐患。

四、疏导民族地区脱贫人口相对剥夺感的建议

(一)及时调整旅游减贫的策略

对于旅游发展介绍期的民族地区，政府及有关管理部门应从经济和能力上扩大社区居民的参与性，比如给当地脱贫人口创造尽可能多的旅游就业机会，让当地脱贫人口最大程度受益于旅游发展。贫困地区因缺乏资金和基础设施，旅游业从起步走向正轨的过程比较缓慢，而脱贫人口大多缺乏前瞻性的眼光、启动资金和必要的技能，如果政府不在政策上予以引导，脱贫人口的保守态度将从主观上排斥已有的参与机会，导致剥夺感居高不下。此外，旅游管理部门应积极寻求和扩大市场，增加脱贫人口对旅游发展的信心，从心理上刺激脱贫人口将期望转化为行动，实现全民参与共谋发展的目的。

对于旅游发展成长期的民族地区，有必要进一步强化脱贫人口的能力，并着手建立权利表达机制。处于这一阶段的地区，其旅游业往往增速较快，脱贫人口试图追赶旅游业快速发展的步伐，对获得更高层次的能力有强烈的愿望。同时，随着脱贫人口的不断成长，其权利意识进一步提升，对侵权行为的耐受性下降。因此，政府和旅游管理部门必须重视脱贫人口的权利诉求，建立有效的沟通渠道，避免脱贫人口的消极情绪上升至公开冲突。

对于旅游发展成熟期的民族地区，需要通过制度增权巩固脱贫人口的参与性。随着旅游业的发展走向成熟，各方利益相关者对利益的争夺加剧，多方博弈的最终结果就是处于弱势地位的脱贫人口其基本权利无法得到保障。同时，处于旅游发展成熟期的脱贫人口对相关法律和政策较为关注，其权利素养在很大程度上有所提升，他们既有提高参与程度的愿望也具备一定的能力。而在权利意识较强但其权利难以保障的社区，制度供给或制度优化往往可以发挥积极作用。①

---

① 翁时秀，彭华. 旅游发展初级阶段弱权利意识型古村落社区增权研究——以浙江省楠溪江芙蓉村为例[J]. 旅游学刊，2011，26(7)：53-59.

(二) 兼顾脱贫人口的非经济权益

不论处于何种旅游发展阶段的民族地区，建立利益相关者之间的友好合作关系都是降低社区居民整体相对剥夺感的一个有效途径。民族地区为了在短时间内扶植旅游产业，当地政府对一些挤占社区利益的灰色行为予以容忍。但随着时间的推移，挤占社区利益的一方并没有因旅游发展程度的加深而停止侵占社区利益的行为，甚至变本加厉，即便脱贫人口在经济和能力上均有较大提升，其消极情绪仍然会存在。利川市塘坊村的旅游利益相关者友好协作的关系模式为降低脱贫人口的相对剥夺感提供了一定的实践指导，政府和旅游开发者围绕社区居民建立的利益分配机制、进入渠道、培训体制、诉权途径和保障制度有效地提升了脱贫人口参与旅游减贫的积极性，其经济能力和权利贫困三个维度上的剥夺感在非常短的时间内就达到了理想状态的低水平，并在未来显示出巨大的发展潜力。

(三) 引导脱贫人口选取合适的参照群体

相对剥夺感包括纵向剥夺和横向剥夺两种，纵向相对剥夺感是将自己过去的经历同现在进行比较，若"过去"优于"现在"，就会产生相对剥夺感，横向剥夺感是围绕"自身"与"他人"、参照群体来比较而产生的剥夺感。民族地区旅游减贫中脱贫人口相对剥夺感的产生，主要是脱贫人口拿自己的参与机会、收入水平和其他群体进行比较，认为其他群体的受益比自己得到的利益多，从而产生相对剥夺感。如在旅游发展成熟期的营上村，居住在村内景区大峡谷云龙地缝东侧的村民，因景区关闭了其中一个景区入口，所经营的农家乐只得关闭。而在云龙地缝西侧的村民因征地的关系，对地缝出口处的摊位有优先选择权和经营权。参与旅游经营的机会不平等导致住在云龙地缝东侧的居民产生强烈的相对剥夺感。因此，政府和开发商在进行旅游减贫开发时，应建立合理的沟通渠道，疏导消极情绪，引导脱贫人口找准自己的角色定位，结合自身的能力和贡献选取适宜的参照群体，保持良好的心态。只有当脱贫人口选取了适当的比较参照群体，才不会产生太大的落差而降低应有的幸福感、满足感。

(四) 优化旅游减贫中的安全阀制度

疏导脱贫人口的消极情绪，及时消除社区内的不安定因素。美国冲突论学派的代表刘易斯·科塞(Lewis A. Coser，1989)曾提出，社会内部需要一种安全阀，使被封闭的消极情绪能够发泄出来。脱贫人口在旅游减贫中的相对剥夺感有一个积累的过程，这种消极的情绪贯穿于整个旅游减贫过程中。但当前的安全阀制度不够完善，不能及时疏导脱贫人口的消极情绪，大多数相关管理部门都是在冲突以激烈的形式爆发出来后才介入，这种被动处理方式虽然能解决部分冲突，却忽略了潜藏在贫困地区内部更深层次危机。优化旅游减贫中的安全阀制度，就是要定期疏导脱贫人口的消极情绪，在情绪还未爆发出来造成更大的损失之前就将其释放，从而保证社区的和谐与稳定。因此，相关管理部门在处理社区矛盾时应由被动转向主动，在完善正式反馈渠道的基础上，还要深入社区与居民沟通，重视非正式的交流形式，倾听其想法，解答其疑虑，将冲突限定在合理的范围内。总之，应全面了解脱贫人口在旅游减贫中的权益诉求，构建脱贫人口相对剥夺感的疏导机制，建立和谐的社会关系，实现民族地区的全面可持续发展。

民族地区旅游减贫与少数民族文化权益保护

　　旅游减贫是我国在少数民族贫困地区采取的一项重要的减贫策略。旅游减贫对促进少数民族地区产业结构调整、推动地区经济增长、改善当地生产生活环境起到了重要作用，诸多少数民族地区以丰富的民族文化资源为重要依托发展旅游业，不仅使自身走上脱贫致富之路，还提高了少数民族群众对本民族文化的认同感和自豪感。

　　然而，在当下少数民族地区的旅游减贫具体实践中，也出现了一些负面效应，如旅游发展急功近利、脱贫人口参与不足、文化原生态逐渐消失等，使少数民族脱贫人口文化资源收益权落空，参与旅游开发决策权和监督权流于形式，对少数民族文化的传承创新失去动力，最终使得少数民族的文化权益受到损害。对当前旅游减贫中少数民族文化权益保护实践及其中存在的问题展开分析，提出旅游减贫中关于少数民族文化权益保护的对策，将有助于民族地区旅游减贫开发的可持续发展。

一、我国少数民族文化权益及其保护

　　文化权益是族群和个人的一项重要人权，是公民在社会生活中的文化方面享有的权力和利益。公民的文化权益主要包括参与文化活动、开展文化创造、享受文化成果三个方面。作为具有特定文化形态共同体存在的少数民族，其文化权益更受到国家的保障。根据我国《宪法》，少数民族文化权益除了这些基本文化权益之外，还包括少数民族保留、传承自己特有的生活习惯、生活方式、思想观念和伦理思想等方面的文化权益。一般认为，从内涵上来看，少数民族文化权益既包括人权意义上的文化精神权益，也包括产权意义上的文化财产权益。① 而从属性来看，少数民族文化权益是少数民族族群及其个体成员的一项基本权利，它既是一种个人权益也是一种集体权益。

我国作为统一的多民族国家，一直将少数民族文化权益作为基本人权统筹于全社会事业建设中，对少数民族文化权益的保护始终非常重视，从立法保护、政策保障方面进行了法律构架和政策设计。当前，关于保护少数民族文化权益的统领性规定主要以我国《宪法》为主，《民族区域自治法》则对少数民族文化权益保护措施做了具体性的规定。另外，相关法律法规如《文物保护法》《著作权法》《商标法》《专利法》《传统工艺美术条例》《宗教活动场所管理条例》等都有内容涉及少数民族文化权益的保护。各地方政府的自治条例以及文化保护条例，也针对本区域少数民族文化的现状及特点对少数民族文化权益进行了相应的立法规定。同时，国家也发布了文化扶贫战略，设立了民族文化产业发展委员会等，从政策层面保障少数民族文化权益。

二、我国旅游减贫中的少数民族文化权益保护实践

我国少数民族地区多是"民族文化资源宝库"，如在国务院批准公布的四批国家级非物质文化遗产名录总计 1372 项中，少数民族非物质文化遗产项目有 477 项，占总数的 34.77%。许多少数民族地区在进行民族旅游村寨等旅游扶贫开发和减缓贫困过程中，既注重对少数民族文化遗产的开发利用，又重视对少数民族文化权益的保护工作。

（一）以政府为依托的抢救性保护

随着社会的进步、旅游的发展，我国多样性的少数民族文化遭受着来自多方面的威胁，面临着被曲解、遗忘和消失的危险，采取抢救性保护措施迫在眉睫。我国各级政府部门除加强立法保护外，还采取宣传教育、资金投入、发动社会参与保护、组织学者研究等措施使少数民族文化的保护取得了显著成果。特别是在对少数民族进行生态家园建设、民族旅游村寨打造等旅游减贫开发和减贫过程

---

① 袁泽清. 论少数民族文化旅游资源集体产权的法律保护［J］. 贵州民族研究，2014，35（1）：18-22.

中，着力开发和抢救少数民族文化遗产，探索出独具中国特色的文化遗产保护之路。其中影响较大的就是探索设立了文化生态保护区和生态博物馆。

文化生态保护实验区是将区域内的非物质文化遗产整体性保护起来，注重对非物质文化遗产及其得以孕育、滋养的人文环境实行整体性保护，以达到"遗产丰富、氛围浓厚、特色鲜明、民众受益"的目标。自 2007 年原文化部设立第一个国家级文化生态保护实验区起，全国至今已经设立 21 处文化生态保护实验区，其中民族地区就达 11 处。同时，各民族地区还设立了诸多省级、州级文化生态保护实验区。生态博物馆是在文化原生地以村寨社区为单位建立的"活态艺术博物馆"，旨在完整真实地保护、展示、传承民族文化遗产。1995 年至今，我国在贵州、云南、广西、内蒙古等地相继建立了 20 多座生态博物馆，涉及苗、侗、瑶、布依、壮、京、蒙古、布朗等民族村寨。这些文化生态保护试验区和生态博物馆在对当地珍贵的民族文化遗产进行保护的同时，也与旅游减贫结合起来，既让少数民族群众在民族文化旅游资源开发中脱贫致富，也提高了他们对于本民族文化保护和传承的自信心与自觉性。例如，广西壮族自治区内的南丹白裤瑶、龙胜龙脊、贺州客家围屋等生态博物馆自建成以后，营造浓郁的文化生态保护氛围，积极吸引当地贫困群众参与，开发民族文化旅游，既对当地旅游经济发展起到了积极推动作用，也增强了民众的文化自信与文化自觉。

(二) 以市场为依托的开发性保护

我国少数民族地区文化遗产资源富集，需要保护与开发的数量巨大，政府的力量毕竟有限，有效的市场化运作可以反哺文化遗产的开发、保护与传承。因此，在政府的主导下，采用以市场主体为依托的开发性保护模式，也是顺理成章的事。市场主体具有一定经济实力，洞悉市场态势，通过挖掘民族文化资源，既可以使自身盈利，又能在一定程度上实现文化惠民，提高文化保护和传承的效率，这在我国少数民族地区已有诸多成功范例。如各地争相上演的旅游演艺，在宣传和利用民族文化遗产资源方面就具有较大的影响力。

以"印象刘三姐""印象丽江""魅力湘西""夷水丽川"等为代表的旅游演艺舞台剧融汇了众多文化遗产要素，这些舞台剧虽然为了迎合大众审美趣味和市场需求，采用现代舞美设计和音响效果包装，采用企业化的管理模式以及新颖的营销策划和宣传方式，但这种旅游演艺产业生产模式仍不失为目前比较成功的保护少数民族文化并进而促进少数民族文化权益保障的有效市场模式。这些旅游演艺都是对当地民族文化的元素或特质抽象和融汇，经过编排后既保留了民族文化的原汁原味，也体现出文化发展的规律。同时，这些旅游演艺都注重吸纳当地群众参与演出，使作品本身保证了原生态，也使以前为生计发愁的贫困群众不仅在短时间内脱贫，而且还积极参与到文化遗产的传承活动中。

(三) 以少数民族群众为依托的社区参与式保护

以少数民族群众为依托的社区参与式保护，是通过政府或市场主体的支持以及社区自发的形式，以本地社区为平台，建立合理的利益分享机制和利益表达机制，激发社区群众主动全面地参与到本社区文化旅游开发的决策、实施、监督、评估等全过程，让社区群众拥有充分的话语权和利益分享权。如，在旅游开发中，尽可能地保障旅游产业链本地化，保障当地少数民族群众直接在社区就业，优先雇佣本地群众，旅游商品尽量采用本地原材料加工，提高少数民族群众在旅游发展中的股份份额，公共设施投资向本地人倾斜，等等。这将让少数民族群众自身拥有的多样化的本土文化在旅游中得到应用，获得广泛的价值，并得到更好地保护、传承与发展。

在实践中，以社区参与式行动促进民族文化权益保护的案例比比皆是。例如，贵州的黔东南苗族侗族自治州，近年来将旅游扶贫减贫与社区群众自觉参与民族文化保护传承相结合，全州成立乡村旅游合作社 400 余家，社区群众可直接参与农家乐、乡村民宿、旅游商品产销等环节。同时，开展民族歌唱大赛、组建专业演艺队伍等活动，鼓励群众积极参与保护传承民族文化。如今苗族民歌、侗族大歌等都已成为当地的特色旅游项目，吸引无数游客"闻声"而来。①

三、旅游减贫中少数民族文化权益保护存在的问题

少数民族群众以其勤劳和智慧创造出了丰富多彩的民族文化，当民族文化被作为旅游资源进行开发的时候，该少数民族区域群众无疑应作为当地民族文化的

---

① 李代英. 黔东南州：文旅融合彰显民族文化魅力 [N]. 中国旅游报，2019-01-18 (1).

主体享有开发资源带来的参与权、收益权、话语权等权益。这些权益不仅包括开发文化资源占用的土地收益、从事与文化旅游相关的收益、开发盈利以后作为民族文化旅游股东带来的长期稳定的收益，[①] 还包括文化旅游开发的话语表达、参与决策和管理权等。从上述旅游减贫中少数民族文化权益保护的实践来看，少数民族文化权益虽然得到一定程度的保障，但囿于文化水平、素质技能等的限制，少数民族群众往往成为沉默和失语的弱势群体，其文化权益的保护面临诸多问题。

(一) 文化资源收益权存在漏损

文化资源收益权是少数民族群众对本区域民族文化旅游资源开发所享有的文化财产收益权。少数民族群众既是文化的载体，也是文化的主人。少数民族的村寨聚落、田园景观、文化习俗、歌舞艺术等自然和文化资源，是少数民族生存的基础，也是文化旅游产品最主要的构成部分。少数民族群众以及他们保护传承的具有浓郁民族特色的文化成就了高品位、优质的旅游产品，少数民族群众理应享有文化资源开发所带来的收益。但是，目前我国对文化资源用于旅游开发的使用权利没有明确的法律规定，文化资源产权模糊，少数民族群众的文化主体地位在法律上不明确，因此也就无法获得价值相当的收益。如，据在湖北省恩施土家族苗族自治州的调研得知，利川市大水井景区、腾龙洞景区都是在政府主导下的开发，由地方财政和旅游公司获得收益。虽然当地群众也可以在景区打工、摆摊做小生意，并从中获取收益，但其所应享有的与文化旅游相关的资源收益和作为民族文化旅游股东的分红收益则较少，因此，他们的文化资源收益权存在漏损。

(二) 文化参与权不够充分

社区居民的文化参与权主要表现在人们可以自由选择是否参与文化活动、参与何种方式的文化活动等方面。少数民族社区是民族文化的载体，也是游客体验民族文化的窗口，当地人的参与营造了旅游的文化氛围。然而，旅游减贫的经济

---

① 李忠斌，李军，文晓国．基于产权视角下的民族文化旅游可持续发展研究[J]．中南民族大学学报(人文社会科学版)，2016，36(5)：69-73.

取向在一定程度上降低了社区居民参与文化活动的热情，这在非物质遗产旅游中尤其明显。过去作为民风民俗、技术工艺等形式存在的非物质文化遗产，如今有很大一部分以舞台表演的形式出售给游客。为了保证这种旅游产品的质量，旅游企业最常见的做法就是邀请官方的传承人、专业演员以及经过严格挑选的社区居民参与展示，其余人则被排斥在外。生活在少数民族地区的脱贫人口因文化素质较低，能够参与这类活动的机会非常少，在旅游减贫中享有的文化参与权非常有限。

(三) 文化尊重权受到一定侵害

尊重旅游目的地的文化是旅游开发的基本原则。然而现实情况是，政府的政绩压力和旅游企业的推波助澜导致少数民族地区群众的共同文化没有得到应有的尊重，甚至部分少数民族的文化价值被质疑。简单、武断地改变少数民族群众沿袭已久的生产生活方式及文化习俗，将直接摧毁他们的文化自信。[1] 例如，一些地方政府出于帮助少数民族群众迅速脱贫致富的良好愿望，采取整村推进、移民搬迁等旅游减贫方式，但由于没有对少数民族群众的文化给予充分尊重，往往事与愿违。调研显示，在世界文化遗产咸丰唐崖土司城的旅游开发过程中，有90多户居民从遗址核心区搬到唐崖集镇的安置小区居住，一方面安置区的建筑与其原有的传统居住建筑风格不相吻合，另一方面由于离开了"原生土壤"，搬迁居民被迫改变原有生活习惯和传统习俗，所以他们并不十分乐意"乔迁新居"。急功近利追求经济效益、缺乏对少数民族文化的尊重，这类旅游减贫虽然某种程度上也保护了对旅游发展有利的一些民族文化遗产元素，却终究会遗失值得我们珍视的民族文化基因，并最终会导致文化原生环境的破坏和瓦解。[2]

(四) 文化创造权受到一定威胁

文化的发展源于文化实践者在现实生活中的不断创造和创新。少数民族在长

① 王建民. 扶贫开发与少数民族文化——以少数民族主体性讨论为核心[J]. 民族研究，2012(3)：46-54，108.
② 卢世菊，柏贵喜. 民族地区旅游扶贫与非物质文化遗产保护协调发展研究[J]. 中南民族大学学报(人文社会科学版)，2017，37(2)：74-79.

期应对自然和社会环境中，创造出了基于本土文化价值观、道德观和审美观的民族文化，并以仪式活动等形式展现出来。然而，一些地区在利用民族文化资源开展旅游减贫的过程中，依然坚持用现代的市场价值观来衡量少数民族的文化创造，认为当地少数民族缺乏文化开发的商品意识，不具备参与旅游减贫和现代旅游业发展的素质。一些地方决策部门不仅不充分发挥少数民族在文化传承和创造中的作用，还往往迎合市场的需要，将文化人为地"过滤"，仅选取游客感兴趣的某些民族文化符号事项，将丰富的民族文化"概念化、景观化和具象化"。① 更有甚者，对少数民族文化符号肆意歪曲和曲解，将民族文化商业化和庸俗化，严重偏离了民族文化的内核。例如，作为国家级非物质文化遗产的土家织锦西兰卡普由传统手工技艺制作，然而一些生产企业为了眼前的经济利益，抛弃传统手工工艺，通过机器化批量生产。这不仅给坚持以传统手工技艺制作的非遗传承人以及追求纯手工的消费者造成损失，也给千年传承的土家织锦技艺创造带来了很大伤害。

(五) 文化话语权不受重视

少数民族对自身事务尤其是事关本地区发展的事务享有话语权。少数民族地区的旅游减贫开发，事关少数民族的发展，要听取他们的意见和建议。特别是在制定旅游规划和选择旅游项目时，要尊重相关少数民族群众的话语权，否则难以更好激发少数民族参与旅游减贫的活力，再好的项目也难以成功实施。然而，我国一些少数民族地区的旅游减贫开发并没有尊重少数民族群众的话语表达权，其发展方略和具体措施都来自外部。一方面，少数民族群众受自身受文化水平、经济发展水平等的限制，在很大程度上还没意识到自身的文化主体地位，对政府和旅游开发者心存敬畏，为了获得更多外部资源，被动地接受政府和旅游开发者的扶贫安排，而对于在旅游减贫中的文化保护与发展、参与决策与管理等方面的话语权并不十分在意。另一方面，一些地方职能部门和旅游开发者在征求群众意见时流于形式。

---

① 黄萍. 尴尬与出路：旅游扶贫视角下西南民族村寨文化遗产管理研究[J]. 青海民族研究，2015，26(1)：14-19.

四、旅游减贫中少数民族文化权益保护对策建议

(一)挖掘少数民族优秀文化传统

少数民族文化是我国优秀传统文化的重要组成部分,新时期传承我国优秀民族文化,是实现我国优秀民族文化的现代转换和创造性发展的要求。在旅游减贫实践中,一方面,相关部门要加强培育少数民族的文化主体意识,充分尊重少数民族群众的文化主体地位,对少数民族群众的经济、社会和文化发展权利予以重视和培育。另一方面,少数民族自身要提高对本民族传统文化的自识自尊意识,利用旅游减贫提供的平台主动承担起保护、传承、发展民族文化的责任,在不断实践和自我觉醒中,实现自身参与文化活动、开展文化创造等多方面的文化权益。

(二)制定科学的旅游减贫规划

前些年,为打赢脱贫攻坚战,解决贫困人口的脱贫问题,从中央到地方都已出台相应的《脱贫攻坚规划》。针对少数民族地区的旅游扶贫,也出台了相应的《旅游扶贫规划》或《旅游扶贫行动方案》等。这些规划无疑都以强调旅游发展创造经济效益为主,但少数民族地区旅游减贫规划所利用的核心资源是各具特色的民族文化资源。因此,科学的旅游减贫规划中不仅要设立一些经济目标,保障少数民族群众在经济上的致富,还需要设立社会文化类型的综合目标,以保护当地的民族文化,维护少数民族的文化权益。这就要求决策部门在制定旅游减贫规划时,除了考虑常规的经济要素之外,还应当结合本区域实际情况,考虑旅游减贫规划中是否存在损害少数民族文化权益的问题。同时,在了解少数民族文化诉求和特殊需求的基础上,在旅游减贫规划中融入少数民族的文化传承和保护、社区参与等少数民族文化权益保护的要素,保障民族文化赖以生存发育发展的"文化生境"。

(三)建立文化权益协作保障机制

在少数民族地区的旅游减贫中,政府部门、少数民族群众、旅游开发商都属

于重要的利益相关者。由于各方追求利益的异质性，冲突在所难免。只有建立起良好的权益协作保障机制，才能减少矛盾，规范旅游减贫中少数民族文化权益的利益分配。

首先，要建立起少数民族文化权益协作机制。作为旅游减贫和文化权益保护工作最重要的调控和掌握者，政府应当服务于少数民族文化权益保障和旅游减贫，为之提供更大的支持、更好的舞台，充分了解少数民族群众在旅游减贫中的权益诉求，尽可能减少与少数民族群众沟通不畅的问题。作为民族文化主体及直接受益于旅游减贫的核心利益相关者，少数民族群众在旅游减贫中要发挥自己作为文化主体的主观能动性，以及基于本民族文化的主动创造精神，当自身文化权益受损害时，应该采用合法手段，表达并实现自身的权益诉求。作为投资开发主体介入少数民族旅游减贫开发的投资开发商，除了追求经济利益外，也应当虚心学习民族文化知识，尊重主体文化的精神价值，避免低层次、浅层次甚至破坏性的开发，避免用外来的文化价值观去篡改当地民族文化。

其次，要建立起少数民族文化权益的补偿机制。旅游减贫的核心就是使"贫困人口在旅游发展中获益和增加发展机会"。[①] 对于少数民族群众在旅游减贫中涉及的房屋拆迁改造、土地占用方面的经济补偿权益需求，可以通过经济手段、市场行为等来实现。对于少数民族的文化权益补偿需求，相关政府部门和旅游开发商也要建立补偿机制，特别是对那些传统生活方式文化权益受到影响的少数民族群众要给予较好的经济补偿。从已有的实践来看，对少数民族文化权益的补偿一般采取金钱补偿和股份制补偿[②]两种方式。无论采取哪种方式，都要确保少数民族群众在旅游开发后应享有的收益权。

(四) 完善相关法律体系建设

我国关于少数民族文化遗产、文化艺术、知识产权、民间传统文化、民族村寨的保护已经形成相应的法律保护体系。但是在以政府为主导推进的旅游减贫进程中，对少数民族群众文化权益的关照与保护相对较弱。因此，需要进一步完善

---

① 周歆红. 关注旅游扶贫的核心问题[J]. 旅游学刊，2002(1)：17-21.
② 魏佳，付健，曹平. 旅游企业对少数民族文化的保护责任——以西部旅游景区为例[J]. 社会科学家，2012(1)：86-90.

相关法律体系建设，在立法中明确少数民族文化权益保护的重要性。

首先，中央立法与地方立法需相互补充。我国少数民族众多，各少数民族文化都具有特异性，其文化权益保护也不尽相同。中央立法可以对少数民族文化权益保护作出原则性的立法规定，确保在国家法律层面保障少数民族的文化权益得以实现。地方立法则可以根据当地少数民族文化保护范围作出具体规定，将原则性的中央立法规定细化到具体的实施细则中，明确地方政府在保护少数民族文化权益方面的各方具体职责，如财政扶持、少数民族文化权益决策参与途径等方面，充分发挥地方立法在保护少数民族文化权益中的作用。

其次，对现有法律法规进行适时调整。尽管一些地方已经出台了一些保护少数民族文化权益方面的法律法规。如《恩施土家族苗族自治州民族文化遗产保护条例》在 2005 年发布，但随着社会经济的不断发展以及减贫政策环境的变化，有些规定已经不能适应时代发展的需求。因此，需要对现有法律法规不断加以完善，以推动旅游减贫中少数民族文化权益保护的协调发展。

民族地区景中村旅游发展路径

世界旅游组织、世界旅游理事会与地球理事会在 1997 年 6 月联合制定并颁发的《关于旅游业的 21 世纪议程》中，积极倡导在旅游业可持续发展中要把居民作为关怀的对象，并把目的地居民的参与作为旅游发展过程中不可缺少的环节和一项重要内容。在我国，尤其是在一些少数民族地区，社区多种方式参与旅游开发已经成为当地居民脱贫致富的重要途径。然而，伴随而来的一种现象不容忽视：许多少数民族社区居民，特别是少数民族贫困山区的旅游资源地居民因受到社区传统文化、就业心理、受教育程度等因素的影响和制约，在旅游开发进程中日益边缘化，被排斥在旅游经营的受益者范围之外。[①] 忽视旅游资源景区内居民利益容易导致景区经营机构与居民的矛盾，并且会危害旅游资源的开发与保护，进而影响本地旅游业的可持续发展。

湖北西部武陵山区聚居着土家族、苗族、瑶族等少数民族，是典型的少数民族聚居区，经济社会发展一直较为滞后。但在这片透出自然芬芳的田野里，有源远流长的民族民俗风情、秀丽自然的山水风光。一些正在开发或即将开发的景区大多位于少数民族聚居的村落中。结合社区参与理论，以湖北恩施土家族苗族自治州恩施市太阳河乡石林村为案例地，探讨类似石林村这种少数民族贫困地区景中村实现村民与景区经营者利益共赢的旅游发展模式的路径选择问题具有重要的现实意义。

一、社区参与的文献综述

社区参与源自西方公众参与(public participation)理念，是西方社会经济发展

---

① 刘俊，楼枫烨. 旅游开发背景下世居少数民族社区边缘化——海南三亚六盘黎族安置区案例[J]. 旅游学刊，2010，25(9)：44-50.

到一定阶段的产物。社区参与意味着对传统官僚家长式作风的否定,① 也意味着民众能够和那些帮助他们的人合作,参与规划、管理、控制和评估集体行动,在此过程中识别民众所面临的问题及民众的需要。②

社区参与旅游发展是实现旅游可持续发展的关键要素,③ 社区在旅游业发展中的主体地位在国内外相关研究者中已达成共识。④ 但该理论应用于旅游研究和旅游规划中,经历了一个"从缺失到凸显"的过程,而且相关研究偏重于理论和宏观层面,缺乏深入细致的实证研究。国内学者普遍认为我国社区参与旅游开发大多停留在初级层次的象征式、被动式参与阶段,社区参与的程度和层次较低。⑤ 社区参与旅游开发存在着产业制衡矛盾转移和供求平衡等限制性因素。⑥ 而在少数民族社区参与旅游开发中,少数民族社区参与主体不能够有效地参与旅游发展,不能合理地分享旅游收益,则一直是少数民族社区参与中所面临的最大问题。⑦ 已有的研究成果表明,社区参与旅游开发的实证研究缺乏,少数民族社区参与旅游开发的研究仅停留在问题的表象上,没有挖掘问题的根本原因,没有提出可行的解决方案。

笔者在进行部门访谈、入户深度访谈、居民问卷调查等田野调查的基础上,借鉴上述社区参与旅游理论的相关研究成果,分析石林社区参与旅游的现状,进而提出少数民族贫困地区景中村旅游发展的可行路径。

---

① Skelcher C. Involvement and empowerment in local public services[J]. Public Money and Management, 1993(3).

② Askew I. Organising community participation in family planning projects in South-Asia[J]. Studies in Family Planing, 1989(4).

③ 翁时秀,彭华. 权力关系对社区参与旅游发展的影响——以浙江省楠溪江芙蓉村为例[J]. 旅游学刊, 2010, 25(9): 51-57.

④ 孙九霞,保继刚. 从缺失到凸显:社区参与旅游发展研究脉络[J]. 旅游学刊, 2006(7): 63-68.

⑤ 保继刚,孙九霞. 社区参与旅游发展的中西差异[J]. 地理学报, 2006(4): 401-413.

⑥ 陈飙,钟洁,杨桂华. 云南香格里拉藏族社区参与旅游发展过程的限制性因素研究[J]. 西南民族大学学报(人文社科版), 2007(8): 165-169.

⑦ 郭凌,王志章. 论民族地区旅游社区参与主体的培育——以泸沽湖里格岛为例[J]. 广西师范大学学报(哲学社会科学版), 2009, 45(3): 110-115.

二、梭布垭石林景区旅游发展概况及
石林村参与旅游发展状况

(一)梭布垭石林景区旅游发展概况

梭布垭石林景区位于湖北省恩施土家族苗族自治州恩施市太阳河乡石林村境内,是国家 AAAA 级旅游景区,距恩施城区 50 千米,石林形成于远古奥陶纪,距今已有 4.6 亿年,属典型的喀斯特地形地貌。景区总面积 21 平方千米,其植被居全国石林之首,被誉为"戴冠石林"。景区所在的太阳河乡石林村土家风情浓郁,民族文化积淀深厚,2009 年年初太阳河乡因赋存纯真动人的山民歌而被原文化部命名为"中国民间文化艺术之乡"。梭布垭石林景区已是恩施市乃至湖北省一处重要的旅游景点。

(二)石林村参与旅游发展状况

太阳河乡石林村位于石林景区内,居住着 425 户居民,1400 余人,绝大多数为土家族。[①] 这里山大人稀,区域经济发展水平低下。石林村村民在政府组织开发梭布垭石林景区以前,主要的生计方式为种植业、养殖业和外出打工,而在景区开发后,他们大多参与景区服务行业。石林村村民参与旅游发展的内容主要有下述两个方面。

(1)直接参与景区的旅游经营。根据笔者对景区 20 户村民的随机走访调查,几乎每一户村民都相继直接或间接参与景区开发和经营,他们根据自己的专长以及景区对劳动用工的需求,涉足景区的旅游经营。参与的方式主要有:开办农家乐、为游客提供食宿接待或在景区从事轿夫、导游、清洁工等工作;开办商店卖旅游纪念品,摆小摊卖土特产;开展特色养殖和种植,供应给景区餐馆和游客。

(2)参与景区的旅游决策。在梭布垭石林景区旅游开发早期,由于恩施市政府的主导与监管,恩施市梭布垭石林有限公司紧紧依靠景区村民,不仅对村民进行职业培训,提高村民素质,让村民参与景区经营,还让景区村民参与景区开发

---

① 资料来源:恩施市太阳河乡政府统计数据。

的决策与管理。村民也视景区为自己的大家庭，积极献言献策，对景区的活动如同自家办喜事一样的支持。但在景区旅游开发一段时间后，石林村民参与景区旅游决策与管理的权利有所削弱。

三、石林村参与旅游发展的社会经济效应调查与分析

(一)石林村参与景区旅游发展的良性效应

(1)景区村民的职业结构从单一变为多元。石林景区开发前石林村劳动力以从事农耕为主，主要种植玉米等农产品。在当地无专门从事第三产业的人。景区开发后，虽然从事农业种植的劳动力仍然占多数，但在种植之余，一部分村民开起了餐馆、农家乐小商店，也有部分人到景区当起导游、轿夫、清洁工、建筑工、运输工等，即使是从事种植养殖的村民，也不像以前那样自给自足了，而是将农产品供应给农家乐和景区游客。与景区开发之前相比，景区村民谋生方式多样化了，村民的职业结构已从单一的农业，转向农业与服务业并驾齐驱的态势。

(2)景区村民获取的收益明显。经过多年的发展，景区村民参与旅游经营已具备了一定的规模，家庭收入发生了很大变化，一般来说，村民旅游收入占其家庭年收入的一半以上(见表1)。在旅游发展所产生的利益驱动下，石林村村民参与景区旅游经营和管理，取得了旅游发展所形成的部分收益。

表1　　　　　石林村景区村民参与旅游经营后年经济收入情况表　　　　单位：元

户名	种植业收入	养殖业收入	旅游收入					外出打工收入	旅游收益比重估算（%）
			开办农家乐	开商店	摆摊卖土特产	抬轿子	导游		
周某一	1000	3000	10000		200			5000	53.1
张某	8000	9000	30000						63.8
周某二					30000		6000		100
秦某	8000	6000		10000	4000				50
龚某一	5000	3500				20000			70.2

户名	种植业收入	养殖业收入	旅游收入					外出打工收入	旅游收益比重估算（%）
			开办农家乐	开商店	摆摊卖土特产	抬轿子	导游		
龚某二	3000	7000			1000				9.9
田某	2000	2500	138700	84000				17000	91.2

资料来源：典型入户调查

（3）促使传统文化回归，为游客营造了浓郁的民族文化体验氛围。旅游发展所取得的收益，唤起了景区村民对传统文化、民族文化保护传承的激情和意识。太阳河乡原生态山民歌资源极其丰富，它是农民们在劳动和工作之余自娱自乐、原创性很强的民间艺术，全乡上下人人会唱山歌。特别是石林村村民出于对自身收益的考虑，更是自愿自觉地喊山歌、唱山歌。笔者在石林景区见到导游、轿夫，甚至卖矿泉水的小姑娘都穿着土家族服装，他们见人、见山、见树、见石头都能张口唱来。一位轿夫说："会唱歌，我们的生意都好些。以前只是觉得好玩，没想到山民歌还能给我们带来好处。"

（4）村民生活质量、文明素质有所提高。石林景区开发以前，石林村村民家电的使用基本是空白，全村不通电话，村民取暖做饭用柴火，卫生习惯差，苍蝇到处乱飞。现在几乎每家每户都用上了彩电、冰箱，新建了移动通信站，极大地改善了通讯环境。村民建起了沼气池，卫生环境得到极大改善。据笔者调查访谈，以前，该村偷盗成风，一到寒冬腊月，居民家的牲畜财物被盗现象时有发生。现在村中偷盗的行为基本没有了，村民们更乐意学文化，参加山民歌比赛等活动，村民的文明素质显著提高。

（二）石林村参与景区旅游发展的失范效应

（1）村民逐渐被排斥在旅游经营的受益之外，村民与景区经营机构矛盾凸显。梭布垭石林景区在承包经营后，由于承包人恩施市梭步垭发展有限公司投入不足，且较少考虑村民的收益，导致景区村民对公司存在不满。如公司在景区修建了自己的宾馆，为了保证公司宾馆的高入住率和高就餐率，采取方式限制农家乐接待客人，村民与景区经营机构矛盾凸显。

(2)为迎合游客的需要，少数民族传统文化失真或变异。一般来说，当社区原有的经济发展水平低，从旅游业中获得的收入在居民收入结构中所占比例相对较大的情况下，社区居民对旅游业的依赖性就越强，他们就会将收入增加的希望，寄托于旅游者数量的持续增长上。[①] 因此，他们会对游客的到来持欢迎态度，甚至会委屈自己的禁忌和习惯，对游客的不当行为表现出宽容与忍耐，虽然这为游客提供了友好的体验环境，但久而久之，当地社区的某些民俗会逐渐变异甚至消失。比如土家族男人所挑的扁担，妇女是不能从上面直接跨过去的，否则是对土家族男人的不敬和侮辱。然而，笔者调研期间在景区乘坐轿子时，看见不少女游客直接从扁担上跨过，并没有遭到轿夫的埋怨，而笔者有意识地从旁边绕过，轿夫反而说，没关系的，只要您玩得高兴，不要讲那么多礼节。

(3)公共资源产权不明，导致"公地悲剧"凸显。少数民族贫困山区在旅游开发中，由于景区产权界定不明晰，如果没有相应的制度约束，景区居民为追求个人利益的最大化，不可避免地会过度利用景区公共资源，从而酿成"公地悲剧"。[②] 梭布垭石林景区旅游资源具有"公权"与"私权"混杂的特征，景区被承包给开发商个人，景区自然环境、景区居民的房屋及家庭生活是私有的，但民族民间文化、社区人文环境等旅游资源则具有公共性特征，然而村民房屋及家庭生活虽为私有，但其所代表的民族民间文化、人文环境则应归于所涉及的石林村全体成员，是他们共同使用的公共产权，他们中的每个成员都有义务维护这些资源。但由于产权不清、管理制度的缺失，景区村民按个人意愿建设或改造住房，由此出现了大量与景区不协调的建筑，与传统的土家族吊脚楼建筑风格相去甚远，对景区的人文资源造成了较大的破坏。

(4)景区村民参与旅游开发难以实现机会均等，贫富差距仍然存在。在石林村，所在景区的政府管理部门与经营者多次协调后，景区村民获得平等参与旅游服务的机会，即每一户村民都可以按照自愿原则参与景区旅游服务。然而，每一户村民因其所在区位、资金、技术、年龄、体力等方面的差异，而难以保障参与机会的均等。如龚某，由于体弱，劳动能力差，仅靠在景区卖烧土豆、烧玉米赚

---

① 王洁，杨桂华. 影响生态旅游景区社区居民心理承载力的因素探析——以碧塔海生态旅游景区为例［J］. 思想战线，2002(5)：56-59.

② 刘汪，吴雪. 少数民族地区社区旅游参与的微观机制研究——以丹巴县甲居藏寨为例［J］. 四川师范大学学报(社会科学版)，2008(2)：140-144.

点钱，他家在参与旅游开发前的年收入是 9500 元，参与旅游开发后的收入是 11000 元，收入增长不多。但同时，那些拥有资金、能力、区位优势以及人脉关系的村民们选择了开办农家乐、商店等旅游服务，经过几年的积累，收入明显增加。其中最高的一户是开农家乐的田某，年收入 24 万多元。在同一个村子，收入最高与最低可相差 20 倍。由此可见，贫富的差距依然存在。

四、从石林景区旅游发展看少数民族地区景中村参与旅游发展的路径选择

上述调查分析表明，在石林村，旅游发展虽然拓展了景区村民的收入渠道，村民的谋生方式和生存环境也得到了极大改善，然而，随着景区开发的阶段性进行，出现了村民与景区经营机构的矛盾加深，公共资源人为被破坏，民族文化失真，村民存在贫富差距等系列问题。长此以往，必将影响到石林村社区的和谐与安定，也会影响石林景区的可持续发展。因此，仅仅依靠目前景区承包经营的思路是不明智的，有必要引入新的能保障景区村民受益的景区经营方式，采取切实的措施来解决目前石林村在与景区同生共荣中出现的诸多问题。而采用企业股份合作制能较好地完成这个目标。该制度目前在国内的多个景区成功应用，如九寨沟自然保护区采用此制度成功地保障了保护区内居民的受益。[①] 这些景区的成功实践为石林景区股份合作制的推行提供了可资借鉴的成功经验。

(一)企业股份合作制是石林社区参与旅游发展的良好路径选择

企业股份合作制是指以企业为依托，以社区土地、资源、技术等入股组建形成的股份合作制。[②] 它糅合了合作制和股份制的优点，既保持了股份制筹措资金、按股分配和经营管理方面的实质，又吸收了股东参加劳动、按劳分配和提取公共积累等合作制的基本内容。这是一种既保护当地居民利益，又能实现居民有效参与的内在的经济激励机制。在石林社区推行企业股份合作制有重要意义。

---

① 石璇，李文军. 保障保护地内居民受益的自然资源经营方式——以九寨沟股份制为例 [J]. 旅游学刊，2007(3)：12-17.

② 罗必良，潘光辉. 社区型股份合作制：改革面临创新——基于"龙岗模式"的理论与实证研究[J]. 华南农业大学学报(社会科学版)，2004(4)：1-10，23.

（1）可以向社会筹集大量资金进行景区开发，有利于扩大景区的市场规模。景区开发需要大量的资金作支撑，交通、能源、通信、水电等旅游基础设施的建设，景区的改造升级、宣传推销等都需要大量的资金投入。而资金问题的解决只能依靠社会，依靠市场机制吸纳社会资本组建新的股份公司来开发建设石林景区。

（2）有利于确保社区居民平等参与旅游的机会，突出社区居民的主人翁地位。在企业股份合作制模式下，资金和劳动都可以作股平等参与，即使社区居民贫困，也可以劳动入股，确保社区贫困居民参与旅游发展的机会。① 村民成为企业的股东与员工，与企业形成利益共同体，保证了村民的主人翁地位。

（3）有利于景区和村民获得持续增长的收益，村民收入差距缩小。在企业股份合作制经营模式中，股份制景区经营企业能较长时间（通常时间为30—50年）地掌管景区专营权，实行长时间垄断经营。企业对一个景区经营权的垄断性，确保了投资者的投资回报。村民以入股方式进入股份制景区经营企业，参与景区经营，同样可以享受景区经营投资的持续性收益。而且因景区内全体村民均可以参与股份制经营，从而会有效扩大居民受益面，缩小社区居民的收入差距。

（4）有利于当地生态环境的保护和土家族传统文化的传承。实行股份合作制模式，能把社区居民的责任、权利、利益有机结合起来，社区居民既是旅游开发经营的股东，又是旅游经营中的劳动者，双重身份能较好地引导受益居民自觉参与他们赖以生存的生态资源、文化资源的保护。

（5）有利于保障原承包商的利益，最大限度降低变迁中的交易成本。在目前由恩施市梭步垭发展有限公司承包经营景区，且承包期限达52年这种状态下，在原有限公司基础上组建一家新的企业股份合作制公司，由政府授权其独家经营旅游景区资格的方式，有利于保障原有公司的利益，能最大限度地降低变迁过程中的交易管理成本，政府也可减少违约造成的成本支出。

（二）石林景区旅游企业股份合作制运行路径

（1）合理进行产权界定和设置股权。企业股份合作制的有关规则要求，实行

---

① 陈志永，杨桂华．民族贫困地区旅游资源富集区社区主导旅游发展模式的路径选择——以云南梅里雪山雨崩藏族社区为个案研究[J]．黑龙江民族丛刊，2009（2）：52-63．

股份合作制需首先明晰旅游资源产权，进行公正合理的资产评估，才能保障社区利益。因此，政府有关部门首先需要将石林景区旅游资源产权进行合理的界定，可将其界定为国家产权、公司产权、村集体产权和村民个人产权4种产权主体，把旅游资源、土地、资金、技术、劳动、民族传统文化赋存等转化为股本，国家、公司、村集体、村民通过不同的投入获得相应的股权，参与旅游经营。不过为了达到保障社区居民利益的目的，政府应对入股形式进行协调，即应该以旅游资源、劳动为主，配以适量的资金股，这样才有利于村民成为旅游资源经营管理的主人，激发他们参与的积极性。[①]

（2）着手实施《梭布垭风景区总体规划》和《梭布垭石林修建性详细规划》。《梭布垭风景区总体规划》和《梭布垭石林修建性详细规划》已经制定，政府部门应积极协调相关部门做好景区发展工作，根据梭布垭风景区的总规和详规加大对景区相关项目的跟踪、检查及督办力度，确保建设项目按进度要求实施。

（3）加强对景区村民的培训和教育，提高村民的服务素质。在旅游发展过程中，社区参与成功与否的一个重要因素是社区居民的参与能力，只有村民参与能力提高了，才能充分享受旅游发展给他们带来的好处。为较好地提高景区村民参与旅游服务的素质和意识，使企业股份合作制高效有序运行，需要政府组织、企业具体负责实施对村民的旅游基本知识和旅游服务技能培训。可以根据景区内村民的爱好、专长、向往，对他们进行餐饮业、运输业导游服务、特色产品种植、特色养殖及其加工、建筑业等方面的分类培训。

（4）发挥社区精英式人物的激励和带动作用。社区精英是那些在人品、能力、经验、威望等方面高于社区其他成员的人。在石林景区企业股份合作制模式运行初期，社区居民可能对新的体制缺乏了解，不知道旅游发展究竟能够给自己带来多大利益，从而徘徊或盲从。为了向社区居民展示对景区旅游未来发展的信心，地方政府部门可以从各个行业中培养或树立旅游精英，由旅游精英引路，利用精英们自身的影响力来激励社区居民不断提升个人能力，引导社区居民理智地思考，更好地参与旅游开发工作。

---

① 陈志永，杨桂华. 民族贫困地区旅游资源富集区社区主导旅游发展模式的路径选择——以云南梅里雪山雨崩藏族社区为个案研究[J]. 黑龙江民族丛刊，2009(2)：52-63.

五、结　语

　　梭布垭石林村属于湖北武陵山区少数民族地区旅游资源富集区，旅游市场开发潜力巨大，特别是在全面推进乡村振兴的时代背景下，梭布垭石林景区将会面临难得的旅游发展"黄金期"，更多利益主体介入就有其必要性和必然性了。而过去单由承包者主导的旅游发展将会被多个利益主体的共同参与所取代。从维护石林村社区居民利益、推动石林景区旅游健康发展的目的出发，采用企业股份合作制模式应是石林景区旅游健康发展和社区居民参与旅游发展的良好路径选择。它也可以成为那些与石林村有着相同的资源发展优势和发展背景的少数民族地区共同的选择。

民族地区民宿旅游发展

民宿旅游是借助于民宿开发出来的一种独特旅游产品，是一种深度休闲度假的乡村旅游。目前学界一般认为，民宿旅游是指利用城市居民对乡村生活的向往，以民居住宿为核心产品，通过挖掘当地文化，创意建筑空间，增强旅游服务功能，所构建的具有乡土文化体验特色的旅游业态。① 相较于通常时空的民宿旅游，民族地区的民宿旅游更为突出少数民族独特的民族风情和民俗文化。在我国乡村旅游成为旅游业目前和未来发展重要增长极的进程中，民宿旅游作为乡村旅游的新名片备受社会期许。在中共中央、国务院发布的《关于实施乡村振兴战略的意见》《关于打赢脱贫攻坚战三年行动的指导意见》《乡村振兴战略规划2018—2022年》等一系列重要文件中，都明确提出"实施休闲农业和乡村旅游精品工程，建设一批设施完备、功能多样的休闲观光园区、森林人家、康养基地、乡村民宿、特色小镇""加大产业扶贫力度……因地制宜加快发展对贫困户增收带动作用明显的种植养殖业、林草业、农产品加工业、特色手工业、休闲农业和乡村旅游"。在乡村振兴战略背景下，各地应充分发挥民宿旅游惠农强村的重要功能，带动地区发展，民族地区尤要如此。

一、民族地区发展民宿旅游的意义

（一）民宿旅游突破了民族地区资源利用和环境闭塞的制约

我国民族地区矿产资源、能源资源、国土资源等存量丰富，但资源转化能力

---

① 赖斌、杨丽娟、李凌峰. 精准扶贫视野下的少数民族民宿特色旅游村镇建设研究——基于稻城县香格里拉镇的调研［J］. 西南民族大学学报（人文社科版），2016，37（12）：154-159.

差，有效利用不足。而且我国民族地区大多位于偏远地带，生态环境比较脆弱，居住环境相对闭塞。然而，正是由于交通不便、地理位置偏远、环境闭塞等原因，民族地区璀璨的自然风光、独特的民族风情、多样的文化遗产等旅游资源得以保存。一些民族地区依托区域内优质旅游资源，因地制宜发展包括民宿旅游在内的旅游新业态，突破了环境闭塞、生态脆弱等方面的制约，有效带动了贫困群众脱贫致富，推进了民族地区旅游供给侧结构性改革。

(二)民宿旅游为民族地区脱贫人口提供更多产业路径

整体而言，民族地区虽是民族文化的聚宝盆，自然生态资源独特，但往往在经济发展上属洼地状态。民宿旅游作为一个关联旅游行业多种要素的系统工程，可以释放其作为旅游产业应有的"集聚经济"和"涓滴效应"，除带动民宿经营户自身脱贫致富以外，还能有力带动地区相关产业链的关联发展。如恩施土家族苗族自治州的建始县在大力发展休闲度假民宿点的同时，配套发展千亩葡萄园、万由牡丹园、千亩车厘子园、富硒冷水鱼基地等，让贫困群众通过民宿产业最大范围地分享产业链的发展效益。

(三)民宿旅游提升民族地区民宿业主和脱贫人口的发展能力

诺贝尔经济学奖获得者阿玛蒂亚·森指出，贫困不仅仅是缺乏收入，还有能力和机会上的贫困。[1] 民族地区开展民宿旅游在一定程度上能提高脱贫人口的素质水平，提升他们的发展能力。一方面，面对因民宿旅游产业链创造出来的大量创业、就业机会，民族地区地方政府会采取措施提高民宿业主和脱贫人口的服务技能，加强职业教育培训投入，调动他们参与旅游开发的积极性。另一方面，民宿旅游的发展也会激发民族地区民宿业主和脱贫人口的内生发展动力，通过扶贫、扶智与扶志，民宿旅游从业人员会因致富的吸引力自愿学习相关知识，自觉提高服务技能和水平。

---

① 阿玛蒂亚·森. 贫困与饥荒——论权利与剥夺[M]. 王玉，等译. 北京：商务印书馆，2001：43-44.

二、民族地区民宿旅游发展的实践
——以湖北省利川市为例

利川市位于鄂西南边陲武陵山区腹地，是土家族、苗族等少数民族聚居区，是湖北省恩施土家族苗族自治州面积最大、人口最多的县级市，曾属国家级贫困县。境内山峦起伏，盛夏平均气温 20℃ 左右。以土家族为代表的民族文化浓郁，优秀民歌《龙船调》唱响世界，知名景区景点有腾龙洞、大水井、鱼木寨、龙船水乡、天下第一杉等，沪渝高速、利万高速、宜万铁路和渝利铁路横贯全境。近年来，利川市利用得天独厚的气候资源、喀斯特地貌资源、天然的生态资源以及浓郁的民族文化资源，大力发展乡村旅游，并调动民族群众改造闲置农舍、升级农家乐，发展乡村旅游民宿，以旅游业带动相关产业发展，取得了显著成效。

(一) 利川市民宿旅游发展措施

1. 政府主导，推进民宿旅游发展

利川市产业基础薄弱，长期以来农民主要依靠务农和劳务输出获得收入，脱贫压力大。2015 年 9 月，利川市委市政府按照"旅游发展带动减贫开发，扶贫开发促进旅游发展"的思路，提出打造"利川民宿"，并与旅游减贫项目深度结合，通过行政手段强势推进民宿旅游发展。一方面，把民宿旅游作为深化供给侧结构性改革的切入点，从宏观上出台了一系列政策，如《大力实施旅游扶贫的意见》《利川市乡村民宿旅游暂行扶持办法》等。另一方面，把民宿旅游作为脱贫减贫的着力点，组织各部门结合实际给予资金和配套建设的支持，成立了由市财政局、扶贫办等十多个部门组成的民宿旅游建设指导单位，为民宿旅游建设服务。

2. 立足优势，塑造民宿旅游品牌

依托优势资源，打造民宿旅游品牌，早已成为民族地区发展民宿旅游的制胜法宝。利川市充分利用夏季凉爽的气候环境和优良的生态优势，发展养生度假民宿，每年吸引武汉、重庆等地大量游客前来休闲度假。同时，利川市还利用浓郁

的民族文化资源，依托城镇、辐射郊区，大力建设城郊旅游民宿带，如距城区10千米的白鹊山民宿旅游带，开发了书舍、灯歌口述博物馆、手工作坊、竹林歌场、水井集市、赶山乐园、亲耕田园、山林营地等配套游玩项目，已成为精品民宿的典型。

3. 全面出击，开展民宿旅游营销

为让利川民宿旅游走出恩施，融入世界，释放民宿旅游产品在乡村振兴方面强大的裂变效应，利川市委市政府进行了多形式、多渠道、宽领域高端营销。邀请中央电视台拍摄利川市旅游形象宣传片和旅游招商宣传片，选择武汉公交、上海至成都动车、武汉市社区等载体全方位宣传利川旅游形象，通过新华网、搜狐网等数十家网站宣传精品民宿旅游路线，举办"中国山地马拉松系列赛""利川市民宿文化节"等活动，构建龙船调旅游网、龙船调微信公共平台等网络营销平台。

4. 多元发展，激发民宿旅游活力

旅游业的发展特别是乡村民宿旅游的发展，采用以政府主导、市场带动等为主体的多元发展模式能有效地解决管理、市场营销、产品品质的难题。利川市创立了"公司+民宿协会+经营户""公司+村集体组织+农户""公司(合作社)+民宿+农户"等民宿旅游运营与扶贫减贫模式，通过让贫困户提供原生态的农副产品、售卖土特产品以及直接参与就业的方式，带动贫困群众走上致富路。如今，无论是"小资风"的精品民宿，还是"原始化"的古村落民宿，都充满了蓬勃生机和活力。

(二)利川市民宿旅游发展面临的主要问题

1. 民宿运行成本偏高

一般来说，民宿的造价成本远高于普通的农家乐。虽然政府已下大力对改建民宿户、民宿村、市场主体进行了资金扶持，但毕竟政府财政补贴少，民宿建设资金缺口大。一是部分村民投资风险意识和营销能力较弱，只有看到回报收益才会增加投入，况且很多村民还是建档立卡的脱贫户。如民宿卫生间改造每间至少要3000元，但政府补助只有1500元，一些村民便只能作罢。二是民宿旅游的市

场主体也面临着很大的资金压力。在丽森民宿度假村调研时，村民反映，民宿建设前期投资非常大，而建成后的物料采购、市场推广、人工费用以及快速升级等方面都存在较大的资金压力。从扶贫减贫的视角审视，民宿的运行成本偏高，扶贫资金投入不足，会直接影响脱贫人口受益的机会和可能性。

2. 配套基础设施建设不完善

利川市民宿旅游的主要配套设施是在政府部门强力推进下建设的，多为一些住宿方面的硬性要求，比如，卫生间的配置、床位的设置等，很多民宿村的配套基础设施仍然十分简陋。一是通往民宿旅游村内部的交通不便，道路狭窄弯曲；二是村寨医疗卫生机构不完善，就医环境较差；三是村寨内景点、娱乐设施建设相对滞后。上述配套基础设施建设的不完善，已成为利川市民宿旅游发展最大的制约条件，直接影响到利川市民宿旅游的纵深发展。

3. 民宿经营者整体文化程度偏低

民宿旅游是农家乐等乡村旅游的高级形式，民宿的设计和运营需要体现特色化，民宿的管理和服务要在达到基本服务要求的基础上体现温度和情感。笔者通过访谈调研了解到，利川市民宿经营者整体文化程度偏低，尚缺乏现代经营理念，甚至还停留在经营农家乐的思维定式中，导致在住宿房间装饰、物品陈设、服务管理等方面的缺位，在激烈的竞争中处于不利地位。

三、以民宿旅游助推减贫发展的建议

(一)打好政策保障牌，明确民宿旅游发展减贫思路

当前，作为民族地区的地方政府，无疑应将脱贫人口的扶贫和减贫摆在工作首位。首先，要用好用足国家各项减贫政策和资金的扶持。国家先后出台了实施乡村振兴战略等系列宏观政策，民族地区政府部门要紧抓国家针对特殊问题、特定地区、特定事项实施差别化支持政策的大好机遇，利用好国家政策和资金的扶持，使其成为助推民族地区民宿产业加快壮大发展的新引擎。其次，要创建优良

的政策环境，鼓励吸引创新创业、回乡创业、众筹、企业等多元主体投资民宿产业，充分发挥市场在资源配置中的决定作用。同时要结合脱贫人口自身的条件、参与旅游愿望进行精准识别，采取资金入股分红、农房估价参股、直接参与就业等多元模式，让每个脱贫人口在民宿旅游产业链中精准就业、精准受益。

(二)打好设施保障牌，优化民宿旅游减贫硬件环境

针对民族地区发展民宿旅游配套基础设施和服务设施不完善的短板，在加大公共财政投入力度的同时，要积极引入社会资本，加快完善基础设施建设和生活服务配套设施建设。首先，进一步完善交通运输体系，打通区域内连接城市间、乡村与城镇间、各景点间的交通网络，打通乡、镇间的"断头公路"，修复公路附属设施和完善标识标牌。其次，完善城乡生活配套服务设施，需在休闲设施、商业服务、城乡通信、信息网络、供电供水供气、园林绿化、污水处理、乡村医疗设施等方面加强并完善相应的配套设施建设。

(三)打好人才保障牌，提升脱贫人口的内生发展动力

民宿产业是民族地区推进全域旅游、加快脱贫减贫的重要环节，需要一批懂经营、有情怀、高素质的民宿经营管理队伍。首先，通过集中培训、外出考察等方式，着力培养民宿旅游扶贫管理干部和民宿旅游致富领头人。其次，通过资金回流、技术回乡、智力回哺、项目回移等方式，以乡情乡愁为纽带，引导民族地区外出人才返乡参与民宿旅游经营管理。再次，通过扫盲教育、创业指导、乡村旅游培训、旅游服务意识教育等方式，培育民族地区居民解读和展示本民族文化内涵的能力、民宿旅游开发和利用的能力，使他们真正认识到发展民宿旅游关乎自己的切身利益以及对发展当地乡村经济的意义。

(四)打好特色保障牌，塑造区域民宿品牌

现代化工业的发展带来了文化发展的趋同性，同质化消费造成了消费者的审美疲劳和消费疲劳。[①] 有鉴于此，民族地区民宿，除了要达到诸如《旅游民宿基

---

① 周欣，王新驰. 民族文化主题酒店营销策略研究[J]. 贵州民族研究，2013，34(6)：127-130.

本要求与评价》(原国家旅游局颁布)等标准所要求的那些硬件设施、软件服务等条件外，还必须突出民族民俗的特质。首先，深入挖掘民族文化资源，讲好民族文化故事，将其充分融入民宿旅游发展中。如可以将民族服饰、民族节庆、歌舞表演、土特产品制作、手工技艺展示等这些极具代表性的民族文化符号元素，与民宿经营活动深度融合。其次，区域错位发展，塑造区域民宿品牌。要结合不同民族、不同区域的实际，针对不同的市场需求，在不同区域构建不同类型的民宿群，逐步实现"一村一品""一村一景""一村一韵"，凸显区域品牌和共赢效应。

四、结　　语

实践证明，民族地区可以通过发展旅游业得到全面发展，民族地区脱贫人口也可以通过发展乡村旅游、民宿旅游脱贫致富，利川市的民宿旅游发展只是其中的一个缩影。掩卷而思，站在乡村振兴战略背景下审视民族地区的民宿旅游发展，其实质是开启了旅游减贫发展新模式，必须从政策资金、基础设施、内生动力、品牌塑造等方面创新发展，才能助推精准扶贫、精准减贫，为民族地区的乡村振兴添砖加瓦。

下编　旅游教学改革与实践

高校旅游管理专业学生的素质教育

我国旅游业蓬勃发展，正向世界旅游强国跨越。为实现这一历史性跨越，必须要有人力资源作为基础保证，需要有一支宏大的高素质的旅游从业人员队伍。这支现代化产业队伍在职业道德、心理素质、文化素养和技术技能水平方面都应是高水平的，为此，作为旅游教育体系的排头兵——高等院校的旅游管理专业面临着如何尽快培养出高素质高质量复合型旅游管理人才的严峻挑战。笔者认为，实施素质教育是我国高等学校旅游管理专业人才整体素质全面提高和实现飞跃的关键。素质教育是以"全面提高学生素质为目标的教育"，是根据学生的已有水平和可能发展潜力，注重内涵发展，强调创新能力和实际能力培养的教育。① 素质教育作为一种思想观念，应渗透到旅游管理专业的培养目标、课程结构、教学内容、教学方法等诸多环节中。这样，经过四年的学习，绝大多数学生就能真正成为全面发展又有个性特征的复合型旅游管理人才。

一、旅游管理专业大学生应具备的基本素质

旅游行业是一个广阔的天地，对从业人员的素质要求涉及方方面面，它要求旅游管理专业的学生既要具备综合能力方面的素质，又要有知识技能方面的素质，同时还要有健康的身体和心理素质。

(一) 综合能力素质

综合能力素质是各学科大学生都应具备的，内容基本相同，只是侧重点不

---

① 陈呈颖. 浅谈跨世纪的高校素质教育[J]. 理论月刊，2000(4)：46-47.

同。作为旅游管理专业的大学生应具备：

(1)有理想有道德。大学生作为时代骄子，要有强烈的爱国心和民族自豪感，热爱党热爱祖国，要树立正确的世界观、人生观、价值观。热爱旅游事业，要有献身于旅游事业的远大理想，有较强的法制观念和良好的职业道德。

(2)有创新意识和能力。当今世界发展速度之快前所未有，旅游业尤其如此，大学生应该学会在千变万化的社会环境中运用所学知识创造新知识，具有立足于本职工作基础之上的创造思维和能力，具有开拓进取的精神和毅力。

(3)有合作精神。在经济全球化的浪潮中，国家、民族、地区之间的距离正在缩短，国际间、民族间、地区间的合作日趋密切，没有合作意识的人无法适应社会。高校培养的人才必须懂得交流与沟通，具有良好的合作意识和组织协作能力。

(4)较强的语言表达能力。如何运用语言这种与人交流的工具，迅速准确地表达出自己的思想，并能让听者很容易地接受你所发出的信息，这是对旅游管理专业大学生最基本的要求。在此基础上，还要注意说话的艺术、交往应酬的技巧及礼仪礼貌等。

(5)较强的组织能力。大学教育培养的不是仅会学习的工具，而是高层次的管理者。具有较强的领导组织能力是管理才能的核心。学生们应先安排好自己的学习和生活，而后积极参加各项活动，进一步锻炼自己的组织能力。

(二) 专业能力素质

专业能力素质主要体现在专业知识和专业技能等方面。

(1)专业知识。旅游管理是一个应用型专业，有自己的理论结构，但它也是一门新兴的边缘学科，它与经济学、社会学、生态学、环境学、管理学、心理学以及历史、地理等诸多专业学科有着密切的联系，因此，旅游管理大学生的知识结构应以本学科的专业知识为基础，根据学生自身需求，辅以跨学科专业知识和综合交叉学科知识的选择学习，尽可能做到对本学科知识的学习扎实精深，对其他学科知识的学习面广博全。

(2)专业技能。旅游管理专业学生四年后走出校门应能尽快适应旅游业对专业人才的需求，适应该行业对人才需求的实践性、应用性和功利性的特点，因此，在校时专业技能方面的训练培养必不可少。旅游管理专业学生首先应具备从事工作的最基础能力，如阅读、搜集资料、写作、社会调查、观察、分析以及传真、电脑操作等。其次应具备在旅行社、宾馆、饭店等部门服务的基本技能，有运用专业知识解决实际问题的能力。总之，对旅游管理专业大学生专业技能方面的要求是熟练和全面。

(三) 健康的身体和心理素质

旅游管理专业大学生面临的是一个比较繁忙紧张的工作和生活环境，没有一个较为健康的体魄和良好的心理是难以适应的。因此，一要养成锻炼身体和讲究卫生的良好习惯，达到国家体育锻炼标准，身体健康，体质良好，体力充沛。二要形成健康的心理，具有良好的心理素质。实践证明，心理素质良好的人能很好地适应纷繁多姿和复杂多变的世界，经受得起情感困扰、意外打击、坎坷挫折，反之则会因一次小小的挫折，便一蹶不振，或自暴自弃，或铤而走险，甚至以身试法，无端葬送自己的美好前程。因此，通过大学教育应使大学生形成良好的心理素质，使他们养成执着如一、不怕困难的精神，忍耐坚强、克服困难的韧劲和决心，能经得起挫折甚至失败的磨炼和考验，不优柔寡断，有当机立断的能力，自信、乐观、豁达、合群，对工作勤勤恳恳、一丝不苟、实事求是、认真负责，能正确地对待自己、他人和社会。

二、实施素质教育、培养高素质的旅游
管理人才的方法和途径

(一) 制定人才培养目标

培养目标是素质教育思想的核心。大学生综合素质从培养的目标上可分为知识、修养、能力、体质四个层面的要求。在知识层面上，要求理工科大学生不仅要掌握一定的自然科学知识和专业技术知识，还要对美学和人文社会科学知识有一个基本的了解，文科大学生不仅要掌握本专业知识和人文社会科学知识，而且要了解一定的自然科学知识；在修养层面上，要求学生有较好的思想政治素质、

高尚的审美情趣、文明的言行、积极向上的人生观和价值观；在能力层面上，要求大学生有创新思维和创新能力，个性突出，创造力强；在体质层面上，要求大学生有健康的体魄和健康的心理。知识、修养、能力、体质四者虽处于不同的层面，但它们是相辅相成的，它们的紧密联系构成人的全面发展的整体，构成素质教育的全部。一般来说，知识是素质教育的基础，没有丰富的知识，也就不可能有强的能力和高的修养；能力是素质教育的关键，能力是在掌握了一定知识的基础上经过培养训练和实践锻炼而形成的，知识越丰富越有利于能力的增强；修养是素质教育的重点，高的修养一方面可以使知识和能力更好地发挥作用，另一方面可以促进知识和能力的进一步扩展和增强；体质是保障前三个层面达到要求的资本。因此说知识、修养、能力、体质是辩证统一的关系。

就旅游管理专业而言，由于各学科不断分化和组合，旅游业内部的分工越来越细，同时又由于旅游业的整体性和综合服务性的制约，旅游业与各行业各部门的联系越来越紧密，对旅游管理人才的知识、能力、修养、体质等会有更新更高的要求。因此，高等院校旅游管理专业的培养目标应是针对不同的学生，培养出具有良好的整体素质、合理的知识结构、宽广的视野，能适应旅游业各类工作，并且具有开拓性、创造性和应变能力的人才，培养出面向旅游宏观管理部门、旅游企业、教学、科研的复合型应用型的高级旅游管理人才。当然，可在培养方向和侧重点上进行相应调整。

(二)课程设置力求兼容性

科学合理的课程体系是实施素质教育的重要内容，是提高人才培养质量的核心所在。旅游教育有自身强烈的行业特点和明确的目标，是基础教育与实践教育的统一。因此旅游管理专业的课程设置，应体现现代教育综合化的特色，应超越我国传统的单纯"以课堂教学为中心，以知识为中心，以教师为中心"的固定僵化模式，推出课堂教学课程与实践活动课程相结合、以科研探索为发展导向的课程设置体系，具体应做到这样几点：

一是基础课与专业课的设置要有利于学生的专业基本素质的培养，使他们能在较短时间内，在专业领域内获得较多的基础知识和前沿理论知识，从而在专业知识和技能上具有较强的优势。在目前情况下，这应是课堂教学课程的主要部分。二是设置适量的综合课程、边缘交叉课程、跨学科课程、双学位和辅修专业等课程，以利于培养旅游管理专业学生良好的知识结构，提高他们在文化、科学、道德、身心发展等方面的综合素质。三是适当增加方法论、创造学、经济形势及旅游最新动态方面的讲座或选修课，启发激励学生参加科研工作，培养他们对科研方法的掌握，训练他们的创造性思维能力。四是加强实践操作课程的教学。实践是能力产生的源泉，实践教学环节在旅游专业占有重要地位，如饭店管理专业的教学应该体现"理论联系实际"的教学思想和"能力型"培养，通过系统实践，要使学生基本掌握饭店的经营管理系统、业务内容及组织指挥、协调领导的艺术，在实践中，学习掌握旅游市场的形势和动态，为毕业后进入企业工作打下良好的基础。

另外，为适应旅游业的最新需求，旅游院校还应根据旅游行业最新的发展趋势和需要来重新评估和调整自己的教学课程。国外的一些著名餐旅学院，如美国休斯敦大学希尔顿酒店和餐饮管理学院每年定期评估其已有的课程设置，要求教授每年都深入行业内部进行调研，以明确他们教给学生的东西是可以成功运用到实际中去的，同时也可以找出行业或企业中有哪些运作策略需要重新研究，或进一步发展以跟上新形势的需要，可见其对课程设置环节重视的程度。① 我们现阶段的教学也应大力增强教学的实践性和实用性。

(三)优化教学内容

教学内容是传递人类文化、促使学生全面发展的主渠道，与世界发达国家的旅游管理专业相比，我国的旅游管理专业开设晚，经验少，因此目前我国高校旅游管理专业的教学内容不同程度地存在着陈旧、严重脱离社会需求的问题，必须尽快更新教学内容，才能适应新时代对旅游管理人才的需要。那么，我们在优化教学内容方面应该怎样做呢？笔者认为应做到以下三点：

一是对基础理论知识的教学内容应该加强。基础理论知识是前人经过长期的实践和探索总结出来的带有规律性的东西，学习和运用它们，对于开拓旅游市场，提高经营管理水平，增加经济效益都有指导作用。教师对这部分内容要讲深讲透，使学生不仅掌握知识，还要学会各种学科的不同思维方式和解决问题的特

---

① 肖曲 . Alan T. Stutts 博士谈新世纪的旅游和教育[N]. 中国旅游报，2000-10-18.

殊手段，从而为吸收相应专业知识奠定基础。二是教学内容应及时补充、更新。当今世界，旅游业的发展日新月异，旅游业在自身发展过程中会出现新情况和新问题，教师的教学必须将最新的知识、最新的信息融于其中，使学生能及时地了解旅游业最新发展动态，开阔他们的眼界。总之，对于那些反映新时代、新特点、新方法的内容，必须及时在教学内容中补充、更新。三是教学内容应增强指导性。在教与学的过程中，学生是主体，教师是主导。教师的指导对学生的创造素质的形成、科研能力的提高有着关键性的作用，教师应指导学生运用所学理论知识，对当前旅游活动的深层次现象加以分析、综合、评价，鼓励学生提出不同的新见解。

(四) 改革教学方法，更新教学手段

学生在校学习的时间是有限的，要想在有限的时间内将极其丰富的专业知识传授给学生，就必须要有科学的教学方法。教师在教学上应做到：

一是在教学方法的指导思想上，废除注入式的满堂灌，推行启发式、研讨式教学，全力调动学生介入课堂的主动性、积极性，不断提高学生独立自主获取知识的能力；二是在教学方法的功能上，由传授知识为主转向培养学生的学习能力为主，加强对学生学习方法的教育与能力的训练，使学生通过教学不仅能掌握系统的知识，而且能获得独立的学习能力与更新知识的方法和能力；三是在教学方法的形式上，要探索适合旅游管理专业学生多样化的教学方法，如讲授法、讨论法、案例分析法、专题研究法、模拟课、社会实践等，既要做到各种教学方法的相互配合，又要注重实效，通过创设各种各样的教学活动，进一步提高学生的学习和创新能力；四是利用各种先进技术进行教学手段的改革，诸如将投影仪、电视机、计算机辅助教学、多媒体技术等运用到课堂教学中，根据教学内容制作必要的教学资料、多媒体软件，以使教学内容借助现代化的教学手段变得形象生动，易于接受，从而提高课堂教学效率。

"互联网+"背景下旅游管理专业的课堂教学改革

随着信息技术的不断发展，"互联网+"在社会生活的各个领域得到广泛运用，以横扫一切的霸气把每个人卷入全新的生活生产环境，将各行各业带入全新的生态环境。在相对平静的教育领域，"互联网+"也在冲击着传统的教学模式，学校教育逐渐从封闭的课堂教育走向开放共享的网络世界。高校旅游管理专业是一个"理论+实践"的专业，在"互联网+旅游""互联网+教育"的背景下，旅游管理专业不仅需要关注"互联网+旅游"的发展态势，更需要在课堂教学中融入"互联网+"理念。通过"互联网+旅游管理教育"，探索出"互联网+"课堂教学的新模式，培养出更多优秀的旅游人才，是当前旅游管理专业课堂教学改革的重要使命。

一、"互联网+"背景下旅游管理专业课堂教学的现状

(一) 教学环节存在的问题

一是缺乏应用互联网技术进行教学的能力。将互联网技术与课堂教学融合是一门综合的学问，教师教学水平高并不代表其具有的现代信息技术教学水平就高，也不代表其驾驭网络多媒体教学课堂的应用能力就高。很多教师在日常教学中仅仅依靠多媒体 PPT 课件进行传统的讲授式教学，而当下很多其他专业大力提倡的微课、慕课、翻转课堂等新的教学模式应用较少。笔者使用"旅游""酒店""导游"等关键词与"慕课""微课"相结合，发现在中国大学 MOOC 平台上，适用旅游管理本科专业的课程凤毛麟角；在网易公开课平台上，也只有相关的几

门课程。从上述这些课程的内容及其提供者来看，我国高校旅游管理专业使用"微课""慕课"等进行知识传播和课堂教学的实践还不是很成熟，应用信息技术教学能力低。

二是教学手段单一，教学内容滞后。当下"互联网+旅游"的理念已经渗透到旅游业的各个环节，需要教育工作者能够结合社会需求不断地改革课堂教学手段，丰富教学内容。但令人遗憾的是，目前很多旅游管理专业的课堂教学忽视"理论+实践"的专业特点，逃避新技术环境下的社会需求，采用满堂灌式的单调讲授，不能有效调动课堂学习气氛，难以激发学生学习的积极性。同时所讲教学内容滞后，缺乏互联网时代的先进性和旅游教育应用的与时俱进，落后的教学内容与社会发展严重脱节，致使学生对日新月异的旅游业发展和旅游学术研究业态缺乏了解。

(二) 学生学习环节提出的挑战

如今学生大多有极强的好奇心和求知欲，他们对新文化、新技术、新理念有浓厚的兴趣，能熟练运用智能手机、计算机等进入互联网这个大平台与世界进行沟通、交流和展现自我，学生对知识的吸取已从原来的以课堂学习为主向形式多样的学习方式转变。但是，面对海量的信息和丰富的内容，学生难免出现一些盲目、无从下手的情况，或盲人摸象，或浅尝辄止。相对于其他专业，旅游管理专业的知识点较零散，一些知识介绍和实际操作的内容需要大量的互联网资源，传统的课件、教案已经不能满足学生要求，许多学生利用网络查找信息、资料，还有一些同学会利用微博、微信、微课等媒体进行碎片化的学习。但限于知识和经验的欠缺，对一些媒体提供的信息资源良莠不分，不能做到取其精华去其糟粕。在互联网时代，学生学习需求多样化对传统的讲授方式和滞后的教学内容提出了挑战。

二、"互联网+旅游管理专业课堂教学"已是大势所趋

2015 年 3 月 5 日，时任国务院总理李克强在第十二届全国人民代表大会第三次会议上的政府工作报告中首次提出"互联网+"行动计划，指出要推动移动互联

网、云计算、大数据、物联网等与现代制造业结合。一石激起千层浪，"互联网+"被纳入国家战略，互联网与各传统行业进入深度融合阶段。互联网技术如何在教育领域得到广泛有效的实施也成为关注的热点。2015年5月，联合国教科文组织、中华人民共和国教育部在青岛联合举办了国际教育信息化大会，习近平总书记亲致贺信，指出"互联网、云计算、大数据"等现代信息技术深刻改变着人类的思维、生产、生活、学习方式，推动教育的改革和创新，构建网络化、数字化、个性化、终身化的教育体系，建设"人人皆学、处处能学、时时可学"的学习型社会，让亿万孩子同在蓝天下共享优质教育、通过知识改变命运，培养大批创新人才，是人类共同面临的重大课题。

其实，我国的教育领域早已不动声色地拉开了一场用互联网改造传统教育的大幕，相继出台了一系列相关政策。2010年7月，中共中央、国务院印发的《国家中长期教育改革和发展规划纲要（2010—2020年》中首次提出："信息技术对教育发展具有革命性影响，必须予以高度重视。"2012年3月，教育部印发《教育信息化十年发展规划（2011—2020年）》，提出要"以教育信息化带动教育现代化"。2012年9月，全国教育信息化工作电视电话会议召开，国务委员刘延东提出"三通两平台"建设，包括宽带网络校校通、优质资源班班通、网络学习空间人人通，建设教育资源公共服务平台和教育管理公共服务平台。2015年2月，教育部办公厅印发《2015年教育信息化工作要点》。2016年6月，教育部在《关于印发〈教育信息化"十三五"规划〉的通知》中指出，要建立健全教师信息技术应用能力标准，信息化教学能力将纳入学校办学水平考评体系。2021年12月，中央网络安全和信息化委员会印发《"十四五"国家信息化规划》，对我国"十四五"时期信息化发展作出了安排部署，为"十四五"教育信息化发展指明了方向，在其中"构建普惠便捷的数字民生保障体系"的重大任务中，首次明确提出"开展终身数字教育"，并从基础设施、数字资源、教学变革等方面提出了具体要求。

可见，运用互联网信息技术及其资源，改变我们的教学模式以及教育理念，是高校切实贯彻党的教育方针政策，培养具有创新精神和可持续发展能力高素质人才的有效教育途径。因此，高校的旅游管理专业应主动将自己融入时代大潮，接受信息技术的革命洗礼，出色地完成新时代赋予高校旅游管理教育者的神圣使命。

三、"互联网+"背景下旅游管理专业课堂教学改革路径

(一)强化互联网思维

面对"互联网+旅游""互联网+教育"的新机遇新态势,每一位旅游教育工作者都必须勇敢地接受"互联网+"时代的挑战,树立并不断强化互联网思维,高度重视互联网时代对传统课堂教学的冲击,用互联网思维打造旅游管理课堂"网络新教育",重新组合教学结构和教学体系,在教学过程中注重用互联网思维审视、分析与处理旅游管理的理论与实践问题。

(二)提高互联网信息技术水平

首先,教师要有时代感,要不断地学习,更新自己的知识结构,主动学习现代教育思想,不断学习教学软件,提高对现代信息教育技术的认识能力,提高制作课件及运用互联网工具的能力。其次,接受业务和教育技术方面的培训,通过到企业挂职、出国培训、访学、访问等多种渠道提高自己的综合能力,尽快掌握互联网信息技术在旅游行业应用的相关技能。

(三)开发互联网新课程

"互联网+"背景下,传统的人才培养课程结构体系有明显不足,应以互联网思维为突破点,以旅游管理学科经典课程为基础,开发适应"互联网+"以及"旅游+"背景需要的"互联网+旅游管理"课程。如针对互联网信息技术对旅游业所产生的经济影响,可以设置"互联网+"旅游经济方面的课程;针对智慧旅游、在线旅游需求的扩大,开设智慧景区建设、大数据管理、在线旅游等课程。旅游管理专业课程建设只有顺应新时代的社会环境需求,不断地进行创造性的拓展,才能达到新的境界。

(四)丰富课堂教学方式

由于旅游管理专业本身所具有的外向性、灵活性、技能性等特征,旅游管理

专业学生最为反感的教学方式莫过于照本宣科。在互联网信息时代，类似"旅游学概论""旅游法规"等专业基础课程的教学完全可以突破以教室场景、灌输方式为中心的传统教学模式，辅之以高质量的微课、慕课以及讨论式、辩论式相结合的教学方式，还可通过课程学习、经验分享、互动交流、任务驱动等多种形式，引导学生深入思考，不断提升综合素质和走向社会的业务能力。

(五)更新课程教学内容

面对网络环境信息爆炸、知识激增的现实，在传统的旅游管理专业课程中不断融入信息技术及其应用等内容势在必行。如在"导游业务"课程中要加强智慧景区讲解方面的内容，增加智慧旅游下对导游员角色的转变与能力提升的要求等内容；在"旅游市场营销"课程中要充分融入微信、微博等新媒体营销的内容，使学生熟练掌握新媒体的建设与运营，掌握如何通过网络推广旅游产品；在"旅游资源开发与规划"课程中增设智慧景区规划建设的模块等。由此，学生所学内容才能跟上时代的发展。

旅游管理专业旅游法规课程考核方式探索

旅游法规是高等学校旅游管理专业的一门专业必修课，它着重研究和介绍我国旅游行业中的法律、法规、规章。笔者任教旅游法规课程已经多年，一直以来，该门课程的考核主要采取的是期末卷面闭卷考试形式。这种考核形式只是在一定程度上考测了学生的套用和记忆能力，却忽视了学生学以致用的能力。因此，学校常常蔓延着这样一种急功近利、浮躁的学习风气：一些学生平时可以不认真听讲，甚至不来上课，只要在考试之前"临时抱佛脚"，将要考的知识点突击背熟，照样能顺利通过考试，甚至还能拿高分；教师也只是满堂灌输，对学生平时的学习状况和学习能力无从了解。这样造成的后果是，学生学习的主动性与积极性很缺乏，更不要说具备科学的分析和解决问题的能力了。如果过分强调课堂知识的"满堂灌"，而且考试方式单一，就会导致知识与能力之间的失衡。有鉴于此，笔者根据旅游法规课程的培养目标和课程性质，借该门课程获学校课程教学改革立项之机，在任教的旅游管理专业两个班级进行了该门课程的教学考核方面的改革探索。

一、课程考核的内容

(一) 课程考核的思路

首先，确定课程考核达到的最终目的。大学课程考核改革应以全面提升学生素质、提高学生课程学习能力为目标，围绕课堂教学安排课程考核的具体内容。根据此考核改革的总目标，笔者首先确立旅游法规课程考核改革拟达到的目的：提升学生的自主学习能力、活学活用法律知识能力、语言表达能力、创新能力、总结归纳能力、遵守规则能力等。

其次，设计教学日历。围绕旅游法规课程考核改革拟达到的目的，结合课程内容设计教学日历，对课堂讨论、情境扮演、案例分析、作业实训、试讲展示等事项做出安排。

最后，确定考核与量化标准。按照教学时间进度，安排学生收集资料，查阅文献，布置专题试讲、专题讨论；开展案例分析与讲解、专项知识检测；进行组织情境扮演。对学生的表现过程考核评分。具体按照学生的态度是否端正、结果是否正确完整来考核与量化。每一位学生的每一项考核成绩记载在《学生工作手册》上。学生完成的各项成绩占学年总成绩的40%。

(二)课程考核内容

在一个学期的时间里，笔者按照教学时间进度，先后开展了4次专题讨论、2次文献搜集分享、2次情境扮演、1次专题试讲、1次法律知识测试、5次"以案说法"案例分析与讲解，并对学生的表现过程考核评分(见表1)。

表1   **旅游法规课程考核**

考核事项	考核内容	考核评定方式	成绩
专题讨论	1. 讨论我国旅游行政机关对规范旅游市场所起的作用	按照态度是否端正、结果是否正确完整酌情给分（分值为60~98分）	M_1
	2. 讨论目前我国旅游政策还需完善的地方		M_2
	3. 辩论：旅行社必须投保旅行社责任险吗		M_3
	4. 讨论我国目前有关出国旅游的法律规定对出境旅游市场的发展有哪些影响		M_4
文献搜集分享	1. 要求根据课后查阅搜集的武汉市推行"文明旅游"举措资料，制作成PPT在课堂提交并展示分享	考评按照收集资料是否全、PPT制作以及讲解是否清楚准确给分（分值为60~90分）	M_5
	2. 结合互联网形式的旅行社行业管理与经营规范法律规定，要求收集途牛、携程等旅游网站设立与运营资料		M_6

考核事项	考核内容	考核评定方式	成绩
情境扮演	1. 就旅行社如何组建和操作设定项目，学生分组实施，情景模拟	评定依据：酌情给分（分值为 80～90 分）	M_7
	2. 模拟签订一份旅游合同		M_8
专题试讲	要求学生根据导游人员权利义务内容，分组试讲	考评按照内容是否正确、讲解是否清楚生动给分（分值为 85～95 分）	M_9
法律知识测验	要求学生根据所学旅行社、导游人员法律制度，编写案例并解析	评定依据：酌情给分（分值为 70～90 分）	M_{10}
"以案说法"案例分析与讲解	1. 对旅游资源开发造成破坏的案例就法律依据及贯彻执行进行解析	评定依据：酌情给分（分值为 60～95 分）	M_{11}
	2. 根据一份实践中旅行社提供的旅游合同，对旅游合同的各个条款进行解析（有无违反法律规定的条款）		M_{12}
	3. 解析涉及旅游安全事故案例		M_{13}
	4. 解析涉及旅游纠纷案例		M_{14}
	5. 解析涉及旅游饭店和游客之间权利义务关系案例		M_{15}
学生最终成绩评定	$(M_1+M_2+M_3+M_4)\times30\%+(M_5+M_6)\times15\%+(M_7+M_8)\times10\%+M_9\times10\%+M_{10}\times10\%+(M_{11}+M_{12}+M_{13}+M_{14}+M_{15})\times25\%$		

二、课程考核的成效

根据以上旅游法规课程考核思路与内容，经过一个学期的实践，取得了明显的成效，基本达到了预先设定的提升学生自主学习能力、活学活用法律知识能力、语言表达能力、创新能力、总结归纳能力、遵守规则能力的目标。

（一）从学生学业的结果来看，多项目的综合考核，提高了学生的综合能力素质

多项目的考核事项，是教师精心设计的略高于教学目标但学生又有能力完成的练习，这些项目所考查的知识点比教材稍广，更能反映学生的综合应用能力。为了完成这些项目，学生往往乐于付出更多的精力与时间，自主学习、创新能力大大加强。比如组织学生开展课堂讨论，锻炼了学生专题探讨的能力；向学生布置收集文献资料并分享的任务，提高了学生线上线下查阅文献、收集阅读相关资料的能力；案例的分析与讲解，锻炼了学生活学活用法律知识及解决实际问题的能力；法律法规的测试，锻炼了学生的识记能力和对知识点的运用能力。

（二）从学生的满意度来看，多项目的综合考核，深受学生的欢迎

当问及学生们对考核方式的看法时，学生们普遍认为章节知识点的多项目考核设计，能更加真实、全面地考核他们的学习过程和学习水平，更能提高他们的学习积极性和学习能力，能促使他们上课认真听讲，勤于思考，不仅加强了他们对课本内容知识的掌握程度，还拓宽了他们的视野，促使他们关注发生在旅游业的国内外大事。学生们普遍反映这样的学习更有实效，更能全面、真实地反映学生的学习态度和学习成果。

（三）从教师的课程教学效果来看，多项目的综合考核，能使教师将教学目标灵活贯穿于教学活动全过程

教师根据课程的课时数和上课的教学进度，选择不同时机、不同形式对学生学习活动结果进行考核评价，相比满堂灌输式的授课，能更准确、更及时地了解学生的学习活动和学习能力情况，并能为学生下一步学习做出循序渐进的安排，真正实现"因人而教"，同时能帮助学生更好地掌握所学知识，提高教学效果，创设良好的学习氛围。

（四）从教师的教学管理效果来看，采用随机不定时考核可以提高学生的出勤率

采用多次且不定时的针对考核事项的考核评定后，根据教师每次的考核成绩

记载，就可确定学生的出勤情况，不需要再进行课堂上的点名考勤，可以大大节省课堂点名考勤时间。

三、课程考核的不足

(一)课程教学内容取舍难

旅游法规课程除涉及旅游管理方面的知识外，还包含法学专业的相关知识，因此要向学生讲授的内容较多，而该门课程授课的课时数是有限的，再加上平时考核事项安排需要时间，因此笔者经常感到时间不够用。作为教师，既想给学生多一些时间讲清楚知识点，又想给学生安排丰富的案例分析、专题讨论等教学考核内容，所以，教学过程中往往面临课程教学内容的取舍难题。

(二)教改环节配套没跟上

本次课程教学改革对网络教学平台没有充分利用。按照课程教学改革计划，本次旅游法规课程的教学改革，任课教师须对每次安排并组织的专题讨论、案例分析讲解、文献搜集资料、专项测试试卷等都认真评阅。这些工作任务跟"上课讲，期末考"的课程教学模式相比，要付出更多的精力才能完成。如果利用网络课堂答疑，对学生提交的作业运用网络课堂来评阅，将会更高效、便捷。

(三)学生评价意见征集不足

学生对教学课程改革考核方式的书面评价和建议应该作为课程教学改革考核事项的补充，是检验课程改革考核是否达到预期目标的重要手段。本次课程教学改革虽然进行了一系列教学改革的尝试，也与学生就这种考核的效果进行了交流，但因时间匆忙，学期结束时未以书面形式全面征集学生对本门课程改革考核方式的评价，因而无法全面真实地了解学生对课程改革考核的评价结果。

四、课程考核的建议

（一）大胆取舍课堂教学内容

根据教学过程中面临课程教学内容的取舍难题，结合自己授课以及外校同行经验，在授课过程中，要注意自己的教学对象以及专业特点，要明确我们授课的对象是旅游专业而非法律专业学生，因此，在教学内容的取舍上，教师应主要偏重旅游方面，按照旅游管理专业人才培养的特点突出教学的重点内容。比如，涉及旅游法律制度方面的旅游服务合同法律制度、旅行社管理法律制度、导游人员管理法律制度、旅游饭店法律制度等，需重点讲解并设计丰富的章节知识点考核事项，让学生对这些章节知识能够熟悉、掌握，而对其他通用性的法律法规，比如消费者权益保护法律制度、食品安全法律制度、交通法律制度等章节可以粗讲、略讲，大胆割舍，不安排课程考核事项，可以要求学生课后自己查阅。

（二）重视配套教改环节

在配套教改环节，需要创建完备的教学信息系统。今后可以通过学校建立的网络课程平台，直接让学生在网络教学平台上收集相关资料，通过网络在规定的时间内完成案例提交和知识点的考核测评，这样既能增强师生间的互动性，又能实现教与学的高效。另外，在配套教改方面，还要加强课程教材建设，课程教学改革要与教材建设同步才能取得好的效果。① 本次课程教学使用的是作者自编的教材《旅游法教程》，该教材内容具有实用性与鲜活性，把最新的法律规定和最新的研究成果融入其中，学生普遍反映该教材能与时俱进，实用性强，使用效果好。

（三）全面征集学生对课程考核方式的评价

今后应以课程总结的方式征集学生对旅游法规课程考核方式的评价和建议，

---

① 龚正. 旅游法课程教学考核机制及学生学业评价实证研究[J]. 浙江海洋学院学报（人文科学版），2014，31（5）：82-87.

比如，可以设置如下问题请学生们认真答复：在本学期所讲授的知识点中，你认为哪个部分是最清楚、最详细的，哪个部分是你不清楚的？你对本门课程的讲授以及考核方式有何看法？你对本门课程教学方面有哪些建议？学生们的评价与建议会让老师的课堂考核改革有的放矢。

(四) 不断创新课程教学改革内容

虽然旅游法规作为课程教学改革项目在最近两年立项，实际上在以前的课堂教学中，笔者都在不断地进行课程教学改革的尝试，每次改革都有所创新。比如《中华人民共和国旅游法》(以下简称《旅游法》)的颁布与修订，给旅游法规课程的教学带来了极大的影响，须以《旅游法》的内在逻辑体系重新安排相关章节和内容，案例的选择也要以能依赖《旅游法》予以解释和说明为标准。只有不断地完善教学内容，不断地优化课程体系，不断地创新考核方式，才能够更好地提高旅游法规的教学效果，实现提高学生综合素质的目标。

五、结　　论

在旅游业迅猛发展的今天，"依法治旅""依法兴旅"已成共识，这就要求广大的旅游从业人员在掌握一定的专业知识技能以外，还必须熟悉和掌握与旅游业相关的法律知识，以便正确处理旅游业中发生的各种复杂矛盾和问题。那么如何让学生——这些未来的旅游从业人员在有限的时间里扎实掌握、理解有关旅游法律知识，并且能够活学活用，这一方面需要学生主动学习，同时更需要任课教师尽职尽责，与时俱进，不断地改革课程教学，建立一套切实可行的考核体系。目前关于旅游法规课程的教学方式探讨较多，但专门针对其课程考核方式的研究很少。笔者根据自身的教学实践提出，在课堂教学中，须以提升学生学习能力为导向，改革课程考核方式，以进一步提高课堂教学质量和学生的综合素质。

旅游管理专业校外实训基地建设

校外实训基地建设是旅游管理专业提高教学质量的重要环节，目前旅游管理专业在校外实训基地建设中存在着诸多问题，必须采取相应措施加强校外实训基地的建设。

一、旅游管理专业校外实训基地建设中存在的问题

实训基地是针对行业或职业岗位群的技能而设立的仿真工作环境，是系统的技能训练和模拟的场所。旅游管理专业的实训基地，一般是围绕着旅游行业或岗位的技能要求而设立的系统技能训练场所，可分为校内实训基地和校外实训基地。与校内实训基地相比，校外实训基地因更能提供系统的技能训练环境，其地位和作用更让人关注。旅游管理专业校外实训基地是指旅游院校通过与旅行社、酒店、餐饮企业、旅游景区签订实习协议，由旅游企事业单位为学生提供实习岗位，满足学生顶岗实训需要的场所。建立校外实训基地，既可以为学生提供满足专业技能所必需的施展才华的场所，又能为企业带来无限的生机活力，为旅游企业解决劳动力短缺以及技术管理上的困难，便于旅游企业发现和选拔人才。因此，校外实训基地的建设为学生和旅游企业的共同发展架起了一座桥梁，也便于学校和旅游企业建立起良好的合作关系，使实训教学的计划能顺利开展，保证实训教学的规范化。多年来，校外实训基地的建设一直是困扰着旅游管理专业向前发展的羁绊，目前，旅游管理专业校外实训基地的建设存在着诸多不足。

(一) 学校在对校外实训基地的发展和维护上存在问题

1. 学校发展校外实训基地的能力有限

学校从旅游管理专业自身的教学目的和责任出发, 多在努力地通过多种途径与相关企业建立联系, 寻求校企合作的最佳途径。例如大多酒店要求旅游管理专业学生来酒店实习必须达半年以上, 为了满足酒店和学生的要求, 有的学校特意调整旅游管理专业的教学计划, 将四年级上学期本应一个学期上完的课程安排半学期上完。但高校毕竟是教学科研单位, 要走出象牙塔建设校外实训基地, 牵扯到方方面面的问题, 特别是需要投入的经费多, 投入的精力多, 这些问题一时难以解决, 使得实训基地的数量严重不足。

2. 学校在校外实训基地的选择上没有计划, 缺乏梯度

高校旅游管理专业培养的目标是既掌握旅游管理的基本理论, 又掌握旅游饭店、旅行社、旅游景区等企事业单位的管理运作规程的应用型复合型人才, 学生毕业后的就业去向主要在这些旅游企事业单位, 因此, 考虑到学生实践知识的掌握和毕业后的就业方向, 旅游管理的校外实训基地应该是多样的, 至少在旅行社、旅游景区及三星、四星、五星级饭店中都有实训基地。但很多院校对应该建立什么样的实训基地, 要建几个、几种类型的实训基地, 缺乏计划, 考虑不周, 他们大多利用自己的人脉资源设置实训基地, 有的与旅行社联络多, 相应的旅行社实训基地就多一些, 有的与饭店联络多, 饭店的实训基地可能就有好几个。而且只要能和这些企事业单位取得联系, 不管是规模大的旅行社还是小旅行社, 是五星级的饭店还是三星级的饭店, 一些学校照单全收, 根本没有考虑到学生的层次和多方面实践能力锻炼的需求, 造成实训基地的建设严重缺乏梯度。

3. 学校对校外实训基地没有充分利用和维护

旅游管理专业校外实训基地的利用和维护历来是校方实习环节中比较难以解决的问题, 因在校外实训基地的选择上存在盲目性、随意性, 虽然建立起一些实训基地, 但如果学生在实习过程中只需要一两家旅行社或饭店、景区, 其他的实

训单位因院校长时间没有与他们联系，没有花时间和精力、经费去维护，自然也就缺乏热情没有音信了。

(二)旅游企业在为学生实习安排上存在问题

1. 积极性不高

实训单位接受没有任何工作经验的学生到单位实习，实训单位既要抽出时间和精力来指导大学生，也会影响到单位原有的工作流程的安排。一些实习单位虽然出于校企双方的合作协议或出于个人感情接收了学生实习，但仅把它当作一项任务来完成来应付，安排学生打杂或干晾着，一两个月下来学生根本没有学到任何东西。

2. 实训安排的空间不够

虽然学校在选定实训单位时，与实训单位签订了协议，明确了双方的权利和义务，实训单位能够为学生提供必要的实习条件。随着时间的推移，有些实训单位的场所、规模发生了变化，限于办公条件的限制，留给实习学生的实习空间就很小。一些企业虽然理解大学生实习的重要性，但在激烈的市场竞争面前，他们不敢放手让大学生在一些重要的岗位实习工作，害怕打扰他们既有的管理秩序和工作流程，而且担心商业秘密被泄露等，造成学生实习的空间很有限。

(三)实践教学的师资队伍存在问题

教师应是校外实训基地建设的组织者，承担着指导教学实习的重任，教师的工作经历和实践经验在旅游教学中起着十分重要的作用。西方国家的大学旅游教育十分重视教师的实践经历，在教师的聘任上，拒绝缺乏实践经验空洞的理论家，要求有在实际部门工作的实践经历，对所教内容十分熟悉。但考察我国高校旅游管理专业，绝大部分教师没有旅游行业的实践经验，甚至部分教师的学术背景是非旅游和管理专业者。在他们自身的实践操作能力都很欠缺的情况下，当然无法圆满地担当起实训基地建设组织者和指导者的重任，也不能很好地满足旅游管理专业实践教学的需要。

二、旅游管理专业校外实训基地建设的思考

(一) 学校提高认识，明确专业培养目标

高校要认识到，旅游管理专业的应用性和实践性都很强，在培养目标和课程体系的设置上要考虑到旅游管理专业的特殊性。在培养目标上应当根据自身的办学条件，优先考虑以应用型人才为培养目标，以市场和行业发展趋势为导向，努力培养出符合旅游企事业单位实际需求的人才。科学合理的课程体系是实施素质教育的重要内容，是提高人才培养质量的核心所在。旅游管理专业的课程设置，体现现代教育综合化的特色，应超越我国传统的单纯"以课堂教学为中心，以知识为中心，以教师为中心"的固定僵化模式，推出课堂教学课程与实践活动课程相结合的课程设置体系，在具体的课程设置上，在有关课程的学时分配上，科学设置课堂教学和操作实习所占的比例。这方面可以借鉴国外的经验，如瑞士洛桑酒店管理学院，在学时分配上，课堂教学和操作实习各占一半，所有实习实践主要由学生自己完成，在实践中培养学生的团队精神和实践能力。学校有了这样的认识和观念，才能在校外实训基地的建设上真正下功夫，很多问题也就能迎刃而解。

(二) 实施校企合作，建立诚信合作和协调机制

校企合作就是指学校和相关企业联合开展教学活动，和企业合作建立校外实训基地。在这种合作的模式下，企业为学生提供实习的机会，指导学生顺利掌握操作技巧；企业为学校提供对学生的需求信息，使学校根据市场需求培养人才；企业委派某些高级管理人员兼任学校的客座教授，把行业中的新发展、新业态、新问题带进课程。当然校企合作是在互惠互利、优势互补的原则下进行的，学校如果一味希望企业无偿提供实训条件，这在市场经济的环境下是无法长久下去的。旅游管理专业也应该发挥自身专业的优势为旅游企业提供管理咨询规划、市场调查、员工培训等服务，通过这些服务，加强双方的沟通和理解，使实训基地的经营管理水平和服务水平不断提高。旅游院校与旅游企业的合作，要真正做到

双赢、共同发展，还需建立良好的信誉与协调机制。首先旅游院校要与选定的实训基地签订协议，约定双方的责任和义务，协议具体涉及的事项安排及实训教学的目标、实习过程中的管理、满足实习要求的条件、为学生提供的实习生活补助等内容，双方都应根据诚实信用原则履行自己的义务；其次旅游院校要与实训基地构建利益协调机制。虽然签订了双方合作的协议，但一旦双方人员变动、旅游企业转制等情况出现，就很难保证校外实训基地的长效稳定，必须在互惠互利的基础上建立双赢的利益协调机制。例如可以建立旅游院校与旅游企业共同组成董事会的联合办学机制，董事会定期对学校的教学与生产、理论与实践、培养与使用等问题做出决策，使教产结合实现更为实质性的合作，使实践教学落到实处，也可以建立政府层面的学校企业协调机构，从战略角度调控促进校企合作、教产结合。

(三) 提高师资队伍的实践能力，培养"双师型"教师

师资队伍是建设校外实训基地、搞好实践教学的重要环节之一，一支素质高、业务能力强的教师队伍对学生的实习能进行切实有效的专业指导。旅游管理专业"双师型"老师应做到：一是不断提高自身的素质，博览群书，积累知识，特别是对所授课程涉及的相关学科知识要融会贯通，提高课堂教学与实践教学的设计和运行能力。二是通过挂职锻炼和调研，增强旅游管理专业教师队伍的实践经验。旅游业本身具有较强的应用性、职业性等特性，没有在旅游企业工作和学习的亲身经历，教师很难在教学实践环节给学生以具体的启发和有针对性的指导。虽然实训基地会选派有实践经验、技术过硬的员工作为学生实习时的指导教师，但如果旅游管理专业教师对旅游企业完全缺乏感性认识，就无法做到有针对性的教学示范，会直接影响学生上岗实习效果。

利益主体理论在旅游管理专业
实践教学中的应用

随着我国国民经济的增长和人均国民生产总值的提高，我国旅游业呈现快速增长态势。据旅游部门统计，2019 年，全国实现旅游总收入 6.63 万亿元，同比增长 11%。同时，随着我国文化和旅游的不断融合发展，我国旅游目的地和旅游主题都得到极大的丰富和发展。事实表明我国的旅游业已经成为国民经济的重要组成部分，文旅融合已上升至国家战略，由此旅游服务需求迅速扩大，旅游业的快速发展和文旅融合的发展迫切需要一大批专业人才。

虽然我国旅游本科教育在不断发展，但是我们的旅游教育一直存在着结构不足、持续发展乏力的问题，学生的理论基础、知识和能力结构存在较明显的欠缺，毕业生的知识和能力结构难以适应现代旅游不断发展的需要；旅游实业界对旅游管理专业的毕业生颇有微词，毕业生的专业技能达不到相应水平；招生多，但学生毕业后从事旅游行业的人数比例并不高。在剧烈的时代变迁面前，在教育形式日益精美的同时，其结果却离我们的时代愈发地远了。当前旅游高等本科教育所面临的、暴露的种种问题，正在瓦解摧毁旅游管理专业教师、学生的自信心。造成种种问题出现的原因，最主要的是我们当前旅游高等教育"精英化"式的理论教育与旅游产业发展脱节太严重，我们的旅游教育重理论轻实践造成学生走向社会不能适应社会的需要。我国高校旅游管理专业如何改进教学模式、纯理论教育教学模式如何与实践教学相结合等，已经成为教育界和旅游学界普遍重视的问题。

本书试图从利益主体理论角度出发，构筑旅游管理专业实践教学的利益主体谱系图，在此基础上探讨各个利益主体之间的互动关系及利益需求，提出合理有效地调节各利益主体之间的冲突、实现各利益主体实现良性互动的措施，以期为高校旅游管理专业实践教学的实施提供具体可行的对策和思路。

一、利益主体理论文献回顾

所谓利益主体就是利益的创造者、追求者、消费者、支配者和归属者，即在一定社会关系下通过各种实践活动来直接或间接地追求自身物质需要、精神需要满足的人。① "在现实社会中，利益主体就是现实社会中的人，是处于一定组织结构之中的人，处于一定的群体之中的人，他既可以是个人，也可以是某种群体或者组织。"②也即，利益主体大致可以分为利益个体和利益群体两大类。个体是群体的基础，群体是个体的有机组合，不存在离开群体的个体。随着社会分工的日益复杂，社会化和全球化进程的日益加快，群体乃至整个社会作为利益主体的地位将变得越来越重要。利益主体是社会利益运动的自觉的、能动的、主观的要素。各种各样、不同层次的利益主体的独立存在及其相互关系，构成了社会生活中的基本利益格局，并相应产生了各种利益观念和利益行为。

利益主体理论(Stakeholder Theory)的基本思想虽然早在 19 世纪就已出现，但一直没有引起人们的重视，直到 1963 年斯坦福研究所才首次使用了利益主体理论这个术语，主要是为了适应变化了的经济环境对一种业务的所有游戏者更加密切合作的要求，他们定义"利益主体"为"对企业来说存在这样一些利益群体，如果没有他们的支持，企业就无法生存"。③ 弗瑞曼(Freeman)是把利益主体理论应用于美国的先行者，他认为"(一个组织的)利益主体是指任何可以影响该组织目标的或被该目标影响的群体或个人"④。在此定义中，弗瑞曼强调了企业与个体或群体间"影响"的双向性，并指明了利益主体的两个核心问题：一是谁是企业

---

① 于文明. 中国公立高校多元利益主体的生成与协调研究——构建现代大学制度的新视角[M]. 北京：高等教育出版社，2008：41.

② 张玉堂. 利益论——关于利益冲突与协调问题的研究[M]. 武汉：武汉大学出版社，2001：46.

③ Clark T. The stakeholder corporation：a buisiness philosophy for the information lage[J]. Long Range Planning, 1998, 31(2)：182-194.

④ Freeman R E. Strategic management：a stakeholder approach[M]. Boston：Pitman, 1984：46.

的利益主体，即对利益主体的认定；二是管理者依据什么来给予特定群体以关注，即对利益主体属性的认定。① 此后，随着旅游可持续发展思想的引入，利益主体理论的应用日渐受到西方旅游学者们的关注。Bulter、Murply、Sautter、Yudsel、Markwick 等众多学者在该理论的旅游研究与应用中取得了大量成果，做出了重要贡献。他们在旅游领域内的涉及利益主体的运用研究主要集中在旅游规划、旅游可持续发展、旅游目的地或旅游社区利益主体协作与管理等方面。②

目前在国内旅游研究中利益主体理论已得到重视，主要表现在运用该理论对生态旅游、旅游意外保险领域、旅游规划等基础理论展开研究，同时运用该理论在区域旅游规划等具体问题的研究方面也取得了一定进展。保继刚、吴必虎等旅游学者是将利益主体理论应用于旅游研究的翘楚。但是综观国内旅游学者们的研究可以看出，该方面的研究还过多停留在理论的探讨阶段，缺乏对中国旅游实践的适用性调整。③ 而利益主体理论应用到旅游教育研究领域则更属空白。

二、旅游管理专业实践教学的利益主体构成及其互动关系

根据利益主体理论，对旅游管理专业实践教学的利益主体分析主要包括两个方面：一是对利益主体的认定，即谁是旅游管理专业实践教学的利益主体；二是利益主体的属性，即管理者依据什么来给予特定群体以关注。

(一) 旅游管理专业实践教学的利益主体构成

旅游管理专业是一个实践性很强的专业，在旅游管理专业整个教学体系中突出实践教学环节是十分必要的，它是学生掌握专业技能不容替代的环节。实践教学是教学管理部门根据市场需求情况，采用技能训练和操作能力培养为主的教学

---

① 楚永生. 利益相关者理论最新发展理论综述[J]. 聊城大学学报(社会科学版)，2004(2)：33-36.

② 唐晓云，赵黎明. 农村社区生态旅游发展分析——基于利益相关者理论[J]. 西北农林科技大学学报(社会科学版)，2006(2)：93-97.

③ 侯志强，赵黎明，李洪波. 基于利益主体理论的观光果园旅游开发研究——以迁西杨家峪板栗园为例[J]. 干旱区资源与环境，2006(4)：122-126.

管理和教学实践过程，是相对于理论教学而言的。实践教学的内容包括实验、实习、实训、社会实践、课程设计、学年论文、毕业论文（设计）等，也包括军训、创业活动以及纳入教学计划的社会调查、科技制作、学科竞赛活动等。

在旅游管理专业实践教学体系中，为便于列出利益主体的名单，我们可以设计这样三个问题：一是实践教学将影响谁的利益或谁的行为将强烈影响实践教学，二是谁拥有实践教学发展的战略设计、实施的信息资源和专门技能，三是谁能控制实践教学的实施。由此，根据问题，可以列出旅游管理专业实践教学的利益主体：教师、学生群体、教学管理部门、企事业单位等。教师是实践教学体系的主要实施者，他们执行教学任务，培养学生在实践教学过程中的动手能力，使学生获得感性认识，同时利于提高自己的教学和科研水平。学生群体是实践教学过程的消费者，他们通过社会实践可以获得职业所需的实践性技能，适应社会的需要。教学管理部门是实践教学体系的倡导者和领导部门，起着导向性作用，通过实践教学的实施提高学校的教学水平和获得比较高的就业率。企事业单位是实践教学成果的消费者，实践教学体系所针对的目标就是满足企事业单位的需要，实践教学的开展可以使他们获得适应岗位需要的技能型人才，因此企事业单位也是重要的利益主体（见表1）。

表1　　　　　　　　　　　不同利益主体的利益追求倾向

利益主体	利益追求重点
学生	获得职业所需的实践性技能，适应社会的需要
教师	提高自己的教学和科研水平
教学管理部门	提高学校的教学水平和获得比较高的就业率
企事业单位	获得适应岗位需要的技能型人才

基于所有的利益主体都具有本质上相同的价值的理念，[①] 笔者绘制了旅游管理专业实践教学利益谱系图（见图1）。

---

① 张伟，吴必虎. 利益主体（Stakeholder）理论在区域旅游规划中的应用——以四川省乐山市为例[J]. 旅游学刊，2002（4）：63-68.

根据图1，考虑内部和外部的利益主体，可以将其分为两类：一类是内部利益主体，主要包括教师和学生，另一类是外部利益主体，包括企事业单位和教学管理部门。各利益主体围绕着实践教学构成一个相对独立的封闭系统。

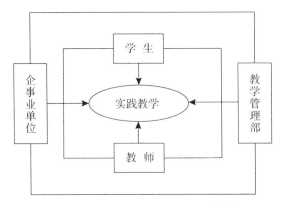

图1　旅游管理专业实践教学利益主体谱系图

(二)旅游管理专业实践教学利益主体之间的互动关系

为了达到实践教学体系的提高课堂教学效果、锻炼学生动手能力、适应市场需求的最终目标，各利益主体都要正确处理各自的利益诉求，形成良性的利益互动关系。

1. 内部利益主体之间的互动关系

目前，不少旅游管理专业的教师在教学中仍然普遍使用传统的教学方法，重视理论知识的传递，忽视对学生实践技能的培养，即使有些教师在专业实训室能为学生进行实际演示，但由于平时不注重与企事业单位的交流与协作，真正对饭店、旅行社、景区等的运营模式、流程了解甚少，无法向学生准确传达企事业单位的工作流程等信息，从而不能达到使学生扩展视野、增长才干、提高理论基础和实际动手能力的教学效果。而学生在某种程度上只能被动地接受学校和教师安排的教学，他们希望增加实践教学、提高动手能力的愿望往往被漠视。因此，目前在高校中旅游管理专业围绕实践教学体系教师和学生之间尚没有形成良性的互动关系。

2. 内部利益主体与外部利益主体之间的互动关系

(1)学生、教师与教学管理部门之间的互动关系。作为教学管理部门的学校是实践教学体系的倡导者、监督者和推动者，是实践教学体系的上级领导部门，但目前，许多涉足高等旅游本科教育的院校，往往以自己原先所在学科优势和特点为出发点设置课程、确立培养方向，导致培养目标上缺乏规范性，实践教学设施设备相对落后，校内旅游实训投入不足，没有建立稳定的实践教学基地，因此，根本无法满足学生和教师对实践教学的需求。而尽管有许多院校认识到实践能力在高等旅游教育中的重要性，但在实践教学的具体环节上，仅仅认为安排了实习就等于完成了实践教学，殊不知实习只能解决实践教学的培养学生动手能力问题，而不能解决学生对旅游行业工作性质的理解问题。

在知识经济时代，教师的知识更新很有必要，特别是旅游管理专业的教师面对迅速发展的旅游业、日新月异的旅游新事项，怎样将课本上的理论知识与旅游业的实际结合起来，从而传授给学生新鲜有活力的知识，是旅游管理专业教师们面临的现实问题，因此他们有了解旅游行业的实际工作流程的强烈愿望，有"自我充电"的强烈需求，但在现行的教学体系下，很多学校无法提供时间和财力资助教师投入企业去参与管理操作。

(2)学生、教师与旅游企事业单位之间的互动关系。旅游企事业单位是旅游实践教学的平台、基地，许多旅游企事业单位出于对高校旅游专业教育工作的支持与帮助，接受教师与学生参与考察和实习。但企事业单位出于追求经济利益最大化等多种因素的考虑，不愿意花大量的成本在短期内培养一名业务新手，对学生不可能严格要求，对教师则是敬而远之。因此，学生和教师在旅游企事业单位的实习和考察只能是走马观花，在各个岗位上只能是蜻蜓点水，而没有机会深入观察了解和参与企事业单位的整体运作，特别是有的企业把学生作为廉价劳动力使用从而使学生对今后在旅游企事业单位特别是企业工作产生深深的"敬畏感"。当然也有部分学生眼高手低，自认为是受过高等教育的人才，不愿意从事在餐厅端盘、在客房铺床清扫等基层的工作，怎样敢于"放下架子"，从基层服务干起，更新观念也是学生参与实践所需要注意的。

三、旅游管理专业实践教学利益主体
实现良性互动的思考

上述分析表明，旅游管理专业实践教学体系各利益主体之间还没有形成良好的互动关系，旅游管理专业实践教学的顺利开展需要各利益主体提高重视的程度、实施的力度，才能形成良好的互动关系。

1. 相关立法是利益主体实现良性互动的保障

高等教育的实施是一个复杂的系统工程，培养学生的创新精神和实践能力应是高等教育的主要任务，在这种观念和思想的指导下，我国高度重视通过教育立法，利用国家政权的力量，使教育发展获得法律保障。我国已经出台了《中华人民共和国高等教育法》(以下简称《高等教育法》)和《中华人民共和国职业教育法》(以下简称《职业教育法》)，在《高等教育法》第五条中明确规定："高等教育的任务是培养具有社会责任感、创新精神和实践能力的高级专门人才，发展科学技术文化，促进社会主义现代化建设。"《职业教育法》中规定企业在"双师型"师资队伍建设方面有"提供方便"的义务。这些法律对学校、企事业单位、教师、学生的权利、义务与责任作出了规定，但在法律规定中怎样使这些利益主体实现良性互动缺乏明确具体的规定，各方权利义务规定不明确，对未承担相应义务的法律后果也未作出规定，导致法律保障缺乏力度，校企合作流于形式，教师、学生希望深入企事业单位实习实践，但企事业单位却无意接收。因此应该借鉴国外在这方面的立法经验，加强高等教育实践教学方面的立法，使校企合作、师生实践技能和经验的提高有坚实的法律保障。

2. 教产结合是利益主体实现良性互动的途径

基于旅游院校教师、学生与旅游企业在旅游实践性教学方面存在的种种瓶颈性制约问题，笔者认为采用教产结合的实践性教学模式能够使旅游院校与广大旅游企业形成长期、稳定的良性互动关系。即学校与企业以提高学生的素质教育、培养直接能为社会服务的人才为目的，实行全方位的合作，共同建立教育领导机构，共同参与教育目标和教学计划的制定与实施，联合实施教学管理过程。旅游企业可根据自己的实际需要提出培养的目标，为学校师生提供基础培训和实习岗位，而旅游院校则可为旅游企业输送实习学员，提供咨询服务，开发合作项目，真正建立起培养学生、锻炼教师的学校和企业两种教学环境。同时这种模式还可以很好地解决学校教学与企业生产环节的衔接问题，由于是双方共同参与实践性教学计划的制定与实施，双方可以根据企业需要和学校教学内容的实际情况灵活安排学生上岗实习的时间。

3. 协调机制的建立是利益主体实现良性互动的关键

教产结合的实践性教学模式能使旅游院校与企业实现双赢，但要真正做到教产结合，还需要在旅游院校与旅游企业之间建立一种利益基础与协作机制来实现教学与实践的联姻，因此，协调机制的建立是利益主体实现良性互动的关键。如可以建立旅游院校与旅游企业共同组成董事会的联合办学机制，董事会定期对学校的教学与生产、理论与实践、培养与使用等问题做出决策，使教产结合实现更为实质性的合作，使实践教学落到实处。也可以建立政府层面的学校企业协调机构，从战略角度调控促进校企合作、教产结合。

四、结 论

加快旅游业发展，核心在旅游人才，关键在旅游教育。随着中国旅游业的持续快速发展，中国旅游教育面临许多新情况、新问题。中国正积极适应旅游业发展的新形势，从战略高度，把旅游教育纳入全国旅游人才工作的大局，坚持以就业为导向，实施以需定教，加快培养中国旅游发展急需的复合型、创新型、外向型人才。为了达到这一目标，旅游管理专业的教学必须改变传统的纯理论教育教学模式，实施理论与实践相结合的教学方法。在探索旅游管理专业的实践教学模式过程中，必须捋清相关利益主体，同时要寻找使这些利益主体实现良性互动的对策，才能使旅游管理专业的实践教学顺利开展。